EUROPEJKA

MANUELA GRETKOWSKA

EUROPEJKA

wydawnictwo w.a.b

KWIECIEŃ

4 IV

Od lat czytam o sobie „skandalistka". Taaa. Pierwsza moja prowokacja zaczyna się już o świcie. Wstawanie z łóżka przypomina przecież aborcję. Jakaś siła wyższa wyskrobuje mnie z ciepłej, przytulnej macicy pościeli. Jednak nikt poza mną nie widzi po tym zabiegu krwistych smug na zimnej posadzce ciągnących się do łazienki, gdzie szybko się myję, walcząc z dwuletnią córeczką o mydło. Śniadanie, przewijanie, zabawa. Wszystko pod dyktando zegara terkoczącego z zawziętością maszyny do szycia. Zamiast igieł ostre wskazówki zszywają przeszłość z przyszłością, zostawiając mi przyciasne teraz: spacer, karmienie, czytanie ukradkiem. Od 13.00 do 15.00 Pola poddana jest narkozie drzemki, co pozwala mnie i Piotrowi na błyskawiczną operację pisania, gotowania obiadu. Po przebudzeniu dziecka znowu bycie mamą na zmianę z tatą. O ósmej kładziemy małą spać. Jej oddech przez sen to nieme słowa modlitwy, ufne i żarliwe. W ekstazie tuli misia zupełnie jak święta Tereska od Dzieciątka Jezus krzyż do piersi.

Boże, ja tak dbam o normalność, układność siebie i rzeczy. Żeby w domu było posprzątane. Co z tego, idę do sąsiadki, u niej parkiet zmywany raz na tydzień lśni jak wbite w podłogę zęby Hollywoodu. A u mnie codziennie syf. Kupiłam nawet jednorazówki do szyb i ścieram ślady rączek dziecka. Trąc i pucując, śmieję się po kryjomu sama z siebie, że przypomina to zacieranie śladów zbrodni.

Na wyszorowanym wierzchu powaga, w środku mnie szyderstwo. Ale trzymam się tych szczotek, ściereczek i robię za normalną, porządną. Bo wiem, jak łatwo się osunąć w entropię i ekstrawagancję. Kilka lat temu, gdy mieszkałam sama, postanowiłam ograniczyć do minimum ogłupiające sprzątanie. Oprócz szklanki wyrzuciłam wszystkie naczynia (ciągle pełny zlew), wyniosłam stół (za duża powierzchnia do bałaganienia) i zamiast tego sprawiłam sobie tacę. Z niej jadłam, na niej pisałam. Przyjaciółkę zemdliło nad tą tacą, gdy podałam jej ziemniaki. Odkryła pod nimi warstwy poprzednich obiadów. Wtedy zrozumiałam, że trzeba się trzymać poręczy normalności. Prosta sukienka, skromny makijaż. Zwyczajność, jej codzienna zwyklizna jest dla mnie jedynym azylem. Już z niego nie wychodzę.

Zapraszają nas całą rodziną do Krakowa na festiwal kabaretów. Przed wyjazdem uzgadniamy z „Vivą" szczegóły sesji zdjęciowej po powrocie. Będzie trwać od śniadania do kolacji. Są na tyle mili, że pytają, co jemy.

– Wszystko.

– Aha – notuje stylistka.

– Ale bez wędliny.

– Znaczy sery?

– Tak, ale kozie.

– No, niby wszystko... A jajka jecie?

– Kozie.

– Aha – notuje.

Stylistka, pośrednik między tym, co jest, a co być powinno, niczemu się nie dziwi, przynajmniej przez chwilę.

– Zaraz, pani żartuje – wraca do rozsądku.

– I kawior à la Stendhal – dopowiada Piotr.

– ?

– Czerwony i czarny.

Romantyk, i tak dostaniemy żarcie stołówkowe z cateringu „Stracone złudzenia".

W wieczornym programie wywiad z Bogusiem Lindą. Zatrzymałam obraz. Niepolska twarz, na której jest polskie nieszczęście. Oczy dużo młodsze, jakby wyjęte i wprawione drugi raz po skończonym nałogu albo marzeniach. Gdyby był Amerykaninem, częściej by się uśmiechał, przebywałby z mniej znerwicowanymi ludźmi, co odcisnęłoby mu się pod oczyma, na policzkach jak poduszka po śnie.

Zasuwam wieczorem zasłony – koniec spektaklu dnia. Potrącam zawieszony na okiennej ramie buddyjski dzwoneczek z błogosławieństwem. Odgradzanie się nie od sąsiadów, od ciemności.

Dowiedziałam się przed chwilą, że mam zakaz występowania w I programie publicznej telewizji. Poszło o dyskusję w „Pegazie". Program nie był na żywo i pewnie został pocięty, więc nie wiem nawet, co takiego powiedziałam, nie oglądam audycji z sobą.

Rozmawiałam z prowadzącą – Kazią Szczuką – o *Scenach z życia pozamałżeńskiego*, mojej i Piotra najnowszej książce. Szczuka próbowała mi wmówić, że to romansidło, bo o miłości. Zupełnie jak *Pianistka*, co? Skoro bohaterem jest również facet, książka musi być antykobieca. Nie zauważyła w *Scenach* dość gorzkiego opisu dojrzałych mężczyzn.

Chyba się posprzeczałyśmy. Mam dość narzekań na *Sceny z życia* bez prawdziwych argumentów. Najlepszy jest zarzut, że dobrze się czyta, więc to grafomania. Czy książka jest fałszywa, źle napisana? Nic z tych rzeczy. Porządnych oburza – za dużo w niej seksu, łajdaków obraża, bo nie zostawia na nich suchej nitki. Ale nikt tego głośno nie powie. Kazia po zgaszeniu kamer też zmienia ton, podaje mi rękę i mówi, że *Sceny* się jej podobały, przeczytała jednym tchem. Przyzwyczaiłam się do publicznej hipokryzji. Już nawet nie pytam, dlaczego w takim razie je przed chwilą uparcie krytykowała. Gdyby nie udawała poprawności, mogłybyśmy wtedy o czymś sensownym porozmawiać, zamiast się nawzajem obrażać.

To była zwykła dyskusja o pisarstwie. Może niezbyt fortunna, ale z tego powodu mam szlaban na pojawianie się w telewizji? Odwołano moje jutrzejsze wystąpienie w porannym programie. Czy ja śnię? XXI wiek i polska cenzura na pisarzy? TO KIM JA JESTEM, że się nie mieszczę w okienku i pojęciu intelektualnych kacyków?

5 IV

Mężczyzna moich marzeń kusi obsadą: Jean Reno i Binoszka (o której złośliwi mówią *bi-moche* – „podwójnie brzydka"), moja ikona kobiecości – artystka z dziećmi, z rozwodami i normalna.

Wymyślić historię romansu, rozgrywającego się na współczesnym lotnisku w arystotelesowskiej jednoczesności miejsca i czasu jest sztuką. Może to prostacki film, ale nie ma w nim pretensjonalności *Godzin*, z których wbrew tytułowi wychodzi się po godzinie. Ile można wysiedzieć na minoderyjnym filmie, gdzie prawdziwe problemy zastępuje się grozą egzystencjalną braku problemów? I wszystko w polewie wielkiej Wirginii Woolf. Zatytułowałabym to paskudztwo *Kto się boi Wirginii Woolf II*.

Jean Reno w *Mężczyźnie*... podobny do Kartezjusza dogorywającego na dworze królowej Krystyny. Gdyby zagrał filozofa w jakiejś historycznej produkcji, byłby niezły film, pod warunkiem, że Krystynę grałaby też biseksualna, ambitna Madonna, królowa masowej wyobraźni.

Znowu telefon. Czy nie można przerobić tych drażniących dzwonków Pawłowa na coś spokojniejszego, donośne bicie serca? Dzwonią z gazety zapytać, czy to prawda ze szlabanem na telewizję. Prawda, no i co? Nie jestem gwiazdą telewizyjną, nie umrę od tego.

Czytam *Diabła na wolności* Eriki Jong, autorki tak skwapliwie polecanej przez feminizujące pisemka. Biedna Jong, w swoim czasie też dostała od femisi, „sióstr" (Piotr nazywa je „siostrami niemiłosierdzia") o mentalności przedszkolanek. Bo co z nimi będzie, gdy przestaną pouczać i straszyć, a kobiety dorosną i rozbiegną się na wolność, do seksu, mężczyzn.

Próbowałam być z femisiami, serio. Pierwszy raz, gdy „Wysokie Obcasy" zainteresowały się wydrukowaniem kawałków mojej *Polki*. Uznałam ich prośby za naturalne – napisałam pierwszy w Polsce dziennik ciąży. Ale ze współpracy nic nie wyszło. Nagle straciły zainteresowanie i do dziś nie wiem dlaczego. „Nie znamy końca książki, więc nie możemy jej naszym czytelniczkom polecać" – to tłumaczenie uznałam za absurdalne. Jak niby się miała moja książka skończyć: psychozą poporodową i dzieciobójstwem? Propagatorki „rodzenia po ludzku" z „Obcasów" najwyraźniej uznały, że obsceniczna Gretkowska wywali barbarzyński numer i nie wiem co, zeżre łożysko?

Innej ze znanych femiś pogratulowałam w spontanie znakomitej książki. Pomyślałby kto – wstęp do interesującej znajomości. Ale rozmowa zeszła na Kanta i słyszę, że on bee, jego myśl paskudnie patriarchalna, ponieważ żył w czasach dominacji mężczyzn, więc jego myślenie było skrzywione. Ciarki mnie przeszły. Kłócić się nie chcę ani przytakiwać – kontakt niemożliwy wszędzie tam, gdzie zdrowy, krytyczny rozum zaślepia fanatyczna ideologia. Gardząca Kantem femisia, gdy huknął na nią szef za pisywanie do (o zgrozo!) kobiecego pisma, szybciutko go posłuchała. W końcu kazał jej pan profesor, mężczyzna, nie? Najlepszy dowód, że żyjemy w czasach ucisku kobiet.

Cóż, bycie kobietą nie jest żadną odwagą, to przymus, przed którym nie da się wybronić. Tylko dlaczego polski feminizm zamienia się najczęściej w eufemizm? Bez prawdziwych słów i prawdy. Słynne siostrzane uczucia femisi w stosunku do mnie okazywały się najczęściej morderczymi instynktami. Już słyszę głos feministycznych prymusek wrzeszczących mi nad uchem: Te należą do nas, te nie i my wiemy wszystko lepiej! To sobie wiedzcie i odpierdolmy się od siebie, bo wyglądamy na zassane waginami.

6 IV

Wywiad w „Vivie".

Nagłówek: „Ostrzeżenie! W rozmowie padają słowa niecenzuralne. Z powodu użycia ich przez naszą bohaterkę w «Pegazie» wymieniono ekipę programu.

Czy musiała używać wulgaryzmów, skoro telewizyjna dyskusja dotyczyła napisanych przez nią wspólnie z mężem, Piotrem Pietuchą, *Scen z życia pozamałżeńskiego*? Czy skandal się Manueli Gretkowskiej nie znudził?"

– Jest pani wstyd z powodu afery z „Pegazem"?
– pyta młoda dziennikarka.
– Wstyd? A dlaczego? To nie ja mam się wstydzić. „Pegaz" ogląda garstka intelektualistów, traktowana jednak przez dyrekcję Jedynki jak smarkacze, którzy nie czytali Rotha, Millera, a słowa „pizda" szukają w słowniku wyrazów obcych. Nawiasem mówiąc, słowo „piździć" znaczyło w staropolszczyźnie „marudzić", czyli, jak rozumiem, ociągać się w doznawaniu orgazmu, gdy partner zaznał już rozkoszy przedwczesnego wytrysku.

„Viva": – Szokowanie brzydkimi wyrazami to według mnie wyraz infantylizmu. Dorosły człowiek nie musi używać wulgaryzmów, żeby porozmawiać o książce. Nawet jeśli jest o seksie.

– Używam takich brzydkich słów na co dzień. A pani co mówi: „kuciapka"?

„Viva": – Mam inne, jeszcze bardziej pieszczotliwe określenia. Ale to mój słownik intymny.

– Słowo wypisane na murze może być wulgarne, ale użyte sprawnie w prozie czy w innym kontekście okazuje się bardzo przydatne. Zresztą sto lat temu podobne boje z hipokryzją toczyli pisarze anglojęzyczni, przerabiając wulgaryzmy na literaturę. „Fuckując", wpuszczali je na salony. W Polsce, kiedy raper nadaje przekleństwa, nikt się nie oburza. Wiadomo – zdesperowany przygłup z przedmieścia. Ale gdy miesza się do tego intelekt, to samo „pizda" zrozumieją dopiero, gdy z przodu doczepi się imperatyw, a z tyłu Heideggera. Wtedy to kapują.

„Viva": – Ale nie odpowiedziała mi pani, czy naprawdę musiałyście w ten sposób rozmawiać w programie o książkach?

– Mówiłyśmy o miłości, o romansie. Odmieniałyśmy „kochać się" na różne sposoby. Gdy kobieta pisze o erotyzmie, musi być świadoma, że wpakują ją w najlepszym razie do literatury kobiecej, a w najgorszym do pornografii. (...)

„Viva": – Afera z „Pegazem" to nie jest pani pierwszy konflikt z mediami.

– Już mnie raz przeklęła Krajowa Rada Przyzwoitek.

„Viva": – Rozumiem, że ma pani na myśli Biuro Programowe Polskiego Radia? Dlaczego tak pani ich nazywa? Co oni pani zrobili?

– Jakiś czas temu radiowa Trójka chciała być nowoczesnym radiem i zaproponowano mi i Wojciechowi Mannowi audycję. Po jednorazowej emisji owa rada przyzwoitek zakazała nam gorszenia słuchaczy, czyli rozmów o stosunkach damsko-męskich. Zakazano nam także używania słowa „orgazm". Nie wiem, chyba musiałabym go udawać, dusząc się oczywiście ze śmiechu.

„Viva": – Wyrzucają panią z telewizji, z radia, z gazet. Może to pani jest konfliktowa?

– Jestem konfliktowa. Jestem w permanentnym konflikcie z głupotą.

Piotr, włączając się do rozmowy: – Wzruszająca jest taka troska „dobrej ciotki" o cnotę intelektualną widzów wyczekujących do północy, by usłyszeć wreszcie coś interesującego. A tak naprawdę to niepojęta w dzisiejszym świecie prowincjonalna cenzura biurokraty kastrującego głos artysty czy intelektualisty. Feudalny stalinizm.

„Viva": – Bez przesady. Co za porównanie!

Piotr: – Ktoś podjął jednoosobową decyzję. Ten pan zabronił Manueli publicznie myśleć. Dostała publiczny zakaz pojawiania się w Jedynce.

– I tak zostałam „wroginią publiczną". (...)

„Viva": – Świetna promocja książki, ten rwetes wokół pani.

Piotr: – Od dziesięciu lat posądza się Manuelę o cyniczne manipulowanie seksem, że z seksu uczyniła promocję. Najpierw byłaś „młodziutką pisarką epatującą dupą", a dzisiaj „cyniczną wygą epatującą dupą". Nic się nie zmienia. (...)

„Viva": – Sama pani o sobie mówi: „Piszę harlequiny dla intelektualistów"...

– ...i czy to nie zabawne, że krytycy, chcąc mnie poniżyć, przywołują tę etykietkę, a przecież to autoironia, kpina z ich bezradności. (...)

„Viva": – *Sceny z życia pozamałżeńskiego* traktują o niewierności. W imię czego wy jesteście ze sobą? Co to jest wierność?

Piotr: – Jest konsekwencją szczęśliwego związku. To nie jest cena, wyrzeczenie, kara. Brak pokus to potwierdzenie i jednocześnie nagroda za dobry wybór.

– (...) Wierność daje poczucie godności, jak wychowanie dziecka. To jest trudne. Czasem ma się dość, kiedy człowiek się gubi w tych przepłakanych, nieprzespanych nocach, pieluchach. Ale warto. (...)

„Viva”: – I tak pławicie się w szczęściu i miłości, wy, drobnomieszczańscy skandaliści...

Piotr: – Nie czuję się mieszczaninem. Równie dobrze mogłaby mi pani wmówić, że jestem talibem. Nie jestem też skandalistą, gorszycielem. Raczej „lepszycielem”. A jeśli chodzi o miłość, to nie jest dana, musimy ją sobie wypracować.

– Piotr przesiąkł w Szwecji protestantyzmem i stąd tak mu się chce pracować. Ja nadal wierzę w miłosne natchnienie, które właśnie mi się spełnia.

Koniec wywiadu. W efekcie to samo co zawsze: nie puszczam się na lewo i prawo, nie sypiam z każdym, więc jestem hipokrytką, mieszczanką niewyzwoloną seksualnie i cynicznie zarabiającą na dupie. Czy ludzie zamiast mózgowych półkul mają pod czachą półdupki?

Po kąpieli Poli całuję jej ciałko: słodkie łapki rozrabułki, pierożki stópek i ten ciepły lukier wanilii z rozgrzanej główki.

Tydzień od śmierci Jakuba Karpińskiego. Nie byłam na pogrzebie, nie potrafiłabym.

Jestem wrodzonym tchórzem. Na pierwszym pogrzebie, gdy miałam z osiem lat, porzygałam się od płaczu. Na drugim, już kilkunastoletnia, zemdlałam, widząc w trumnie kolegę z klasy. Ale nie ja tu jestem ważna i moje historie. To umarł Jakub Karpiński. Spotkamy się później, w czasie odzyskanym. Kiedyś tłumaczył metodę powrotu do przeszłości współwięźniowi kryminaliście żałującemu, że zamordował frajera, za którego go zapudłowali: „Jeśli weźmiesz kij nieskończenie długi, to poruszając nim uzyskasz prędkość szybszą od światła i cofniesz czas".

Gdyby Jakub w małościach był jak w rzeczach wielkich (podobno jedyny nie sypał w 68, w procesie taterników), zostałby świętym, a nie tylko bohaterem.

Nie znam żadnego intelektualisty tak kochającego życie. Codziennie chodził na basen, dla samej radości machania rękami i nogami, których nie odciął jeszcze rak.

Przez parę miesięcy mieszkaliśmy razem we Francji. Kiedy złamał sobie nogę, poprosił o zawiezienie go wózkiem sklepowym na Champs Elysées, gdzie wzdłuż alei wystawiano napuchnięte rzeźby Botero. Oglądał je w pozycji zakupów z wystającym kikutem nogi w gipsie. Dla przechodniów komiczny widok ekscentryka zwiedzającego w ten sposób wystawę. Dla mnie obserwowanie ze ściśniętym sercem Jakuba zafascynowanego nadmiarem niezniszczalnego ciała metalowych grubasów.

Sypie śnieg, jedziemy wszyscy do Krakowa pociągiem. Pan Bóg wiedział, co zrobić, żebyśmy nie dostali intelektualnych zakrzepów albo dziwnych póz – dał nam energiczne dziecko. Właściwie to przebiegliśmy drogę Warszawa–Kraków wzdłuż przedziałów.

Hotel Uniwersytecki na Floriańskiej. Jagiellońsko-profesorska powaga, ale czemu łóżko obite smolistym kirem w stylu zużytego katafalku?

Spotkanie z czytelnikami w studenckiej „Rotundzie". Za kilka dni w tym samym miejscu festiwal kabaretowy, gdzie będę w jury. Dzisiaj wygłupiam się osobiście.

– Czy należycie do ZUS-u? – pytanie do mnie i Piotra niańczącego Polę.

– Nie należymy do żadnych organizacji.

– Ja bym należała – wtrącam – gdyby wciągali w nich na członka.

Polcia siedzi spokojnie, niezrażona tłumem. Prowadzący zacytował fragment *Scen z życia pozamałżeńskiego* i huknął śmiech. Pola się ze strachu rozpłakała. Piotr musiał zejść z nią ze sceny, kiedy akurat ktoś pytał o poglądy na psychoanalizę. To było pytanie do niego.

– Chyba przestarzała i nienaukowa – przypominam sobie nasze nocne dyskusje, gdy zwalczałam jego zachwyt Freudem. – Czy płacenie za opowiadanie własnych snów komuś, kto na ich podstawie opowiada nam inne sny (mity o Edypie), ma sens? Zwłaszcza gdy najnowsze odkrycia naukowe podważają twierdzenia Freuda, do tego stopnia, że w większości prac o zachowaniu ludzi są zdania: „Oczywiście w przeciwieństwie do tego, co pisał Freud". Zmieniły się też czasy. Wygadanie się na leżance mogło leczyć. Teraz w byle programie telewizyjnym mówi się więcej o swych sekretach niż dawniej księdzu na spowiedzi. Poza tym są o wiele szybsze i skuteczniejsze terapie niż chodzenie latami do milczącego Ojca samego Pana Boga bez gwarancji wyleczenia. W Stanach ktoś nawet po zażyciu prozacu podał do sądu swojego psychoanalityka za nieskuteczność. I te leżanki, na wzór i podobieństwo muzealnej scenografii z wiedeńskiego gąbinetu. Zresztą Zigi (jak w slangu psychologicznym nazywa się Zygmunta Freuda) praktykował w secesji, czasach kawiarnianych nasiadówek, autorytetu Franciszka Józefa. Kto teraz podda się wieloletniej zależności od psycho, sztucznej religii kapłana inkasującego pieniądze w sekretariacie?

9 IV

Czasem po nocy znajduję we włosach Poli biały puch. Podejrzewam, że nie wziął się z nadprutej poduszeczki, ale opadł z zaharowanego anioła stróża. Nam opadają ręce, jemu pióra.

W Mariackim odwołali mszę (*o tempora! o mores!*), więc pcham Polcię na wózku jak na taczce, by pędem zaliczyć drugą atrakcję dnia: pokaz działania wahadła Foucaulta u Świętego Piotra i Pawła. Ale też odwołane. Przed Wielkim Tygodniem jest w Krakowie chyba Mały Tydzień, kiedy nic nie działa, nawet obroty ziemi. Siadam na barokowych stopniach kościoła jezuitów i czytam gazety. Przystaje nade mną wycieczka.

– Czy to Wawel? – pytają głosami wilgotnymi od łez.

Piotr uważa, że przywieźli ich z Kazachstanu. Ale co, przywieźli i zostawili przed kościołem? Po wywózce do Rosji wywózka do Polski?

„Gretkowska uwłacza mężczyznom i depcze godność kobiety" – recenzja ze *Scen z życia pozamałżeńskiego*. Ile ja się już naczytałam o *Polce* podobnych oburzonych bzdur, zanim jakieś nominacje i spokojne komendy Miłosza przegoniły obszczekujące przydrożne pieski.

Godność kobiety, na czym ona polega? Anaïs Nin, papieżyca nowoczesnego pisarstwa obyczajowego, ocenzurowała swoje wydane w latach 70. dzienniki właśnie ze względu na godność. Uważała, że nikt nie wybaczy kobiecie, tym bardziej pisarce, opisywania własnej seksualności. Zepchnie się ją wtedy do literackiego rynsztoka. Henry Miller, kochanek Anaïs Nin, mimo że w końcu stał się klasykiem amerykańskiej literatury, kilkadziesiąt lat walczył z pogardliwą opinią odsyłającą go do rezerwatu pornografii. Dla niego erotyka była zwykłym środkiem literackim. Przekonywał: „Erotyka ma przebudzić czytelnika i wprowadzić poczucie rzeczywistości. Można by rzec, że współczesny artysta wykorzystuje ją w tym samym celu, w jakim dawni mistrzowie malarstwa posługiwali się elementem cudowności..." Czy spełnienie miłosne nie jest naprawdę wejściem w inny, cudowny świat?

Nie chcę, powołując się na zmagania Millera czy Anaïs Nin z ówczesną krytyką, uskarżać się na tępotę gryzipiórków obrzucających mnie epitetami po każdej najnowszej książce. To biedni hipokryci, którym się wydaje, że przemawiają w imieniu ludzkości, smaku, a nie własnej ograniczoności.

Nie rozumiem, dlaczego po XX wieku, po jego zbrodniach i pornografii historii torturującej człowieka na wszelkie możliwe sposoby, kogoś oburzają opisy scen miłosnych. Na pewno kiedyś do Polski też dotrze nowoczesna literatura opisująca człowieka razem z jego psychiką i ciałem.

Dlaczego, chociaż od kilkunastu lat walę głową w mur pseudointeligentów, nie wezmę się za coś, co przynosi więcej kasy i prestiżu? Bo tworzenie, także to przełamujące wstyd milczenia, daje nam godność. Tworzenie miłości, książek, marzeń, obrazów czy muzyki. Piękna, którego jeszcze nie było.

Taksówką do Łagiewnik, do Sanktuarium Miłosierdzia i siostry Faustyny. Pierwsza święta drugiego tysiąclecia wyprzedziła nawet szamana katolicyzmu Ojca Pio. Mają panienki w habitach siłę przebicia. A zakon – najpiękniejsze dziewczyny. W kornecikach, zawsze uśmiechnięte, rozbawione (wiecznością?).

Nowe, marmurowe sanktuarium nie pasuje ani do krajobrazu, ani do starego kościoła. Lotnisko dla Miłosierdzia, a nie świątynia. Widać tak miało być. Zbudowane z wyroku (boskiego), nie talentu. Święta Faustyna opisała wizję swojej kanonizacji w tym miejscu, szkoda, że wizji nie miał architekt. Po latach upokorzeń, ukrytego kultu Miłosierdzia wyrosło coś takiego, jakby cała pokraczność przeszłości wykluła się na pokaz.

Zastanawiam się, czemu święta Faustyna nie została patronką dyskotek i *rave parties*. Postanowiła przecież pójść do zakonu, gdy w łódzkiej tancbudzie zamiast tancerza podszedł do niej Chrystus.

Pierwszy wieczór kabaretowy. Wyłażą na scenę chłopaki z Cieszyna, „Łowcy B". Nonszalancja i genialny debilizm. Łowią mnie natychmiast na tęsknotę za bezczelnym wdziękiem.

Po programie w kanciapie „Rotundy" parada kabaretów czekających na cenzurki od jury. Błędy słowne Tym wychwytuje lepiej niż program korektorski. Poprawność językowa i obyczajowa zawsze ostawały się na kresach. Teraz kresami są tymowskie Suwałki. Drugi juror – Jasiński – widzi teatrem, a Jacek Fedorowicz robi za dobrego ubeka. Dla mnie ich komentarze są najlepszym inteligenckim kabaretem w dawnym stylu, więc niewiele się odzywam.

Po obradach wracam nocą do hotelu przez Planty. Bezpiecznie, oprócz skrzyżowania koło Collegium Novum, gdzie drzewa obsiadły chmary wron i srają dialektycznie na biało ekstraktem swojej czerni. Kafejki otwarte, słychać z nich pomruk zadowolenia. Mijam najbardziej galicyjski z instytutów, nobliwy budynek oznaczony tabliczką „Instytut Czasu Wolnego". Tutejszego czasu, skamieniałego w pomniki i bibeloty – domowe pomniczki.

Te same miejsca, gdzie strajkowałam, brałam ślub, głodowałam, magistrzyłam, zdecydowałam się uciec z Polski. Przechodzę przez nie jak duch, w obcym, innym wcieleniu. Żadnej nostalgii, najwyżej reinkarnacyjne déjà vu.

11 IV

Musimy chodzić zaułkami, by się nie natknąć na kata pozdrawiającego nas serdecznie toporem. Tuż przy hotelu stoi facet łypiący przyjaźnie spod czarnego kaptura. Reklamuje muzeum tortur w bramie sąsiedniego budynku. Pola dostała obsesji na jego punkcie. Widząc go, wyje gorzej od torturowanych, ale i skrada się do niego z ciekawości. Nazwała go „lalą" i w przedsennych przekomarzankach uznała się za jego córkę. Pola – córka kata z Floriańskiej.

Na Wawelu idziemy do czakramu rozgrzać sobie zreumatyzowane lenistwem mistyczne punkty. Święte miejsce przy ścianie kaplicy zajęte przez Muńka Staszczyka pocierającego sobie o nie plecy i tyłek. Muniek to mój kat z Floriańskiej. Jest tylu innych piosenkarzy, zespołów, a z każdego kawałka reklamy czy gazety wyziera Muniek w ciemnych okularach. Zaczęłam śledzić jego pojawienia-objawienia, upatrując w tym głębszego sensu wysyłanego do mnie przez strukturę kwantową.

Piotr, widząc nas razem na Wawelu, stwierdził, że czakram leczy chyba seplenienie. Muniek nagle odpadł od ściany, jakby wyczerpały się trzymające go magnesy, i zawołał: „Nie wolno! Nie wolno!" To był chyba tajny przekaz do mnie, żebym nie naruszała tajemnicy, z której pochodzi. Niemożliwe, on z Częstochowy? Jasna Góra nie Alpy, nie oślepia do tego stopnia, że trzeba chodzić ciągle w goglach.

Ziyad jest chyba najlepszym żartem z nacjonalizmów, dlatego kabaretowe jury zwyczajowo u niego podejmuje decyzję, komu przyznać nagrodę. Po studiach w Polsce Ziyad został na podkrakowskiej wsi, ale się nie asymilował, po prostu wrósł w krajobraz odrestaurowanym polskim dworem, a korzenie ma w piwnicy – kurdyjskie. Tam urządził sobie wschodnie komnaty i ściany ozdobił arabskimi napisami ku chwale Allacha.

Robię na obradach za chama. Pytają, czy jestem Kozyra, kiedy mówię, że sztuczny pies – jeden z kabaretowych rekwizytów – byłby bardziej przekonywający, gdyby miał jęzor na wierzchu. Stanisław Tym naprawdę cierpi, słysząc chociażby aluzję do wypchanego zwierza. Podczas kolacji przepływa wzrokiem nawet nad rybą. Autentyczny święty z Suwałk, patron umęczonej inteligencji, co tydzień w „Rzeczpospolitej" wygłasza homilie w formie felietonu.

Podano ośmiorniczki, sprawdzam, czy dadzą się przyssać do talerza, no bo co mam robić, nie jedząc ich z powodów estetycznych.

Nocą na profesorskim katafalku czytam *Życie i logikę* o Gödlu. Mój postrach ze studiów. Udowodnić jego twierdzeniem sobie samej, że niemożliwe jest możliwe, ale inaczej. Właściwie to mój sposób życia jest gödlowski. Uwielbienie dla paradoksów wyszarpujących nas ze zwyklizny haczykami zdziwienia. Coś jak egipskie wyciąganie mózgu przez nozdrza przed zmumifikowaniem w wieczną codzienność.

12 IV

Wracamy do domu. Skończył się śnieg i zima. Pola – nasz wielkanocny zajączek – skacze wzdłuż i wszerz pociągu. Zagląda podróżnym w oczy i muszą się uśmiechnąć. Słońce.

Dziennik opisuje czas. Podobieństwo dziennika do samego czasu: posuwa się w przód, a to, co ciekawe, jest na poboczach, w didaskaliach chwil.

13 IV

Obłęd od rana. Opryskiwanie kwiatów z robali, odtykanie zapchanych zlewów. Już wszystko się udało, odetkało i wtedy wlałam z powrotem wiadro wody do zlewu, zapominając o nieprzykręconym kolanku. Żrący kwas chciał przegryźć podłogę. Brudna niedziela palmowa.

Pola biczowała w kościele święte figury swoją palemką. Jutro ma urodziny, a my nie mamy czasu. Postanawiamy obchodzić je ruchomo. Skoro przyszła na świat w Wielką Sobotę, to coś znaczy.

Przypominam sobie jej pierwsze dni sprzed dwóch lat. Tuż przed północą o tej samej godzinie, kiedy się urodziła, zaczynała przeraźliwie płakać. Rozszerzały się jej źrenice, jakby ze łzami miał z nich wypłynąć strach.

Ciekawe, czy podobnie rozpaczali Adam z Ewą w rocznicę wyrzucenia z Raju do świata, gdzie zaczęli się bać, więc i myśleć.

14 IV

Poranek Buddy był pierwszym świtem mojej córeczki. Dokładnie dwa lata temu. Porcelanowa figurynka chińskiego Buddy podnoszącego ze śmiechu ręce. Prostowała je nad główką, przeciągając się i uśmiechając. Za nami Długanoc narodzin i Wielkanoc w Sztokholmie. Jej uśmiech był właśnie buddyjski – dobrotliwie nieświadomy. Nieodróżniający dobra od zła, zwierząt od ludzi w świecie oglądanym skośnymi oczami noworodka. Zaplotłam jej warkoczyki, urodziła się z długimi włosami. W czepeczku i kocu przypominała tybetańską księżniczkę opatuloną na podróż. Wieloletnią podróż w tym wcieleniu.

Trzymając ją na ręku – pakunek zawinięty w becik – pomyślałam, że dano nam pod opiekę kawałek wszechświata. Za karę, w nagrodę czy ku przestrodze?

16 IV

Pełnia, na mieście kraksy. Sesja fotograficzna. My i fotograf na czas, reszta w korkach, jakby się pierwszy raz obudzili w Warszawie i nie mieszkali na Usrynowie. Dwudziestoletnia producentka zdjęć ma wrzody trzustki, też miałabym wrzody na sercu w tej branży. Pospieszać krzykiem nie można, bo wszyscy w ekipie artyści. Ustylizowani na własnych dziadków ustawiamy się całą trójką do pamiątkowej fotografii podsisanej fragmentem wywiadu z „Vivy": „Wyrywając się z kanonu obłudy, zostajesz «skandalistką». Chyba powinnam zrobić sobie zdjęcie w konwencji «świętej dziewiętnastowiecznej rodziny»".

17 IV

Nocą urywam się z moją jedyną przyjaciółką – Misiakiem – i zamawiamy sushi. Nasza ekstaza na desce, ale dzisiaj jest przynętą bez smaku. Spowiadamy się sobie z całego tygodnia. Słuchając, widzę pod ufryzowanymi czaszkami ludzi w restauracji, w kolejce do kina zapeklowane mózgi. Dobrze upchnięte szynki krojone potem w plasterki poglądów, uczuć. Może po złożeniu tego byłaby jakaś szara masa spleśniałej wędliny, ale kto rekonstruuje kupioną szynkę?

Full Frontal – kolejny filmik skropiony humanizmem jak sałata octem. Mam lęki w ciemnej sali kinowej, że nie dam rady wrócić wozem, chcę zamówić taksówkę. Wystarczy kontakt z Polakami (ludny tydzień) i zaczynam raczkować ze strachu.

Po powrocie do domu cisza. Przekrzywiła się zawieszona dzisiaj w salonie kopia starożytnego fresku z rzymskiej willi: drzewka pomarańczowe, ptaki. Między naszymi ścianami – Rzymian i podwarszawiaków – dwa tysiące lat różnicy. Dekompresja czasu między tymi dwiema datami wyrównuje poziom zachwytu freskiem.

18 IV

Depresja Piotra – wraca w grymasie ust, wyblakłym spojrzeniu. Czuję, że znowu staje pod ścianą do egzekucji. Nie zdałam sobie sprawy, że to ten sam smutek, który przytargał ze sobą po dzisiejszej wizycie u mamy. W domu rodzinnym zostawiamy pole minowe po naszym dzieciństwie, nie wolno więcej do niego wchodzić.

W księgarni otwieram na chybił trafił Ciorana: „Wrogowie – to jeden podzielony człowiek".

Mam podejrzenia, z biegiem czasu wręcz pewność, że wbrew Leibnizowi ten świat nie jest najlepszym ze światów. Jest ochłapem rzuconym dla skazanych na życie. Jego istnienie usprawiedliwia tylko dobra akustyka. Kiedy wracając z Warszawy, krążę wokół Lasu Kabackiego, łapię w radiu koncert Bacha rozsadzający wóz, głowę. Dla tego kawałka Bóg stworzył świat i nie ma co się usprawiedliwiać, że zbawi nas wyłącznie dobroć, bez poczucia harmonii.

Pola uwielbia tupać, klaskać, więc w domu słuchamy często flamenco, nazywając je *baby*-flamenco albo polka-flamenco. Za którymś razem nasza dziewczynka tak się rozpędziła w przytupach, tak rozkręciła, że nie miała jak ugasić tańca (flamenco znaczy chyba płomień). Co by zrobiła dorosła tancerka? Podskoczyła, może opadła w egzaltowanym szpagacie. Pola, miotana muzyką, rzuciła nam bezradne spojrzenie i skoczyła wysoko przed siebie, na ścianę. Wbiła się w nią pazurkami, zjeżdżając na podłogę. To było ekspresyjno-genialne. Nie mogła wymyślić tego sama, jeszcze nie myśli, nie kombinuje. Słucha po prostu muzyki, podszeptów rytmu.

Stoję na skrzyżowaniu, bębniąc po kierownicy w rytm Bacha, i myślę, że lekceważenie sztuki, jej odwagi korzystania z nieskończonej wolności jest niegodziwością. Obojętne mijanie malarstwa to grzech. Przecież po potopie na znak przebaczenia pojawiła się najdoskonalsza paleta barw: tęcza. Więc jeżeli komuś nigdy z wrażenia nie ugięły się nogi przed oryginałem Rembrandta czy Vermeera, powinien na wszelki wypadek ćwiczyć pływanie. Nie załapał się na boskie przebaczenie i obietnicę, że nigdy więcej nie zaleje go potop brzydoty.

Pocieszam się, patrząc na moją córeczkę. Może jej będzie łatwiej. Jeśli zechce tańczyć, rozdrapując ściany, przepalić żarliwością mury, nikt jej już nie ubliży i nie wyśmieje. Wystarczy, jeżeli się przedrze na drugą stronę wolności. Gdzie być może wcale nie jest piękniej niż w telenowelach i szmirowatych arcydziełach, ale za to godniej. Bo prawdziwie.

19 IV

Pola będąca tylko z dorosłymi zachowuje się na podobieństwo szympansów wychowanych wśród ludzi. One uważają się za ludzkie dzieci, gardząc innymi małpami. Pola uznała, że jest duża, a inne dzieci są tyci-tyci.

20 IV

Pierwszy dzień świąt. Jazda do Łodzi. Moja mama, nigdy nieskarżąca się na zdrowie, przeprasza za telefon sprzed miesiąca. Powiedziała wtedy, że źle się czuje. Ale ona nie wiedziała, co mówi, miała grypę i majaczyła przy 41 stopniach.

Samotna Siostra opowiada swoją wersję dziennika Bridget Jones. Wybrały się z przyjaciółką do opery, typując, że tam znajdą kulturalnego kandydata na męża. Nikt nie zauważył ich urody i kreacji. Po przedstawieniu zamówiły taksówkę. Trochę je dziwiła pustka w szatni. Dziewczyny nie wiedziały, że są na premierze. Zwinęły się po ukłonach i oklaskach, a to był koniec pierwszego aktu.

Na szczęście potrafią się śmiać same z siebie, ale i potrafią cały wieczór biadolić: Tu nie ma szans na normalnego, wolnego faceta przed pięćdziesiątką. Spotykacie się i już po minucie wiesz, że to jakiś dupek przemiłowany przez mamuśkę i zalizany przez baby. Zamiast czytać ogłoszenia matrymonialne, trzeba patrzeć na klepsydry: „Nieutulony w żalu mąż zmarłej nagle..." albo „przedwcześnie". Chyba mają rację, polska Bridget Jones musi być hieną cmentarną.

Dwa najsłynniejsze zdania z wątpliwym prze-cinkiem. Pierwsze: *Be or not to be, this is the question*, brzmi lepiej w wersji równie prawomocnej: *Be or not, to be this is the question*.

„Powiadam ci, jeszcze dziś będziesz w Królestwie Bożym", drugi wariant: „Powiadam ci jeszcze dziś, będziesz w Królestwie Bożym". Chwała korekcie.

Dziecko jako broń biologiczna. Pod koniec dnia padamy od niej martwi ze zmęczenia. Rano cze-kamy na pierwszy uśmiech Poli zapowiadający kolej-ną epopeję dnia: odyseję wędrówek po zakazanych kątach, iliadę zwycięstw i podstępów, żeby się uczło-wieczyć.

21 IV

Dyngus. Chłopczyk pozbawiony „interakcji, kontaktów, środowiska" biega po naszym sterylnym osiedlu z całym zestawem polewaczek. Piotr się nad nim użala:
– Nie masz, biedaku, kogo polać?
– Mam, szybę – psika w okno świetlicy dla mieszkańców.

Muniek w Trójce z samego rana, ostrzeżenie?

Wizyty rodzinne przypominają posiłek w barze: szybkie jedzenie, rozmowy gdzieś obok, przerywane. Pola, wyczuwając dziwaczność sytuacji, nie chce dać buzi na pożegnanie. Kłania się, bo to był występ, kilkugodzinny popis przed zachwyconą publicznością.

22 IV

Wtorek, a nastrój jeszcze z poniedziałku, gdy do czternastej rządzi Księżyc i kabaliści radzą nic nie robić, przeczekać. Muszę jednak od rana chodzić po mieście. Skarpetki nie śmierdzą mi prywatnie – stopami, ale skórą butów. Więc czymś poważnym, urzędowym jak skórzane teczki.

Omijam na ulicy dawną znajomą. Na własnej ranie wyhodowała pijawkę. Ranie? Stygmacie – jaka to się jej krzywda stała, mąż zostawił ileś lat temu. I tą zatrutą pretensjami krwią żywi nadal dwudziestoletniego syna-pasożyta, marzącego, że z pijawy stanie się wężem, co zrobi karierę w cyrku.

W supermarkecie książki były dawniej przy głównej alejce, teraz zepchnięte pod ścianę. Kryzys, ludzi nie stać na jedzenie, nie będą kupować książek. Dowloką się do nich tylko syci.

Polski Pulitzer z 1998, *W domu smoka* Kalickiego, przeceniony leży na stosie bzdur jak na umysłowe samospalenie. Biorę swój łup do domu i nocą czytam.

Czytam wszystko, co mi wpadnie o Chinach. Próbuję zrozumieć swoją podróż do tego kraju przed paru laty. Z różnych relacji układam puzzle z miliarda kawałków. Kalicki opisuje pomysł Mao na rozwiązanie problemu przeludnienia: dwuzmianowy naród ratunkiem dla Państwa Środka, a potem świata. Dziennozmianowi pracują, gdy nocni śpią w ich domach. Potem zamiana stanowisk pracy i łóżek. Naród „dwa w jednym" idealnie ustępujący sobie przestrzeni życiowej.

Czasy chińskiego komunizmu wyobrażam sobie w postaci misternie wyrzeźbionego kredensu z przegródkami na szaleństwo i bibeloty z Marsa.

Zawsze gdy mówiłam w Chinach, że jestem z Bolan (Polski), młodzi czy starzy, na prowincji czy w Pekinie wykrzykiwali: Juli Furie! Wreszcie znalazłam w książce Kalickiego powód tego entuzjazmu:

„Maria Skłodowska-Curie jest najlepszym symbolem i patronem dla chińskich uczniów. Była na samym dnie, bo była kobietą i nie miała żadnych zdolności, żadnych talentów. A mimo to samą ciężką pracą zdobyła dwie Nagrody Nobla".

Taniec Poli jest wirem szczęścia we wszechświecie.

Na kolację zjawia się Misiak. Po dziesięciu latach ma dość bycia stylistką. Jest rzeźbiarką i nie chce więcej rzeźbić w ciuchach. Woli grafikę komputerową, w końcu komputer to jakaś stabilizacja, nie?

Pracując tyle lat w „Elle", pracuje dla Husajna. Podobno prasa dogrzebała się, że wydający jej pismo koncern Hachette, jak to Francuzi, kolaboruje z iracką ropą, a Irak to Husajn, więc Husajn to „Elle". Racja, od paru tysiącleci wszyscy wysługujemy się Babilonowi, oprócz Żydów, którym udało się uciec z niewoli.

23 IV

Dwa pierwsze, wyraźne czasowniki Poli: boję, boli. Prawdziwa buddystka. W czapeczce armii chińskiej wyśniewa na balkonie swoje dwie godziny szczęśliwości.

Znowu ktoś w sklepie:
– O, jaka śliczna dziewczynka, masz braciszka? Nie? Siostrzyczkę?
– Nie – odpowiadam jako dubbing naszej jeszcze niemej Poli Negri.
Nie, nie wyrobiłabym znowu – od plemnika do jajnika, nieprzespane od kolki noce. Poród, przy całym krwawym romantyzmie tej chwili, był masakrą – wpadnięciem pod wielotonowy transporter natury. Co parę minut skurcz – ciężarówa w przód, chwila odpoczynku i ciężarówa wraca, miażdżąc ciało.

Jeżeli kolory są częstotliwością fali, to musi być gdzieś we wszechświecie fala inteligencji, dzięki której ludzie widzą podobnie, mają na chwilę zbieżne poglądy, póki się nie rozmówią i nie rozstroją.

24 IV

Poświąteczne porządki, wyrzucam gazety sprzed kilku lat. Kolorowe pismo wysuwa się na podłogę i otwiera na pomazanej czarno stronie. Zapomniałam o tym „Paris Matchu", który dostał się w ręce lotniskowego cenzora w Arabii Saudyjskiej. Powykreślał czarnym mazakiem dekolty, kobiece nogi. Ten facet w białym prześcieradle tak starannie obrysował modelkę w bikini, że zrobił z niej negatyw. Nie dokończył zaczerniania wezwany spojrzeniem kolegi. Czule trzymając się za ręce, poszli na przerwę.

Rozglądając się po hali lotniskowej, zobaczyłam Arabki żywcem wykreślone przez cenzurę z życia – zakutane w czerń od stóp do głów, z erotyczną szparą na oczy.

Obowiązkowe badania; bilans dwulatka. Doktor oszacowany dorosłym spojrzeniem Poli i opluty przez nią w samoobronie wydał diagnozę: Niejednoznaczna. Wygląda na dużo starszą, ale emocjonalnie dwulatek.

Mając dziecko, człowiek staje się trochę rośliną (nie dlatego, że na nic czasu i tylko wegetacja). Nie umiera, ale obumiera, zostawiając po sobie latorośl.

– Chyba do ciebie, mówią, że są od markizy
– Piotr odsłuchał domofon i dyskretnie się usuwa – nie znosi hierarchii i kpi z rojalistów.

– Coś ty, na balkon zamówiłam roletę.

Mieszkamy w akwarium wystawionym na południe. Nie da się żyć bez osłony przeciwfotonowej, dawniej – pod spódnicą markizy.

Redakcyjne zaproszenie na przegryzkę do „Sheratona". Zamawiam sushi. Dostaję niezjadliwy ryż w glonach. Przesłodzili ocet albo upichcili z łososia deser.

– Kiedy masz na coś ochotę, wpadasz w amok i nie zwracasz uwagi, gdzie i co – współczuje Piotr.

– Tu jest chińska, nie japońska knajpa, czego się spodziewać?

Zmowy ludzkiej chcę, nie umowy, bo nie działa. Zmowy polegającej na średniowiecznym łotrzykowskim rysowaniu znaków po ścianach domów. Dla niewtajemniczonego bazgroł, dla smakosza wiadomość: „Nie jedz tutaj! Drogo!", albo: „Wyśmienicie!"

Nie wierzę przewodnikom. W Pascalu napisali o „Białej Róży" z Białej Podlaskiej: najlepsza chińska knajpa w Europie Środkowej. Ironicznie. Ja realnie z Białegostoku jechałam ileś kilometrów zobaczyć, a na miejscu remiza w stylu gierkowsko-kitajsko-wiejskim.

Patrząc na rubinowe paznokcie sprzątaczki w naszym bloku, zamarzyłam, żeby rosły jej zamiast pazurów szlachetne kamienie. Obcinałaby skrawki i z nich żyła.

Teraz tak robią, podstępem: najpierw w Trójce anegdota Magdy Jethon, a potem z zaskoczenia Muniek zaprasza na spotkanie z sobą w sobotę.

Mój samochód, moja dźwiękoszczelna klatka. Mogę wyć, krzyczeć, wypluć z siebie skrzep milczenia.

26 IV

„Życie jest formą istnienia ciałka. Czasem z wózeczka coś cicho załka" – taką piosenką można by zaczynać dzień, gdybyśmy występowali w rodzinnym musicalu.

Markiza furkocze już nam nad głowami falbanką. Układam pod kolor kafelki. Półtorej godziny i gotowe. To jest tak proste i przyjemne, zakrywanie betonu kolorowym szkliwem. Na Nowym Mieście jest dom wyłożony szmaragdową, grubą glazurą. Zakleić kafelkami resztę Warszawy! Te szare barykady brzydoty pokryć mozaiką barw. Niedrogie i dziecięco łatwe.

Całodzienne nasiady Komisji Śledczej są telenowelą dla zapracowanych gospodyń. Do południa gotuję i słucham, zerkając na udowadniających swoją niewinność. Tak sobie wyobrażam serial brazylijski. Niemczycki, postawny, ciemnowłosy, pasuje do obsady Carlosów, don Juanów. Już podobno dostaje listy od wielbicielek.

Przed laty w Paryżu na zlecenie jednej z gazet dochodziłam prawdy o Solorzu, właścicielu nowej stacji Polsat: ile miał paszportów, na czym się dorobił. Teraz jest finał tej historii i afera Rywina – Solorz chce sprzedać swoją telewizję, więc jest zadziwiająco normalny. Nawet w tym, że stworzył telewizję na swój obraz i podobieństwo. Klejąc pierogi, widzę w telewizorze: dawni prostacy wychodzą na prostych, uczciwych ludzi. Nie żeby urośli, to elita zmalała, zrobiła im cokół z własnego gówna.

– Widziałeś gdzieś długopis?! – przerzucam szuflady.

– W naszym domu? Widzę długopisy tylko, gdy je kupuję.

Zdaję Piotrowi pokład z naszą kosmitką w nocnym kombinezonku. Mam wolne, mogę iść do kina. Już wsiadając do wozu, jestem kimś innym. Mniej zatroskana, mniej matczyna, bardziej zmechanizowana i ryzykancka. Słucham radia, którego chcę, gadam do siebie, niemiłosiernie śpiewam. Odkurwiam się po tłamszeniu niecenzuralnych odzywek przy dziecku.

Umówiłam się z Misiakiem do kina w Galerii. Przyszła z Teresą Sedą owiniętą płaszczem własnej produkcji. Może i lepiej, że z psychologa przekwalifikowała się na projektantkę pięknie obszywającą ludzkie ego.

Makrokosmos przeraźliwie smutny. Przestanę jeść drób po tych dwu godzinach udręczonych opierzonych spojrzeń z rusztu cierpienia. Bociany lecą do Afryki i cierpią ze zmęczenia. Te, którym udało się dolecieć, wracają i znów cierpią. Jeżeli w tym stylu zrobią film o jabłku, przestanę jeść rośliny.

Wychodząc z sali, słyszymy kawałek innego filmu: „A może spróbowałbyś na chwilę przestać być mutantem?" (Czyli sobą?) Powinni to puszczać z głośników w Galerii, zwłaszcza w soboty. Wokół klony modnych dziewczyn: opalenizna z solarium, włosy z farby, spojrzenia z niebytu. Chroniczne striptizerki z nerami i pępkami na wierzchu, gdy jest poniżej dziesięciu stopni. W takim stroju jest dobrze tylko anorektyczkom, reszcie wyłażą po bokach wałki sadła. W weekendowym tłumie kilka naturalnych, dyskretnie umalowanych panienek „z dobrych domów". Dlaczego moda musi być żałośnie przymusowa?

27 IV

Niedziela, i to po Wielkanocy, więc Miłosierdzia Bożego. Ledwo wyhamowuję przed supermarketem. Na zazwyczaj pustej ulicy korek. Przy parkingu policja, pogotowie, tłumy, ludzie biegną i pędzą na wózkach inwalidzkich.

– Pielgrzymka czy co? – pytam.

– „Ich Troje"!

– Wie pani, ile wziął? – pyta zjadliwie kasjerka w sklepie – dwadzieścia tysięcy i sześćdziesięciu ochroniarzy.

– Kiedy śpiewa? – upewniam się, czy zdążę wyjść.

– Co pani, dwadzieścia tysięcy za podpisywanie płyt.

Dawniej piosenkarz na festynie śpiewał. Teraz rozdaje autografy, a muzyka leci z magnetofonu. I płacą mu za promocję samego siebie.

Piotr mówi przyjacielowi, że zaczyna pisać coś nowego, na co on:

– No tak, po *Scenach z życia* trzeba zatrzeć złe wrażenie.

Czy my puściliśmy bąka? Zatrzeć wrażenie i ślady samodzielnego myślenia. Przyjaciel ma talent, ale go konsekwetnie rozmywa, na prawdziwe pisarstwo się nie odważy.

Muniek w akcji charytatywnej Centrum Zdrowia Dziecka.

28 IV

Są już tabletki na bezsenność, niech wynajdą na śnienie. Nie chcę mieć snów, te zwykłe też są kosz-

marem, porywają w inny świat, gdzie nie ma siły ciąże-
nia logiki. Nie chcę się odrywać od jawy, od rozsądku.

Chyba kiedyś nie wstanę. Zostanę w łóżku, wy-
obrażając sobie, co będzie: codzienna butelka mleka,
pieluszka, soczek, śniadanie, ubieranie, herbata dla
Piotra i ceremoniał budzenia go (Pola po nim skacze,
ja osłaniam wrzątek, ogólne buzi) i tak rytmicznie do
nocy. Po kolei rytuał godzin, żeby jeszcze był czas się
tym zachwycać.

Zbliża mi się okres i do tej cielesnej probówki
powyginanej w kobiece kształty dolewa się kropla
gniewnych hormonów. Ciecz w probówce dymi, buzuje. Zostaje osad smutku.

Wszystko jest iluminacją Foera. Nie jest wyłącznie „prozą magiczną", ale i zgryźliwą: kwartał żydow-
ski (getto) i kwartał ludzki, synagoga ciągnięta na
kółkach w miarę przesuwania się granicy. „Każdy z nas
jest przecież taki dobry, że inni nie są go warci".
„Ukraina miała obłazić pierwsze urodziny". „Pozycję
69 wynaleziono w sześćdziesiątym dziewiątym roku.
Mój przyjaciel Gregory zna przyjaciela bratanka wyna-
lazcy".

29 IV

Chwila nieuwagi i Pola zmiksowała nam śniadanie w swoim dziecięcym mikserku na korbę. Mimo wszystko łóżkowy przegląd zaległej prasy. Piotr swojej szwedzkiej, ja „Paris Matcha". Zagląda mi przez ramię:
– A co u Belmondo?
– Staruszek jest po wylewie, będzie chodził o lasce, ale i będzie miał dziecko.
– Wylew spermy?

– Jestem od kilku dni tak bardzo szczęśliwy, bez powodu – cieszy się przez telefon kuzyn. Chyba znam ten powód: skumulowana serotonina. To nie on jest szczęśliwy, to prozac. On nie byłby w stanie. W dzieciństwie rodzice wydrapali mu organ szczęścia, walcząc między sobą z małżeńskiego obowiązku.

Przed snem mam czas przejrzeć wycinki prasowe przysłane z wydawnictwa, recenzje *Scen z życia pozamałżeńskiego*. Pomijając zabawne głupoty typu: „W tej książce Gretkowska rozmawia o seksie z niejakim Pietuchą, albo go uprawiają" – wrażenie, że piszą te recenzje poszkodowani w jakimś wypadku czy katastrofie, np. życia w Polsce. Leżą teraz na poboczu prowincji przykryci gazetami, które starannie zapisali. Zwyczajem jest zachwyt nad poprzednimi książkami, świetnymi w porównaniu z dnem najnowszej. Tak samo było z *Polką*: „poślizg ginekologiczny" – poród?;

„obraza kobiecości" – bycie w ciąży obrazą? I to typowe uogólnianie: coś mnie uraziło, więc uraziło cały świat, bo ja to gazeta, więc absolut.

30 IV

Po wczorajszym przesłuchaniu Millera przez Komisję komentarz radiowy: „To, co powiedział do Ziobry – «Pan jest zerem» – jest przejawem specyficznego poczucia humoru premiera". „Pan jest zero" – mówi facet nieumiejący poprawnie wypowiedzieć swojego nazwiska. „Myller" – przedstawia się cwaniacko. Upapranie w pyrylowską władzę, te 40 lat komunistycznej glamzy to też poczucie humoru? Siłą opowiedziany żart?

Pierwszy letni dzień. Jedziemy do ogrodu w Powsinie. Piotr łapie Polę milimetr przed skokiem do przepaści.
– Chyba jesteśmy za starzy na rodziców – dyszy. – Za starzy są ci, którzy nie mogą już upilnować dziecka – pada na ławkę ze zmęczenia.

„Pornografia" – ocena *Scen z życia* we „Wproście". Piszący to facet, w ręku nie miał pornografii, najwyżej swojego kutasa przy różnych okazjach fizjologicznych.
W każdym razie słup ogłoszeniowy, jakim stało się to pismo, postanowił mieć ostre poglądy. Nigdy nie

dawali dużo miejsca na kulturę. Tylko reklamy spektakli, sponsoringi oraz nagonki. Powszechne plucie na wszystko. Bez argumentów, same pomyje. Niedawno był tekst „Przereklamowani" o czołówce polskiej literatury, okraszony zdjęciami pisarzy w stylu listów gończych. W artykule o wielu z nich nie było słowa, same twarze, wprost napiętnowani. Podstawowy błąd redaktorski, ale to drobiazg. Redakcja tkwi w o wiele większym błędzie, że literatura to polityka. W polskiej kulturze jak w sejmie: hucpa i zakłamanie. Wystarczy po kolei demaskować i wyrazić swoje antypatie, by załatwić publicznie przeciwnika. A że w polityce jest szlam, to można się obrzucać błotem: Gretkowska – Samoobrona, Tokarczuk – SLD, a Pilch – Unia Pracy, i w mordę. Masłowską sflekować na zawsze. Gdyby nie Pilch wbijający zawistnikom do głowy, że dziewczyna ma talent, podobne recenzje – „bełkot" – pisaliby o niej wszędzie. Nasze po-życie literackie.

Skoro cała polska literatura do śmietnika, to po co w ogóle pisać recenzje po polsku. Krytyk powinien się zająć czymś na jego poziomie i wysłać teksty do „New Yorkera" po angielsku.

„Wprost" ma odpał polityczno-demaskatorski i przez to niewiele z kulturą do czynienia, a z drugiej strony „Polityka" zachowuje się po staremu: popieramy naszych. I to są dwa najważniejsze tygodniki opiniotwórcze.

MAJ

1 V

– Czy ja puściłem się z tirówką, czy co? – Piotr broni się przed moim zrzędzeniem, wyrzucając pochowane w samochodzie pudełka z McDonalda. Właśnie tak. Kulinarnie zrobił to z tirówą. W domu nie jemy tego, tamtego, wieczorem nic. A on zjadł paszę, bo to nawet nie jedzenie te nuggetsy w McDonaldzie: przemielona skóra, pióra, dzioby i pazury posypane chemią dla smaku i zabicia smrodu. Nic tam nie jest jadalne, fastfudztwo. Wystrój zamiast kolorków powinien być w biało-zielone pasy: biologiczny Auschwitz, gdzie nic nie może się zmarnować, ani stary dziób, ani zjełczały smar.

Już rok mam prawo jazdy. Gdyby nie warszawscy kierowcy, dawno byłabym po wypadku. W pierwszych dniach samodzielnego jeżdżenia zatrzymałam ruch na rogu Marszałkowskiej i Świętokrzyskiej. Nikt się nie darł, nie trąbił. Taktownie pomogli mi rozwiązać ten węzeł gordyjski na skrzyżowaniu. Przy moich ewidentnych błędach potrafią dać pierwszeństwo. Piotr uważa, że to szwedzka rejestracja i blondynka za kierownicą ułatwiają brnięcie przez miasto. Ja wiem swoje: mam taryfę ulgową początkujących. Taki abonament dla idiotów, oby jak najpóźniej się skończył. Nie mam doświadczenia, muszę polegać na intuicji.

Użyłam jej pierwszy raz, jadąc z instruktorem przez Puławską. Niby wszystko OK, ale czuję, że jedziemy w czarną dziurę. Ścisnęłam kierownicę i mówię instruktorowi:

– Boję się.

– Czego?

– Nie wiem, coś się dzieje.

Chwilę później był karambol (nie z mojej, przerażonej winy). Mózg musi wychwytywać błędy ułamki sekund wcześniej, a jego strach nazywa się intuicją. Z innych nieracjonalnych rzeczy, w Polsce przydałyby się nie trzy, ale cztery światła. Dodatkowe niebieskie dla tych, co mają ruszyć, gdy do końca nie przekonuje ich zielone.

– Byliśmy kiedyś na miejscu Australii – rozmarzam się.

– W jakim sensie? – niepokoi się Piotr.

– Geologicznym. Europa przypłynęła stamtąd.

– Aaa – wzdycha z ulgą. – Myślałem, że znowu coś straciliśmy.

Wieczór. To, że dzieci chodzą wcześnie spać, jest osiągnięciem ewolucyjnym, utrzymującym przy życiu rodziców. W szczelnej czapeczce Pola jest pływakiem nurkującym w najgłębszych marzeniach.

2 V

Zażarta dyskusja z Piotrem o mężczyznach, czyli podmiot o przedmiocie. Kamienuję go przykładami. Czy zna porządnego faceta? Z ręką na sercu, na sercu, nie między nogami.

Dzisiejsza definicja jest czarną flagą nad kąpieliskiem: Faceci to pijawki karmiące się stygmatami kobiet, bo kobieca dobroć i łatwowierność nigdy się nie zagoją.

Przed dziewiątą na Trójce Muniek, pieśń o przyjacielu.

Wstyd mi, kolorowa kretynka ze mnie. W ankiecie czasopisma, co lubię, wymieniłam dziwne potrawy, egzotyczne miejsca marzeń – żenada. Na co dzień jem paczki herbatników maślanych firmy Solidarność, schodzą w tempie paczek papierosów u nałogowca. Zajadam miód poznański Melipropolon z mleczkiem pszczelim. W kraju, gdzie są niedożywione dzieci, zachciało mi się opisywać luksusy z „Vogue'a". Tyle dobrego, że wśród osobistych rzeczy wymieniłam prezerwatywy „z piórkiem" Dureksu, może ktoś po nie sięgnie ku korzyści własnej i nienarodzonych jeszcze pokoleń.

Podobno nie da się skonstruować *perpetuum mobile*. A czym innym jest dom? Z samonapędem wiecznie brudnych podłóg, naczyń, ciuchów.

3 V

Muniek z rana zagroził w radiu, że zawiesi pod koniec roku koncerty. Dożyję ciszy?

Plebiscyt: Czy chcemy do Europy?
Nigdy tak wiele nie zależało w Polsce od tak wielu. Z reguły o naszej historii decydowało kilku bohaterów albo pacanów.

Przeglądam w księgarni poradniki psychologiczne. *Jeśli twój mężczyzna łże jak pies* – do przekartkowania w kwadrans, dla niektórych kobiet przez całe małżeństwo.

Pod wieczór moje oczy z bólu stają się szklane, źle wprawione w oczodoły. Przy każdym ruchu głowy uwierają. Dzwonię na swoje pogotowie. Proponują, żebym przyjechała.

– Niby jak? Nic nie widzę. Wydać na taksówkę stówę? Płacę wam co miesiąc, a korzystam z usług... no, prawie nigdy. Jutro niedziela, gdzie ja pójdę do lekarza? – muszę skłaniać prywatną służbę zdrowia do większej prywatności, niemal intymności, żeby mnie przytuliła na randce-wizycie. Zgadzają się przyjechać.

Zjawiają się, wyjąc syreną. W drzwiach staje dwóch olbrzymów w kosmicznie czerwonych skafandrach. Jeden z nich trzyma w łapach metalową walizkę. Wygląda na czyściciela mającego rozpuścić zwłoki ofiary. Dają do wyboru zastrzyk w żyłę, co działa od razu, albo tabletkę. Rozczarowani moją decyzją wyciągają z walizy maleńką pigułkę.

Kosmita, czekając na efekt leku, pyta, przy jakim ciśnieniu czuję się najlepiej.

– 180 na 120 – zeznaję.

– Proszę nie żartować.

Nie wierzą, a ja z takim ciśnieniem byłam niezniszczalna – dwa etaty, balangi, parę godzin snu. Gdy po kilku latach dostałam diagnozę i lek, zjechałam windą w dół egzystencji. Gwizd w uszach i normalna ślamazarność.

– Serio – łykam tabletkę. – Najgorsze jest to co dziś, gdy podnosi się do 160, wtedy rośnie mi grawitacja i wypłukuje oczy. Po tej granicy wyrywam się w nieważkość.

Kosmici obserwują, czy lekarstwo działa, i wysławiają się w bardzo wyszukany sposób. Wiedzą, że robię w literach, albo nie przestroili słownika:

– Czy w zakamarkach pani ciała...

Piotr, rechocząc, odwraca się do telewizora, gdzie na cały regulator lecą *Święci z Bostonu*. Willem Dafoe gra agenta FBI, homoseksualistę, wymachuje pistoletem i słucha oper.

Kosmici się anihilują. Zostawiają mnie przed ekranem. Dafoe ma twarz małpy i oczy Boga.

Po północy w żyłach przestaje mi płynąć ołów, oko wraca do oczodołu. Świat jest piękny. Ludzie, których nic nie boli, powinni skakać rano z radości i dziękczynienia jak małe dzieci.

– Zdrowi mają misję – mówię, zasypiając.

– Co?

– Możesz wtedy wszystko, jesteś wolny i silny. To dar taki sam jak inteligencja czy talent.

4 V

Codziennie o jedenastej wyrzucam Piotra z Polą do lasu. Cisza, cisza od kataryny Radiostacji, przy której Piotr się rozkręca do życia. Szybko przestawiam stację na niemiecką (została jeszcze ze Szwecji, z nieprzestrojonego radia) First Class Musik. Na polskiej stacji Radio Klasyka za dużo obertasów. Muzyka klasyczna mogłaby być jeszcze lepsza, gdyby było więcej Bachów, Purcellów.

Kupuję cudowny lek przepisany przez kosmitów i ląduję na kanapie z zapaścią. Sąsiedzi robią mi transfuzję z ekspresu do kawy. Jestem półżywa, więc mam wolne. Czytam listy Remarque'a do Marleny Dietrich. Tak mogą pisać tylko dziewiczy nastolatkowie albo impotenci.

5 V

Upał, jadę przy otwartym oknie. Na wszystkich siedzeniach wiozę kwiaty balkonowe. Nie mam ochoty wstawiać ich w doniczki, nie chcę się zatrzymać. Pojechać dalej, na południe. A gdyby na wakacje do Włoch? Cena podobna jak za Mazury, gdy podróżuje się z dzieckiem i trzeba mieć ciepłą wodę, łóżko. Dzwonię do Piotra, zgadza się. W nadbagażu będą jego synowie ze Szwecji.

Pani z gazety w telefonicznej ankiecie pyta, co robiłam przez trzy lata w Szwecji. Prosi o trochę szczegółów.
– Byłam na stypendium noblowskim.
Zmyślenie godne polskiej pisarki.

– Co to za dwuwarstwowa zupa? – Piotr zagląda mi przez ramię do pomidorówki.
Czerwone utonęło, wypłynął rosół.
– Eee, nie martw się, dosypiemy bazylii i będzie bazyliówka – pociesza.
– Chyba na kościach bazyliszka – mieszam, mieszam – nic z tego nie będzie. Zróbmy coś z naszym

życiem – proszę. – Jedźmy do Grójca obejrzeć kwitnące sady.

6 V

Komandos to pestka przy mężczyźnie idącym do Lasu Kabackiego z małym dzieckiem na akcję „Spacer". Spodnie wypchane chustkami, butelkami i soczkami. W kieszeniach koszuli telefon komórkowy, parówki, pampersy utkane w butonierkę.

Drugi tydzień nie widujemy nikogo oprócz sprzątaczki na klatce, pogotowia, sąsiadów pożyczających kawę. Inni są mile widziani, ale nie mieszczą się w naszej czasoprzestrzeni.

Gdyby ktoś tak pięknie zwariował i po odejściu ukochanej osoby wykleił drzwi wejściowe marmurkową tapetą. Wypisał na niej datę, godzinę, imię i nazwisko porzucającego. Drzwi są przecież wielkości płyty nagrobnej.

Czy kochanie może być egzorcyzmem? Piotr dotykiem strzepuje ze mnie wszystkie zadry, wygładza nastroszone łuski. Rozpędzona diablica zamienia się w nieruchomego anioła ze skrzydłami posklejanymi pocałunkiem. I zamiast na łepku szpilki (gdzie mieści się milion diabłów) zasypiam w jego dłoni.

Handlowcy z biura sprzedaży oprowadzają po naszym osiedlu kolejne ofiary. Kupiliśmy tu mieszkanie, luksus wygody, żeby nie remontować, nie budować. Pomyłka. Kupiliśmy pakiet robót. Prucie nieocieplonych ścian, niepodłączone rury, przeciekający dach. Wybudowała to dla Polaków spółka kanadyjska, za ciężkie dolary procentujące teraz w funduszach powierniczych nieznanych nam staruszków z Montrealu. Zarobili na nas, zarobili też Ukraińcy stawiający te domy, oczywiście na czarno, a my zostaliśmy zrobieni na szaro.

W gazecie znajduję kolorową reklamówkę naszego osiedla: „Wokół wielki park". Czy wszyscy są w Polsce Wyspiańscy – teatr swój widzą ogromny? A może to dziedziczny syf, na który cierpiał też poeta, zmienia optykę?

Dzwonię do biura sprzedaży.

– Przepraszam, gdzie jest ten park? Nie dostrzegam go ze swoich okien, czy to te dwuletnie kikuty paru drzewek?

– Hmm, hm, tak napisali... trochę na wyrost.

Polska jest na wyrost, dla smarkaczy.

Piotr rzucił mi z politowaniem „Politykę" otwartą na tekście o polskiej inscenizacji *Monologów waginy* Ensler. Krakowskie aktorki z oporami przekonały się do książki. Raził je nadmiar dramatycznych opowieści i brak spełnionej miłości między kobietą a mężczyzną. Teksty wydały im się płytkie i źle napisane. Jedna z aktorek nie wyobrażała sobie *Monologów* na scenie, zastanawiała się, w jaki sposób mówić do widzów o pochwie, żeby nie przekroczyć cienkiej granicy dobrego smaku. One miały grać czy dać dupy? I to artystki, czułe na słowo. Zacisnęły ze strachu nóżki, dopiero mężczyźni je namówili... Najstarsza „pod wpływem męża uznała, że *Monologi* mogą się stać terapeutyczną książką dla kobiet". Najmłodsza była od razu na tak. Wszystko skończyło się dobrze, „żadna z nas nie jest feministką".

Oczywiście jeszcze dopisek autorki artykułu pod zdjęciem Ensler: „Skąd tyle szumu wokół tej przeciętnej książki". Jasne, pierwszy w światowej prozie taki tekst grany z sukcesem nie tylko przez Glenn Close. Widocznie autorka artykułu własną cipą odciska codziennie kształt kobiecości, zawija w antycipek podpaski i wyrzuca. Czym te stołeczne i krakowskie komentarze różnią się od wyznania babiny z zapadłej wsi dziwiącej się prośbie ginekologa: – Podmyć, panie doktorze? Iii tam, kto by takie paskudztwo mył.

Propozycja wyjazdu do Szwecji na targi wydawnicze. Ale po co? Kiedy wydają książkę – warto. W innym przypadku wygłupy, tłumaczenie publiczności, kim się jest i dlaczego. Spotkanie ma sens, gdy jest tekst usprawiedliwiający pojawienie się autora. Tłumaczeń książek też nie załatwia się osobistym popisarskim pobytem na targach. Nie pojadę, nie mam ochoty wzruszać się samą sobą na konferencjach prasowych.

Radość, że dobrze minął dzień. Wdycham ambrowe kadziło. Polcia zjadła swoje racje, wywietrzyła się i teraz w śpiworku leży jak ziarenko. Pęcznieje, rośnie.

9 V

O 9.25 znów Muniek i to w najbardziej upokarzającej wersji *U cioci na imieninach*. Nie mogło być inaczej, dzisiaj gorzej niż pełnia: wszyscy astrologiczni udziałowcy na niebie w opozycjach, kwadraturach. I sny przywiało z południa na ciepły deszcz. Śniłam o tropikalnych wyspach mierzwionych wiatrem jak rabatki kwiatów.

– Dwie baby się pokłóciły i wygrywa facet. Klasyka. – Piotr czyta gazetowy artykuł *Pegaz w burdelu*, o zmianie Szczuki na innego prowadzącego.

– Widać „Pegaz" nie lubi jeźdźców i często ich zmienia – dla mnie sprawa jest prasprawą, koniec.

– Szczuka, zamiast dyskutować z tobą, zaperzyła się i tak wspierają się kobiety. Mężczyźni je prześladują, a one prześladują kobiety mające coś do powiedzenia. Typowy mechanizm przeniesienia, sądzę.

– Nie wiem, nie znam się. Dla mnie wniosek jest taki, że jedynym feministą bez skazy zostaje Eichelberger. Feminista-dżentelmen. Amen. Pizda-chuj – kończę ekumeniczno-feministycznie.

Piotr opowiada o wyjazdowej psychoterapeutycznej grupie otwarcia. Kilkanaście osób całe dnie obgadujących z terapeutami swoje problemy. Zazdroszczę tym, co tam byli, anonimowości. Mogli się otworzyć, wyczyścić psychiczny szlam w ekspresowym tempie. W nagrodę mieli poczucie wspólnoty.

Gdybym się zdecydowała wziąć w tym udział, na pewno znalazłby się ktoś, kto czytał, słyszał i koniec nagiej szczerości. Piotr jeszcze przed wydaniem *Scen z życia* przerobił to w swojej grupie otwarcia. Porównywano go do bohatera *Polki* i oberwał za to, że nie jest tym samym co w książce Piotrem dla każdej.

Jadąc wczoraj wieczorem po zakupy, zatrzymałam się przy dziewczynie w szpilkach maszerującej wybojami pobocza.

– Proszę wsiąść, podwiozę. Rozjadą panią.

Najbogatszej polskiej gminy nie stać na chodniki, ziemia jest tu za droga.

– Eee, nie, pokłóciłam się z chłopakiem, jedzie za mną. Ale, ale – ja panią znam!

– Nie, nie jestem tym zboczeńcem porywającym przechodniów – zdemaskowana odjeżdżam.

– I kupię pani książkę! – woła. – Bo pani taka miła.

Za postój zarobiłam złotówę.

Mieć cały od rana dzień dla siebie, w swoim rytmie: herbata, muzyka, książka i zwykłe gapienie się w ścianę. Chciałabym jeszcze dzieci, mnóstwo dzieci, ale jestem za stara, przeraźliwie stara. Nie miałabym siły brać ich na ręce. Te kości zrastające się pół roku po porodzie. Dziecku się ulewało, a mnie rzygało ze zmęczenia.

Tym większy podziw dla Urszuli. Znam ją z piosenek i gazet. Rok temu była przewróconym drzewem, odartym ze skóry po śmierci męża. Teraz ciąża, cud życia nie tylko nowego, ale i tego czterdziestoletniego. Żeby jej rosło i kwitło.

10 V

Śmiejąca się Pola jest miniaturką szelm Gainsborougha. Ich potarganą kopią z zadartym noskiem. Przystając w zamyśleniu, jest *Dawidem* Ghirlandaia z lokiem na ramieniu.

Gdzie tam dwulatek z wypiętym brzuszkiem może przypominać takie wyrafinowane cacka. Ale mają coś wspólnego, okruchy piękna, którymi posypany jest świat: kilka okruszków na Vermeera, kilka na małe dziecko.

Misiak – chrzestna Poli unieruchomiona w fotelu, oblepiona jej wdziękiem. Mała ciągle przeżywa kata z Krakowa i opowiada rękoma o lali z zakrytą twarzą. Nie wie – czuje, że tak wygląda strach przed ludźmi, przed ich twarzą zakrytą maską.

Po dwóch miesiącach chrzestna wróciła z Tajlandii. Podróżując tam sama nocnym autobusem, wyobrażała sobie anioła stróża. Jest stylistką największego na świecie pisma mody, więc żadnego pierza, tiuli. Anioł skromnie, po cywilnemu, w postaci szpakowatego przystojniaka. Siada obok niej i ma dobrą nowinę, pokazuje na okno. Chrzestna rozbawiona swoją półsenną wizją patrzy w czarną noc i nagle w tych wielogodzinnych ciemnościach jasność: kilkumetrowy, oświetlony posąg Buddy, tuż za szybą. Dłonie ułożone w znak: Nie lękaj się.

Nie ma buddyjskich aniołów stróżów. To był tylko znak, że chrzestna jest reinkarnacją anioła. Najlepszą osobą, jaką znam.

11 V

– Bardzo boli, gdy mówią o pani najnowszej książce, że to harlekin? – spojrzenie w lusterko, czy makijaż się trzyma.

– Nie – odpowiadam spokojnie.

– A jednak boli.

– Tak samo jak „kalafior", bo to równie trafne określenie tego, co napisałam.

Koniec nagrania, gaśnie kamera i ta sama pańcia podaje rękę:

– Jesteśmy z panią.

Kto? Dwie godziny stracone na dyskusję z wypacykowaną hipokryzją. Pyta swojego mózgu – nieco brzydszej dziewczyny, która powinna za nią prowadzić ten program:

– Dobrze było? Czy powinnam jeszcze o coś zapytać? Nie? Och, ale nie było wulgarnie – gratuluje sama sobie. – Widziałam pani program ze Szczuką – odwraca się do mnie. – Uważam, że nie powinnyście być wulgarne. TV przeżywa problemy.

– Czy ja kradłam albo brałam łapówę? Takie problemy ma telewizja, ale nie ze mną.

Zatyka ją, może sobie na to pozwolić, rozmawiamy prywatnie. A ja prywatnie już dawno stamtąd poszłam. I szarmancko odwiózł mnie pod dom były kierowca Jaruzelskiego dorabiający sobie do emerytury w tej prywatnej telewizji. Stan wojenny umysłu?

Kiedy dzieci idą – Pola biegnie, kiedy stoją – ona skacze.

Jest po prostu ciągle inteligentna – bronię jej. Dla Piotra to matczyna definicja dziecięcej nadaktywności.

12 V

Przecieram twarz na sucho. Rękoma strzepuję z niej lepkość snu. Dwa tysiące lat temu urodził się Chrystus, a mi się nie chce dzisiaj żyć. Trzydzieści trzy lata później oddał za nas życie i co z tego ludziom? Dla większości jest tak, jakby oddał za nich mocz.

Zbudować sobie wyspę z filiżanki herbaty. Chciałabym ciszy, ale nie byle jakiej. Wolałabym cysterską, romańską. Solidną, z kamienia i podszeptów świętości.

Jeśli ten dzień jest już zmarnowany, to jedziemy na Puławską zobaczyć samochody, szukamy czegoś z klimatyzacją na wycieczki po Europie i coraz cieplejsze lata w Polsce. Żeby miało drzwi z tyłu, nie mamy już siły wyciągać Poli przednimi.

Sprzedawca wychodzi sprawdzić, czy uda mu się załatwić zniżki. Na pewno poszedł się napić i przybić z kolegami piątkę. Widzi po naszych minach, że nie umiemy się targować. Kupimy.

Wóz jest za wielki, za drogi, ale bezpieczny. Przykładamy Polę do framugi – pasuje jej piaskowozłotawy kolor. Zdecydowane.

– Będziemy wyglądać jak z reklamy – śmieje się Piotr. – Opaleni, w sandałach, młodzi-starzy rodzice.

– Eeee, to Pola jest reklamą życia.

Żadnego z nas osobno nie stać na półciężarówkowego Picassa. Zrzucamy się i mam kaca. Normalka, gdy znikają mi z konta pieniądze. Nie skąpstwo, obawa, że zabraknie na coś naprawdę ważnego, więc nieprzewidywalnego.

Jedziemy odreagować. Pola dostaje lizaka, Piotr tiramisu, ja sushi. Właściwie nie dostaję, brakuje mi dziesięciu złotych.

Przeliczamy, na co będzie nas stać. Picasso żre więcej od minotaura. Wydajemy grosze na jedzenie – 300–400 złotych miesięcznie, starczy więc dla potwora na benzynę.

Zmierzch. *Magnificat* Vivaldiego. Przy drodze zapalają się po kolei latarnie, jakbym wjeżdżała do sali koncertowej. Będzie krótka normalność maja: rośliny, które kwitną, a nie więdną, powietrze, które pachnie, a nie mrozi albo parzy.

13 V

Nie wolno mi solić, ale i tak wsypuję do zupy niewidzialną szczyptę, nie sięgając do solniczki. Coś między odruchem a zaklęciem. Jak pocałunek niekochanego.

Przestałam kupować czasopisma o ludziach, gdzie są ludzie, z ludźmi. Zostaje „Świat Nauki" albo gazety o designie. Parę lat temu nie rozumiałam, kto to kupuje, antykwariusze? Naszła i mnie starcza mizantropia szukająca w rzeczach tego, co pięknieje z czasem, w przeciwieństwie do człowieka. Nie pożądam tej dobrze sfotografowanej kanapy czy wazy. Wystarczy mi sama myśl o nich.

Nie łudzę się, przedmioty to nie filozoficzne rzeczy same w sobie. One są protezami naszej niedoskonałości.

W idealnych proporcjach przedmiotów jest powaga, godność, którą z rzadka miewają bliźni, chyba że poturbowała ich ostateczność. Te cacka z różnych aukcji są totemami piękna, przechodzącymi z pokolenia na pokolenie, polerowanymi zachwytem spojrzeń.

Gdybym kiedyś wygrała na loterii, wydawałabym pismo rozchodzące się może w tysiącu egzemplarzy, nieopłacalne, ale za to piękne, prawie bez ludzi. Poezja i kolor, każda strona do medytacji, żeby chciało się je wyrwać i okleić ściany.

Piotr, czytając *Mizoginizm*, co chwila rzuca międzynarodowe patenty: – Na Nowej Gwinei faceci wkładają sobie przed kopulacją listki mięty do nosa (czuć do kogoś miętę), by nie skaziły ich wyziewy z pochwy. – Opowiem ci, co widziałam w życiu, nie w książce. Paryż, dwa lata temu. Znajomy, Żyd sefardyjski, przerażony kroplą krwi miesięcznej swojej dziewczyny. Żaden chasyd, zwykły francuski inżynier. Albo moja dawna koreańska współlokatorka. Godzinami gotowała w garnku majtki skalane okresem. A to sprzed dwóch miesięcy, kiedy byłam w telewizji: dziennikarz, mówiąc o dziewczynach, pokazywał okrągłości biustu i bioder. W rewanżu pokazałam atrybuty mężczyzn posuwistym gestem walenia konia. Wycięli, jasne, że wycięli. Tabu myli się w Polsce z zakłamaniem.

14 V

Czemu nikt nie zrobił filmu o Thomasie Mertonie? Jego żarliwość, przyjaźnie listowne z Pasternakiem, Miłoszem. Niespełniony romans z młodą pielęgniarką zajmującą się nim w chorobie. Najpierw odganiał ją od swojego łóżka, potem o niej marzył. Zagadkowa śmierć w tajlandzkim hotelu. To wszystko przytrafiło się trapiście, ślubującemu żywot pustelnika.

15 V

Przyniosłam z W.A.B. książkę Horubały *Farciarz*. Czytam życiorys autora: Rocznik 60, po studiach załapał się do telewizji i razem z ekipą pampersów tworzył ją na swój obraz według cudzych wymagań: żarliwy katolik, prawicowiec. Zmieniła się władza, więc pampersów wyrzucono. Zaczął wtedy patrzeć krytycznie na kolegów i siebie. Gdyby nie polityka wysadzająca ich czasowo z siodła, nie zastanawiałby się nad sobą. Kariera byłaby usprawiedliwieniem i samopotwierdzeniem wyborów. Ale przytrafiła się katastrofa i czarne skrzynki wydobyte z sumień zaczęły gadać.

Horubała mógłby zatytułować swoją książkę *Cierpienia młodego katolika*, oczywiście każde z tych słów w cudzysłowie. Wynika z niej, że pampersi spracowani w telewizji naśladowali to, czym żyli: seriale. Dlatego *Farciarz* jest pierwszym odcinkiem o wiele lepszej książki *Siła odpychania* naczelnego ideologa pampersów Michalskiego (mojego byłego, katolickiego męża sprzed lat). *Farciarz* kończy się w momencie, gdy fałszywy prorok (Michalski), głoszący wartości ultrachrześcijańskie, zostawia rodzinę. W swojej wersji książkowej Michalski tworzy z bohatera intelektualisty własne alter ego, pomijając jeden szczegół: ani słowa o porzuconej dla kochanki żonie z małym dzieckiem. Jego dramat pozbawiony kontekstu katolickiego jest o wiele uboższy, okrojony do wirtuozerskich dywagacji polityczno-intelektualnych autora. Zmieniając się ze sztandarowego publicysty pampersów w prywatnego pisarza, dokonał pełnej hipokryzji cenzury na swoim życiu. Tylko prawda byłaby ciekawa, ale na taką szczerość żaden z pampersów się jeszcze nie zdobył. Ciekawe, czy kiedykolwiek będzie ich na nią stać. Na razie są pokoleniem fałszerzy i hipokrytów. Straconym pokoleniem dla siebie samych. Zamiast prawdy wolą kościelny tryptyk, którym można manipulować: tu gwoździkiem podeprzeć prawe skrzydło, tam zabić lewe, a wierzący (w ich intratne i nagłe nawrócenie) niech klękają pośrodku, gdzie największy obraz autokreacji. Ciekawe, na co opłaca się teraz nawrócić, żeby mieć farta?

Siedzę na dachu Galerii. Pusty parking, zostawiam sobie otwarte drzwi wozu i wyżeram sushi. Kwadrans ciszy, sam na sam z surową rybą i glonami. W ustach ocean, naprzeciw statek – najbardziej absurdalny budynek na Mazowszu, w kształcie błękitnego transatlantyka. „Titanic", który zatonął w Warszawie. Przyczłapuje kobieta z ciążą sięgającą po szyję. Gdyby faceci musieli to znosić, dziewięć miesięcy skróciliby do dwóch. Wtedy bylibyśmy na poziomie orangutana, co i tak zaspokoiłoby ich wszystkie potrzeby. Czyżby dla dobra ludzkości ciąża powinna trwać cztery lata?

Jeśli to prawda, że Najsztuba, naczelnego „Przekroju", ściga wynajęty morderca, to spełniłaby się publicznie zasada tao: nadmiar rodzi brak. Być może żaden maniak nie wpadłby na pomysł, by go dopaść, gdyby nie nachalna reklama. Pieniacz pokrzywdzony przez Najsztuba wtrącaniem się w jego rodzinne sprawy dałby sobie spokój, ale rozwścieczyła go jawna kpina i nagłe osaczenie. Co włączył TV, radio, wyszedł na ulicę – wrednie uśmiechnięta twarz, o której próbował godnie zapomnieć. Nie wytrzymał i postanowił ją wymazać z billboardów i spośród żywych. Bo Najsztub, póki żyw, będzie wyłaził zewsząd, taka karma.

Nasze osiedle jest typową wylęgarnią dzieci. Mieszkają tu albo single, które lada moment się sparują, albo młode małżeństwa zachodzące w ciążę i kredyt. Dziewczyny są ode mnie o dziesięciolecie młodsze, o tych kilka najważniejszych lat wrażliwsze. Pomiędzy dzieckiem a pracą. Te niewracające do roboty, bo jej nie ma, czują się skazane na macierzyństwo. Te pracujące są rozdarte między domem a przymusowymi robotami w nocy, weekendami i delegacjami. Pochlipują po korytarzach wkurwione na szefów, rozżalone na mężów. Podaję im jednorazówki na otarcie łez i czuję się w obowiązku (ni to starsza siostra, ni to macocha) coś powiedzieć: Słynny wybór między karierą a macierzyństwem to wymysł bezdzietnych redaktorek pism kobiecych i chyba gwiazd Hollywoodu. Kto tu mówi o karierze? Pracuje się, żeby przeżyć kredyt. Zrobienie kariery, do której wszyscy cię namawiają, tak jak kiedyś rodzina zgromadzona wokół twego nocniczka: „No zrób, zrób wreszcie, kochanie" jest czasową mantrą i też nie gwarantuje szczęścia.

17 V

Mój mózg jest już zmęczony własnymi koszmarami do tego stopnia, że nie chce mu się wymyślać dekoracji. Straszy sam siebie we śnie pustymi pomieszczeniami. Co jeszcze bardziej przygnębia – będąc tak leniwym, nie wyzwala się rano z nocnych majaków. Więc byle się obudzić i uciekamy z tego zaśnionego domu. Jedziemy do Kazimierza. Koniec reżimu zaczynającego się od 7.00 pobudką, 10.00 – spacer, 12.00–15.00 – spanie, 16.00 obiad, 17.00–19.00 – spacer. Zasypianie.

– Córka wodza Indian po wizycie misjonarzy – kpi Piotr z fryzury Poli uwięzionej w samochodowym foteliku.

Nie da się inaczej spiąć jej włosów. Każdy kosmyk innej długości, ale zawsze celujący w oczy. Żeby je przyfasonować, trzeba do każdego włosa osobnej spinki.

Na widok kazimierskich wąwozów Pola nauczyła się nowego słowa: Dalej! Biegniemy truchtem za nią.

W końcu to nadaktywni zdobyli Zachód, idąc ciągle dalej, dalej z Afryki, przetuptali Azję po Amerykę i wyszli kilkadziesiąt tysięcy lat temu na Europejczyków.

Przebiegamy cmentarz. Groby nie różnią się od tutejszych domów z białego kamienia i czerwonej dachówki. Na pomniku żołnierzy AK poległych w 1946 tabliczka z podziękowaniami dla bohaterów. Gdyby w chwili śmierci zobaczyli przyszłość, nie zrozumieliby, w jaki sposób po pół wieku Polska rządzona przez tę samą partię (pod inną nazwą), przez którą zginęli, jest niepodległa i łączy się z Europą. Wniosek chyba taki, że Sybilla i inne wyrocznie mówią zagadkami, bo przyszłość można tylko zgadnąć, a nie wytłumaczyć.

Zakwaterowaliśmy się u Góreckich na Krakowskiej. Wieczorem po drugiej stronie ulicy herbata „U Dziwisza". Pola włazi do fontanny, nie topi się, więc nie zwracamy uwagi. Daje o sobie znać kamieniami. Gdy zaczynają lecieć głazy, ukierunkowujemy ją na mur. Już od dawna wybieramy miejsca odludne, „bezpieczne" ze względu na nią, jej wolność. Siedząca obok matka przytula swojego bobasa i wzdycha z ulgą:

– On nie jest tak energiczny.

Zamawiamy herbaciany hit, podawany tylko tutaj: „Rosyjską karawanę" o zapachu wędzonych śliwek. Nieporęcznie trzymać filiżankę w palcach, na dystans. O wiele łatwiej objąć całą dłonią, przytulić do ust i całować łykami. Herbatę o podwójnym smaku, z podtekstem.

Radiesteci widzą wokół Kazimierza aurę indygo, od wapienia. Dzięki niej zatrzymała się tu kiedyś zaraza (na pamiątkę cudu – trzy krzyże na wzgórzu). Mistyczne promieniowanie wspomaga dusze artystów, zwykli śmiertelnicy nie wyrabiają i piją na umór.

18 V

Budzi nas okrzyk: „Pola ja!" Samo „Pola" odmieniane, używane przez innych jest zbyt publiczne. Dziecko dokłada do tego fundament tożsamości: „Ja".

Jedziemy do Kozłówki, między Kazimierzem a Nałęczowem polska Toskania – łagodność wzgórz i kłęby zieleni. Pałac Zamoyskich przebiegliśmy byle do wyjścia. Jeśli ma się ochotę chodzić po ścianach, to znaczy, że coś nie tak z proporcjami komnat.

W kozłowskim muzeum socrealizmu z głośników lecą przemówienia partyjnych kacyków, stare kroniki. Posągi Stalina i kolosalni robotnicy. Przechodząc między nimi, wiem, że udało mi się uciec przed katastrofą, musnęły mnie tylko odłamki tych rzeźb o subtelności odpadów z kamieniołomów. Pytam pilnującej, czy nie ma nocnych koszmarów.

– Nie, przyzwyczaiłam się.

Nam za komuny też się już nie śniło, przecież na jawie było to samo.

W Nałęczowie, pod piwiarnią dwóch miejscowych przeszło od bełkotu do słowoczynów, skoro
są rękoczyny.

Lepszym hymnem Europy niż butna *Oda do
radości* śpiewana w różnych językach byłaby włoska
piosenka (więc prawie po łacinie): *Volare, o ooo! Can-
tare, ooooo!* Naprawdę uskrzydlająco radosna, bez
obowiązku radości.

Wracamy do Warszawy, zaliczając znowu Kazi-
mierz. Przy rynku gapią się zacni turyści. Przyjechali
napawać się artystyczną atmosferą i malarzami. Trafili
na nas: długowłosy Piotr pcha wózek, ja siwa, warkocz
do pasa, dziecko brudne, szczęśliwe i robi miny, tarza-
jąc się w piasku. Wernisaż rodzinny.

Za tydzień będą piwonie, już pojawiły się irysy
– regionalne orchidee. Allegro bzów przy drodze, pu-
zony tulipanów w ogrodach i z okien pomruki surfinii.
Wjazd do Warszawy, jakby ktoś zakleił za nami
odbyt betonem.

19 V

Obrazy Bogackiej, nagusy w najbardziej intym-
no-fizjologicznych sytuacjach i ona sama twierdząca,
że sztuka nie ma płci. Zgoda, ale ma genitalia pędzlo-
wane także przez nią.

Jeden z przeraźliwszych dźwięków: drrr telefonu, gdy do kogoś dzwonię. To drrr – szperające po cudzym mieszkaniu albo ślizgające się po woskowinie czyjegoś ucha.

Zaczęło się od piosenki Formacji Nieżywych Schabuff: *Dał nam wiersze Julka Tuwima, dał papierosy i Swojego Syna.*

– Wiesz co, w tym jest więcej pobożności niż w całych pampersach – przypomniały mi się ich autobiograficzne książki.

– To psychopatologia, gra w chowanego z autorytarnym ojcem i hurrakatolicyzm te całe pampersy – Piotr zaczął ze swojej działki.

– Gdzieee, tylu miałoby identycznego tatusia? To co innego. Oni jednym pchnięciem palca rozwalili komunę. Nie ci z NZS-u, tamci byli już wtedy starzy, po studiach. Niewiele było trzeba do zniszczenia Peerelu, fundament naruszyła „Solidarność", resztę zmiany w Rosji. Wystarczyło huknąć z siłą trąb Jerycha, żeby rozpadły się mury i kraty. Pampersi weszli w nowe pewni, że trąba ideologii, którą wymachiwali, daje władzę. Tyle lat drażnieni propagandą komunistyczną jak prądem, gdy dorwali się do telewizji, sami przystawili elektrodę reszcie społeczeństwa przyssanego do telewizorów. Nagrodę dostawało się za naciśnięcie dźwigni z napisem „Katolicyzm" i „Wartości". Szybko to skumali. Przecież najtrafniejszą myślą ich ideologa było stwierdzenie: „Jakie pokolenie? Byliśmy jak szczury, które się rozbiegły po eksperymencie".

Zapraszają z Krakowa do telewizyjnego programu o trudzie tworzenia. Upewniam się, czy nie pojadę na darmo, w Jedynce mam szlaban.

– Nie mamy z nimi nic wspólnego, to dla Dwójki – brzmi dumnie, z krakowskim akcentem.

Trud tworzenia? Co tu opowiadać? Trud pisania nie jest większy od trudu istnienia. A tworzenie jest zwykłą, rzemieślniczą obróbką Ducha Świętego.

Kiedy moja leszczynowa panienka idzie z Piotrem do lasu, zagłuszam się klawesynowym Bachem. Obtłukiwanie chaosu młoteczkami. Nie fortepianowe pim pam. Tu idzie na ostro, heavy metal drutów.

20 V

Arte, najlepszą niemiecko-francuską stację kulturalną, wyrzucono mi z kablówki i wstawiono na jej miejsce regionalną amatorszczyznę czytaną z kartki w warszawskim studiu. Regionalizmy wypierają cywilizację?

Zostaję przy telewizorze, oglądam *Tam i z powrotem*. Gajos z Fryczem dają aktorski koncert, scenariusz klasa. Wzruszająca, trzymająca w napięciu historia autentyczno-kryminalna o ucieczce na Zachód dwóch zakazanych inteligentów. Majstersztyk w dekoracjach łódzkiego slumu lat 60. Sięgam po gazetę sprawdzić, kto to zrobił. I czytam, że film kiepski, dwa dobre momenty, a reszta mielizna intelektualna. W tej samej gazecie opiewają film mego współautorstwa, z którego usunęłam nazwisko. Chwalą: wnikliwe, prawdziwe. A ja wiem, że to najczystszej wody hucpiarstwo, chociaż powinnam być dumnawa i czuć sentyment.

W tym kraju jest ciągle 15 sierpnia, rocznica cudu nad Wisłą. Cudu, że powstał, że istnieje kulturalnie wbrew sobie i recenzjom o sobie.

21 V

Jestem malarzem przed modelem i szkicuję słowa Piotra:

– Żadne z tych dwulatków nie śpi na dworze – porównuje sąsiadów Poli. Można by z tego ułożyć wiersz: Żadne z tych dwulatków nie jeździ co dzień do lasu. Żadne z tych dwulatków nie jest nadaktywne, nie zna alfabetu, nie pluje i nie gryzie, nie zasypia z tatusiem dwie godziny. Morał: żadne z tych dwulatków nie jest Polą.

Intelektualiści po przeproszeniu Żydów domagają się od Kościoła przeprosin homoseksualistów i kobiet. Kościół nie musi mnie przepraszać. Wystarczy, że wpuści żywą, jeszcze przed cudownym przemienieniem (rzymsko-katolicka specjalność) w symbol kobiecości. Nie mogąc odepchnąć żeńskiej części wiernych od ołtarza, wypichci pewnego dnia encyklikę o Marii Magdalenie jako symbolu ludzkiej podświadomości, grzesznej, ale tej, która pierwsza spotkała Chrystusa Zmartwychwstałego. Za nią do grobu Jezusa potuptało superego apostołów. Nie chcę przeprosin, nie czuję się obrażona, tylko zakazana.

Kłócimy się, kto napisał *Osiem cztery*, kolejny obraz zaćpanego młodego pokolenia bez szans i nadziei, książeczka wydana przez Czarne. Piotr uważa, że to żart i Stasiuk kiedyś przyzna się do podrasowania tych młodzieńczych wyprysków.

– Coś ty, żaden żart. Stasiuk ma wszystko oprócz poczucia humoru. Uśmiechnąłeś się kiedyś przy nim?

Nie zakładamy się, nie znamy daty rozstrzygnięcia zakładu.

22 V

Tata był na (szczęśliwej, są już wyniki) biopsji w onkologicznym. Eskortowała go mama, zawodowa pielęgniarka z trzydziestopięcioletnim stażem.

– Nie mogłam, nie mogłam – trzęsie się przez telefon. – Ta atmosfera, korytarze.

– Mamusiu, mamy szczęście genetyczne, na pewno umrzemy na serce.

Chyba że na coś dziwnego. Bolą mnie paznokcie.

Świętujemy wolność Misiaka: przechodzi z mody do grafiki. Oprócz nas, jak zwykle w tej branży, wszyscy od góry do dołu na czarno, co tym razem idealnie pasuje do pogrzebu stylisty.

Nocą narkotyzuję się wąchaniem główki Poli. Geografia zapachów: słodko za uchem, na karczku parno.

Z *Bella Toskania* Frances Mayes, kalifornijskiej profesorki z domem pod włoską Cortoną: „Słońce Sycylii może rozbijać kamienie" – Pirandello i Galileusz: „Wino to światło rozpuszczone w wodzie".

23 V

Kupuję co tydzień pisemko ezoteryczne, niech będzie, brukowiec astrologiczny „Gwiazdy mówią". Piotr wstydzi się brać to dla mnie w kiosku. Uzależniłam się z powodu piszącego w nim Jóźwiaka. Ile ten fizyk z wykształcenia ma wyobraźni i weny produkować tyle zabawnych tekstów na wyświechtane tematy: 12 znaków zodiaku i konfiguracje między nimi. Poza tym ogłoszenia, genialne: „Klinika losu". Albo takie wiadomości: Japońskie banki, udzielając kredytu, biorą pod uwagę znak zodiaku klienta. Horoskop nie jest gwarantem spłacalności, ale udowodniono statystycznie, że Koziorożce najczęściej wygrywają w grach losowych.

W szoku po wizycie u dawnych znajomych. Najpierw kilka lat biegali w prześcieradłach i byli hinduskimi krisznaitami, a teraz są żydami. Czy nie mogą być sobą?

Czego się czepiać Grocholi? Za co? W kraju, gdzie połowa analfabetów w ogóle nie czyta, wreszcie ktoś ma tysiące czytelników. Po co ją od razu porównywać do Prousta i kosić. To wielkokulturowe polskie zadęcie puste w środku, za to z czytelniczym dnem. Nikt nie porównuje serialu *Dallas* do dzieł Kubricka ani telenowel Łepkowskiej (telewizyjny odpowiednik Grocholi) do braci Coen.

Wracam wieczorem z zakupów, w boa pieluch, z rąk wystaje marchew i sypię po korytarzu ziemniaki – czarodziejska gospodyni. Piotr, patrząc, co w kinach, pomylił strony gazety i zobaczył wybite na tłusto ogłoszenie: „Dworek polski tanio".

– Dzwoń – rzucam siatki.

Nie planujemy przeprowadzki, nie stać nas, już przestaliśmy szukać, ale może trafi się okazja... „Dworki polskie" są ideałem architektury: literacko-romantyczne, średnio duże i nie są willami. Bajkowe chatki wpisane w krajobraz.

Umawiamy się na rano. Nie rozumiemy, czemu nie z właścicielem, lecz z sąsiadem – muzykiem.

– Mam przeczucie – kracze Piotr przed zaśnięciem. – To jest to, czego chciałaś. Ale jesteśmy w Polsce – zaraz się pociesza, nienawidzi przeprowadzek. – I okaże się, że ten muzyk ma okno naprzeciwko i saksofon, dlatego dom od dwóch lat stoi pusty. Schowa puzon na nasz przyjazd, a potem łubudu.

– E.E., że zacytuję Olgę Tokarczuk.

– Eee? A u Misiaka? Podwórko studnia, ze sto mieszkań i w to wmurowano szkołę muzyczną.

– Tyle lat tam jeździmy i nie zauważyłeś.

– Trudno nie usłyszeć orkiestry tłukącej *La vie en rose* na pół Muranowa.

– Latem otwierają okna, a latem są wakacje.

– W Polsce tylko możliwe, żeby dwie yuppiski kupiły sobie tam mieszkanie. Jedna z widokiem na śmietnik...

– Za śmietnikiem jest chińska pagoda ambasady.

– A druga ma widok na autostradę...

– Nie kończ, wiem. W Szwecji nie do pomyślenia i marzysz, żeby tam wrócić. Do siedmiu milionów żywcem zahibernowanych – zachęcam.

24 V

Dom z miodowego drewna, białe ściany, kolumny pęknięte pod ciężarem obowiązkowej tradycji. Widok na pola, dębową aleję i lepszą przyszłość. Na podłodze w przedpokoju renesansowo-tarotowe kafelki z napisem „Sol, Veritas". Dwadzieścia pięć dworków polskich, czyli obóz koncentracyjny dla szlachty. W każdej zagrodzie dzieciaki.

– Kolonia artystyczno-inteligencka – zapewnia muzyk, najcichszy z możliwych: dyrygent. – Będziecie pasować.

Wariaci – kupujemy, znowu bez zastanowienia, ale tak nabywa się marzenia, przez osmozę, nie negocjacje. Trzy czwarte pieniędzy będzie ze sprzedaży mieszkania. Na resztę wezmę zaliczkę w wydawnictwie, pierwszy raz podpiszę cyrograf na nienapisaną książkę. Kupując ten dom kupię sobie znowu dzieciństwo – łódzki drewniak przy Spornej 16, w bałuckiej Wenecji rynsztoków. Dwie ulice dalej były gotyckie fabryki, gdzie myślałam, że produkują szczęście.

25 V

Zamiast się cieszyć... ten dom, ściany już wrastają mi w skórę. Czuję się przytrzaśnięta. Pieniądze, zawsze pod ręką, nagle zamieniają się w chałupę – wartą tyle, ile moja praca. Płynne zamarzają w grudę rzeczy. One szacują mój czas, spychają pod ścianę domu, rysują nade mną kreskę jak nad dziećmi, kiedy się mierzy, ile centymetrów urosły. Dla dorosłych ta kreska to poziom ich życia.

Nie ma tej nerwówki, co trzy lata temu przy kupowaniu mieszkania. Teraz mamy gdzie mieszkać, to nie to samo, co wyrzucenie po podróży Bałtykiem, ze szwedzkiej wygódki na polski brzeg.

A może to Pola organizuje sobie dzieciństwo wśród pól? Dom wybudowano w roku jej urodzenia. Dwa lata stał pusty, czekając na nas? Właścicielka malarka wahała się wynająć, sprzedać... My dziwaczejemy, nie wyrabiamy już blokowego sąsiedztwa, tak bliskiego, że słyszymy cudze oddechy. Chcemy żyć tylko naszym życiem.

26 V

Dzień Matki u szwagierki w Milanówku. Przedwojenny taras, przedwojenne akacje. Dwie kilkunastoletnie siostry dyskutują na huśtawce, gdzie która będzie miała łóżko po kupieniu kotka – bliżej czy dalej pazurów. Rozmowę przerywa huk kolejki WKD, zagłuszając banały siostrzanej kłótni. Na wierzch wylazi cały antyczny teatr, pozy i gesty ćwiczone od pokoleń: młodsze przeciwko starszemu.

Pola, zamiast się przy kuzynkach rozwijać, uwsteczniła się do kotka. Zazdrosna o kocurka przyciągającego uwagę gości, sama zaczęła brać w zęby szmatę i całować szczotkę, co przy jej dorosłej buzi wygląda na zgrywę. My jednak wiemy – to nie zabawa, ale jeszcze jedna ze zwierzęcych natur naszej córeczki.

Ona urodziła się podszyta drapieżnikiem. Ssanie butelki było obrzędem polowania: zbliżanie się do smoczka, szarpanie gumowej zdobyczy dziąsłami, puszczanie, by się trochę wykrwawiła mlekiem, co pobudza apetyt, i wreszcie zagryzienie smoka, wyssanie z niego pożywienia. Skąd jej się to wzięło? Z jakiego ogoniastego, nafutrowanego dzikością przodka? Czy odruchy niemowlęcia są jak porastający je meszek przerzedzonym śladem gęstej sierści instynktów?

Jadę na 21.00 do Świętej Anny. Warszawski smród upału, coś jak niedomyty pijak na kacu chuchający mi przez okno. Zasuwam szybę. Przy kościele autokar z małym napisem przy kierowcy „Shalom". Młodzi Żydzi w cywilu (bez mycek) wychodzą pospacerować. Zachowują się normalnie, nie zbijają w osaczone grupki izraelskich wycieczek szkolnych pouczanych przed przyjazdem: trzymać się razem, nie oddalać, będziecie na kolejnym terytorium okupowanym, przez antysemitów.

Siadam w bocznej nawie. Nade mną barokowe ołtarze – święci wychodzą wprost z ciemności, z koszmaru nocy – pomalowane na złoto demony. W głównym ołtarzu słońce z napisem SIE. Ignorantka, zastanawiam się, czy to Bóg niemiecki w trzeciej osobie – Sie, czy łaciński skrót. (Na pewno Stachura by się ucieszył z tak wywyższonego SIĘ mającego u niego boskie konotacje.)

Kazanie. Wstaję zobaczyć, kto kazi. Słowiański Savonarola. Na razie mówi przekonywająco i łagodnie. Czasem załopocze mu złowrogo habit, poskromiony natychmiast poczuciem humoru w stylu „smażalnia story": „Czemu wierzę w zmartwychwstanie? Żaden pisarz by nie wymyślił tego, co zrobił Chrystus. Ukazuje się uczniom, tym jedenastu zdrajcom trzęsącym się przed piorunem jego zemsty, i daje im chleb, ryby, pytając: Może jesteście głodni? On, zbawca Wszechświata, zmartwychwstały".

Kościół wpłynął na *Matrixa*, narzucając Neo sutannę. Są i wpływy w drugą stronę, pobrzmiewające w kazaniu: „Czy diabeł zna nasze myśli? Nie wiedzia-

łem, zapytałem dogmatyka – ksiądz kończy opowieść.
– Otóż diabeł nie zna naszych myśli. Domyśla się, co zrobimy, po naszym zachowaniu. Rozszyfruje każdą słabość, kusi jej zaspokojeniem. Natomiast całkiem głupieje wobec miłości. On nie wie, co to kochać. Dlatego, chcąc mu zniszczyć kod dostępu, kochajmy!"

Gdy wracam nocą, szukam w radiu czegoś sensownego. Nagle znowu ten ksiądz. Czy ja mam dewocyjne omamy? Głos spikera Radia Józef: „To był katechizm księdza Piotra przesunięty na późniejszą godzinę". Dla mnie, dla niedowiarków.

Wpływ mszy? Mam wyrzuty sumienia – Piotr trzy godziny usypiał Polę. Nie mogła zasnąć bez swojego nasączonego truskawką drewnianego pachnidełka z Kazimierza. Wdycha je przed zaśnięciem jak astmatyk tlen i się uspokaja. Ni to elegantka od perfum, ni to perwers od zapachów. Dla niej sen jest egzekucją. Zniknięciem spośród żywych. A słowo „dobranoc", po którym pojawia się podkówka i łzy, największą obelgą wieku niemowlęcego.

Kuba Wojewódzki zaprosił do swojego programu piękną kobietę ze szmerglem. Rozmowa się im nie klei. Dlaczego w tej pięknej głowie naturalność Wojewódzkiego i jego brak zakłamania mylą się z arogancją i chamstwem? On ma w sobie tyle agresji, co miś koala. Ostry dowcip tego faceta wymagający riposty albo bezradnego śmiechu jest dla niej osobistą obrazą, czyli obrazą obyczajności. Patrzę na nią, patrzę i zaczynam widzieć podobieństwo do znanej rodziny osiadłej nad Wisłą. Przecież ta pańcia jest wykapaną córą warszawki, urodzoną w czepku hipokryzji. Przypomina herb tego miasta: połowa to seksapil w dekolcie do pępka, a reszta – oślizła ryba, zawsze więc wypłynie (na swoje).

27 V

Po dziesięcioleciu stylizowania Misiak wchodzi do sklepu w cywilu, normalny człowiek. Nie musi szperać oczami, doradzać. Sięga po najobrzydliwszą szmatę.
– Wreszcie jestem tego warta, wolności!
Biegniemy ze sklepu na drugą część *Matrixa*. Równie szybko wychodzimy.
– Czy my kupiłyśmy bilety na *Startreka*, czy co? – wściekamy się.
Wyobrażam sobie producentów tego knota. Od samego zacierania tłustych łapek wałkuje się im zielony brudek dolarów.
Jesteśmy dzisiaj z Misiakiem lepsze matrixy, też pokonywałyśmy agentów Smithów: nieprzeniknionych księgowych i dyrektorów, naciągając ich na lepsze pensje i zapomogi mieszkaniowe. Od lat jesteśmy z Misiakiem byty równoległe. Nawet nasze samochody tej samej marki stoją na parkingu przed kinem równolegle, całkiem przypadkowo.

28 V

Zwieszamy z balkonu ogłoszenie o sprzedaży mieszkania. Wymalowane na białym prześcieradle przypomina trochę flagę tych, co się poddają: „Sprzedamy tanio, ratunku, chcemy się szybko stąd wyprowadzić!"

To mieszkanie dobre dla yuppisów potrzebujących eleganckiej sypialni niedaleko miasta.

My nie wyrabiamy już spacerków po podwórku – wybiegu ogrodzonym murem z czujnikami na podczerwień – i współżycia sąsiedzkiego. Tej nocy znowu psychol z piętra niżej zrobił sobie całonocną imprezę. O trzeciej nad ranem podkręcił głośniki i tańczył na balkonie. Wezwaną policję szybko odprawił dzięki łapówie. Policjant nie dba o czyjeś wygodne życie, interesuje go jego własna wygoda, na którą odkłada z codziennych łapóweczek.

Kilkanaście osób jest bezradnych wobec jednego pijanego, zaćpanego zakalca. W bloku czy w ekskluzywnym osiedlu panuje przynajmniej pod tym względem bezsilna równość.

Po dniu załatwiań, papierków jedziemy wieczorem nowym wozem do Krakowa, jutro program o natchnieniu. Siadamy na Rynku, zdziwieni swoim stanem. Żadnego zmęczenia po czterech godzinach drogi. Wysiadając z wozu po tej premierowej jeździe, moglibyśmy klaskać: Autor, autor!

Jednak zastanawiamy się, czy nie oddać samochodu. Jest za drogi, kupiliśmy go, nie przewidując wyprowadzki. Miał być luksusem i jak każdy luksus jest zbyteczny.

Idą zagraniczni turyści z orderami obiektywów na szyjach. Odpieram ich wzrokiem, nie dam się zwiedzać.

Dziesięć lat temu siedziałyśmy tak samo z Misiakiem bez grosza na chodniku Champs Elysées. Byłyśmy umówione ze znajomymi mającymi nas zawieźć do Polski. Przechodnie zaczęli nam rzucać jałmużnę. Nie wiem, czy wyglądałyśmy na tyle marnie, czy miejsce było zwyczajowo zapomogowe. Zostawiłam sobie tego żebraczego franka. Jedyny w życiu pieniądz, który dostałam za darmo, spadł na mnie niby cud albo obraza.

29 V

Na placu Wita Stwosza fontanna w stylu tureckich ubikacji. Pola w sekundę zdziera sukienkę, rzuca za siebie pieluchę i ku zazdrości trzymanych krótko krakusków tapla się w tym błocie z gołębiami. Wyciągnięta wywija się z sukienki. Mamy dziesięć minut na powrót do hotelu i nagranie. Piotr biegnie z nią nagą, wierzgającą przez Grodzką, wzbudzając podejrzliwe zainteresowanie: pedofil z zapłakanym, porwanym dzieckiem?

Przyszedł tylko Pilch. Świetlicki zapodział się między „Tygodnikiem Powszechnym" a kielonkiem. Po godzinie czekania szum na planie: Już jest! Był chyba jednak w stanie nieprzystawalnym. Po nagraniu wychylił się spod ławki w szatni – człowiek poziomy. Czy on się tego nabawił w „Pegazie", gdzie ciągle go filmowali z podłogi?

Stuhr zagrał w programie rolę śledczego, Markowski – najmłodszego polskiego profesora i dobrego policjanta, my z Pilchem podsądnych. Tyle że artystów nagradza się za zmyślenia, a nie karze za nie gorzej od aferzystów. Stuhr zaskoczył mnie: on sam nie wie, czy oddziela swoją prywatność od gry. Wydawało mi się to proste, zwłaszcza u aktorów. Pisarze ukrywają się za całunem kartki. Jeśli słowa ożywają w głowie czytelnika – nastał cud zmartwychwstania, największa sztuka. Aktor chowa się za swoją rolę, mimo że używa ciała. Przecież on gra miłość. Gdyby robił to naprawdę, byłby dyplomowanym pornografem. „Kultura służy do opowiadania siebie, ja ją sobą przeżywam" – sprytnie wywinął się z tego Depardieu.

Co za przyjemność usłyszeć kawałek własnej książki czytanej podziwianym od dzieciństwa stuhrowatym. I dojść już po wszystkim do wniosku, że jest się jednak pisarką chrześcijańską. Bo Jezus nie mówił o niczym innym niż o miłości i o śmierci. O tym, co najważniejsze. Buddyści nad tym się nie zastanawiają. Zamiast pisać – medytują. Miłość i prawdziwa śmierć ich nie dotyczą.

Wychodzę z nagrania na Floriańską i rozglądam się za moimi. Dzwonię – komórka od godziny zajęta. Krążę między hotelem na Grodzkiej, Floriańską i parkingiem pod Narodowym, wciskając kartki portierom, za wycieraczki samochodów. „Zadzwoń! Idę trasą:..." Telefon zajęty, niemożliwe, żeby Piotr tak długo rozmawiał. Może wpadnie na to, że zablokował komórkę, i poprosi przechodnia-studenta o pomoc, on nie umie się posługiwać nawet gniazdkiem w ścianie. Spanikowana zapomniałam o SMS-ach. Wystukuję, patrzę w okienko: niewysłane. Aaa, w pośpiechu, przy płaczącej Poli pomyliliśmy komórki i dzwoniłam do siebie. Piotr nie oddzwaniał – nie zna swojego numeru.

Jesteśmy rodzicami wnuczki – tak powinniśmy się przedstawiać, sklerotycy.

Gapię się na drzewa przy trasie Kraków–Warszawa. Są największymi bukietami zieleni. Widać każdy listek z osobna, każdy w innym odcieniu. Zielona mozaika przyklejona do nieba.

CZERWIEC

1 VI

W „Rzepie" felietonista wspomina jednym krótkim zdaniem o krytykach, u których można kupić recenzję. Pierwszy raz usłyszałam o tym od wydawcy instalującego się właśnie w Polsce.

– Ile kosztuje dobra recenzja? – zapytał biznesowo. Dla niego przekupstwo recenzentów jest zupełnie normalne w kraju korupcji.

Co za różnica, czy wydawca płaci łapówę, czy honorarium gazeta, gdzie krytyk ma posadkę, a redaktor określoną linię i innych recenzji niż zgodne z własnymi poglądami i sympatiami nie puści?

Jim Carrey zagrał w najnowszym filmie samego Boga. Nic dziwnego, że wybrano go do tej roli – jest najśmieszniejszy. Chociaż moim Bogiem byłby Benigni. Wykorzystuje bycie komikiem, mówiąc z emfazą bzdury i prawdę jednocześnie. Można się pogubić, czy on serio (te dziesięć przykazań), czy żartuje (paradoks miłosierdzia). I to rzucanie się Benigniego na wszystkich, by ich całować (nawet zdrajców). Jego pajacowata z pozoru, ale jakże chrześcijańska przemowa do Berlusconiego: „Nie chcemy twoich pieniędzy, chcemy miłości!!!"

Wracamy z lasu do domu nocą. Ostrożnie wynosimy z wozu śpiącą Polusię. Skąd ona się wzięła, cała, gotowa ze swoim charakterkiem. Ktoś widział równie przemądrzałe jajo albo plemnik o tak stanowczych poglądach?

Skulona na naszych dłoniach jest słodką kroplą. Właściwie życie od embrionalnego początku przypomina kroplę wpuszczoną w zastygły roztwór świata. Z czasem traci ona swój krągły, dziecięcy kształt. Rozrasta się i wysycha w martwej materii.

Taka laurka na Dzień Dziecka.

2 VI

Robię sobie własny Dzień Dziecka i jadę do Łodzi, do rodziców.

– Nie namawiaj mnie na piwo po komunii – broni się mój tata, uwielbiający browarek.

Nie próbuję go namawiać, tłumaczę: Chrystus zjadł chleb i od razu strzelił sobie kielicha, nic w tym złego.

Zaczynam rozumieć: mój schorowany tata od jakiegoś czasu myli eucharystię z antybiotykami, których nie wolno mieszać z alkoholem.

W klasztorze w Łagiewnikach mama składa Poli rączki i namawia: W imię Ojca... Mała trzaska łapkami i kwili: Aamin.

Babcia jak ptak zupełnie instynktownie uczy swoje pisklę trzepotania i lotu do nieba. Nieważne, że małe niedawno się wykluło i ledwo mówi.

Rano jeszcze planujemy wyjazd do Włoch, wieczorem ostudzeni w zapale rezygnujemy, nie stać nas, całe pieniądze wsiąkną w dom. Jednak biuro podróży, gdzie wynajęłam kwaterę na wakacje, odmawia oddania pieniędzy.

– Jak to, zapłaciłam za ubezpieczenie od rezygnacji – bronię swego.

– Rezygnacja tylko na podstawie lekarskiego zaświadczenia.

Mam przynieść zwolnienie? Jestem w szkole? Takie samo ubezpieczenie płaciłam w Szwecji i mogłam wtedy jechać, nie jechać – według uznania. Jestem dorosłym człowiekiem ubezpieczonym od własnych kaprysów czy decyzji. Nie w Polsce. I tak dobrze, że nie muszę przyjść z mamą na wywiadówkę, bo odechciało mi się wakacji. Nie jesteśmy jeszcze Europejczykami, jesteśmy sepleniącymi po polsku dziećmi Europy.

Parkuję w cieniu billboardu z patologiczną diwą (neuroza pożerająca anoreksję) – Celiné Dion reklamującą swoje perfumy. Rozumiem, ktoś chce wiedzieć, czym pachnie Delon, Rossellini, Sabattini (ta to się musi napocić), ale kupować chemię zamiast naparu czy wyciągu spod pach idola?

Nie wierzę, czytam jeszcze raz. Ludzka czaszka ma dwadzieścia dwie kości. Dokładnie tyle, ile jest hebrajskich liter, ile kart tarota. Wiadomo, wróżenie i czytanie bierze się z czerepu, tego szamańsko potłuczonego przy inicjacji albo kiwającego się nad tekstem.

Piękne zdanie do książki, której nie mogę zacząć (i dobrze, skoro się ciągle czegoś dowiaduję), o tarocie: „Kart wielkich arkan jest tyle, ile kości ma głowa". Dalej po łebkach rozszyfrowujemy tajemnicę wszechświata.

Mamy dziecko ekstremalne. Piotr przytrzymuje jej głowę pod wodą, za uparte popijanie basenowych brudów na podwórku. Wrzask. Zbiegają się przerażone sąsiadki (ten długowłosy nie może być normalny, co dzień godzinami spaceruje z dzieckiem), gdy jest ich wystarczająco dużo, mała znowu podstawia się do podtapiania i wrzeszczy z radości.

5 VI

Trzydzieści stopni, uciekać z miasta, z mieszkania podgrzanego do czterdziestu. Nie możemy, Piotr dostał urzędowe wezwanie. Wraca i siada wykończony na podłodze w przedpokoju.

– Nie uwierzysz. Mamy tymczasową rejestrację wozu. Trzeba iść do tutejszego cyrkułu po stałą.

Wiem, planuje ucieczkę do Szwecji, tam się nie chodzi po urzędach, wystarczy internet, telefon, a jeśli w sprawie auta, to tylko po jego odbiór. Reszta automatycznie, kraj na automatycznego pilota.

– Czego my jeszcze nie wiemy? – zastanawiamy się, co mamy tymczasowo albo nielegalnie. Natychmiast myślę o dziecku.

– Pola nie ma peselu.

Piotr pochyla się nad podłogą i zaczyna się histerycznie śmiać. Kraj, w którym trzeba pytać wnikliwie o oczywistość, o podstawy – arche. Kupując mieszkanie – czy rury są skręcone i dach nie przecieka, wóz – czy można nim wyjechać za granicę.

TV proponuje udział w programie „Seks Polaków". Nie dam się naciągnąć na mówienie prawdy kilku milionom telewidzów. Powiedz komu, że jest mentalnie zboczony, bo prześladowany za normalność.

Upał jest splendorem z nieba, dziełem sztuki i musi mieć swoją oprawę: palmy, ocean. W blokach staje się tandetną smażalnią z plastikowymi krzesłami wystawionymi na balkon.

Prowadzę Misiaka do tajnego klubu przy Marszałkowskiej. Nie ma pojęcia, co ją czeka. Otwierają się drzwi, w środku czyha na nią siedemdziesiąt osób, kwiaty i prezenty. Cały modowy światek, gdzie nic nie jest wymierne oprócz ambicji. Przyszli z sympatii – impreza jest bezinteresowna. Misiak już wymiksował się z branży, nikomu nic nie załatwi. Idzie, idzie przez ten szpaler wiwatujących gości, tak jak i przez swoje życie wśród ludzi wdzięcznych za jej dobroć. Nie wchodzę, nie żegnam Misiaka zawodowo.

Siadło mi na wyobraźnię. Prześladuje mnie spękana skorupka sutka. Widać przez nią, w dziurze, kuliste wnętrze wysuszonej piersi. Jej ciemną głębokość zamiast mlecznej wypukłości.

Cofam przed domem wóz. Przed chwilą szłam obok wyścigowej toyoty sąsiadów. Wiem, jest za mną, ale jej nie widzę.

Dowiedziałam się o ciąży koleżanki, dość katastroficznej, myślami jestem przy niej. Pierdut, walnęłam tyłem w wychuchane cacko. Toyota ma szlaczek na wysokości moich zderzaków. Afera.

7 VI

O głosowaniu „Za czy przeciw wejściu do Europy" w desperacji mówi się: bitwa, chrzest Polski. Z głosujących robi się narodowych bohaterów wypełniających obowiązek równy powstańczemu. A to tylko test na inteligencję – w którym okienku postawić krzyżyk.

Delikatność w rozmowie? Chyba milczenie, by zrobić komuś miejsce. Margines ciszy.

8 VI

Piotr był do wieczora w swoim Laboratorium. Ledwo zdążyliśmy przed zamknięciem zagłosować.

Jeżeli przegramy, andrzejki będą świętem narodowym, bo wtedy wygra Lepper.

Polusia zasnęła między nami, w hamaku naszych rąk. Gdy nie ma dwojga rodziców, dziecko chowa się w jednej dłoni, która żeby je uchronić, musi zacisnąć się w pięść (najczęściej samotnej matki).

No i jestem w Europie! Po wieczornym dzienniku ogłosili wyniki głosowania. Mogę zostawić wnukom swój paszport uchodźcy bezpaństwowca z lat 80. Będą oglądać to kuriozum ucieczek w Europie XX wieku, jak ja gotykiem pisaną książeczkę niewolnika Trzeciej Rzeszy z nazwiskiem moich dziadków i ojca.

10 VI

Podejrzewałam się o synestezyjne mitomaństwo: zapachy widzę przestrzennie, z fakturą i w kolorach. Z muzyką to samo. Dni tygodnia i słowa mają barwną poświatę. Czytam w najnowszym „Świecie Nauki", że to się zdarza raz na dwieście osób, udowodnione komputerowymi badaniami mózgu. Kobietom częściej, artystom nawet siedem razy częściej kitwasi się słuch ze wzrokiem i dotykiem. Mózg dzięki tym nienormalnym przerzutkom i pomieszaniu stworzył abstrakcje metafor, żeby sobie wytłumaczyć, co czuje, widząc albo wąchając. Gdyby wszystko funkcjonowało w nim normalnie, każdy zmysł w swojej przegródce, nie byłoby wyobraźni, więc artystów, a w konsekwencji ludzi. Zostalibyśmy na poziomie małpoludów i – współcześnie – biurokratów, z całym szacunkiem dla tego zawodu, którego metodyczności nie pojmuję, bo synestezja jest uszkodzeniem genetycznym.

Uciekamy przed upałem do lasu. Dzwoni telefon, ktoś chce obejrzeć mieszkanie. Odsyłam go na

19.00, wtedy będą pierwsi zwiedzający. Ale upiera się, prosi. OK. W domu syf, sprzedaję jednak ściany i podłogi, a nie porządek.

Zjawia się dwóch młodzieńców w garniturach. Pokazuję im nasze osiągnięcia: markizę, dębową podłogę, i zniszczenia: chamską dziurę w łazience na szwedzki czołg piorący. Otwieram szafę-kolumnę w kuchni, demonstrując jej użyteczność.

– Ooo, tarot – zauważa jeden ze zwiedzających.

Dostrzegł nie wiadra i szczoty, ale marsylską talię upchniętą między książkami.

– Byłem w piątek u wróżki i wyciągnąłem z kart „Słońce", przepowiedziała, że w czerwcu kupię dom.

Facet u wróżki?

– Proszę – podsuwam tarota.

Wyciąga kartę „Szaleniec". Staję się czujna, tym bardziej że decyduje się kupić natychmiast i bez targowania.

– Niech panowie się zastanowią. Piętro niżej mieszka psychol zabawowy. U nas nie słychać, ale szaleństwo eksploduje...

Spudłowałam, nie są parą, skoro kupujący pyta:

– Czy mogę zaprosić moją dziewczynę, ona ma też na imię Manuela...

Wychodzą. Chyba śnię: sprzedaliśmy mieszkanie klientowi nr 0 (pierwsi będą za chwilę) i w dodatku specjaliście. Zostawił wizytówkę firmy farmaceutycznej ze swoim tytułem: Sales Force Trainer. A jeśli to był tylko trening i on przyprowadził pracownika na szkolenie, jak nie kupować mieszkania? Nie targował się i wyciągnął „Szaleńca".

Oczywiście Misiak też, równolegle do mojego losu, zmienia mieszkanie. Wynajął pracownię przy ASP. Wzywa mnie do pomocy przy przeprowadzce. Po upchnięciu komputerów i pak idziemy się powłóczyć. Przy placu Teatralnym puste knajpy, być może otwarte za wcześnie, zanim pośrodku uruchomią wielopiętrowy garaż w kształcie stracha na UFO. Kelnerzy grający ze sobą z nudów w bilard twierdzą, że to będzie hotel i sklepy projektu słynnego architekta. Idziemy się pocieszyć do sushi baru. Bierzemy surowy płat ryby maślanej. Subtelność smaku bez smaku. Oskrobanego do podstaw materii, bez atrybutu zapachu, śladu upaprania gnijącym życiem.

W tym snobistycznym zakątku Warszawy, gdzie z kwietników „La Bohème" wyrastają pokrzywy, jesteśmy trochę w Paryżu. Jego podejrzanej dzielnicy, gdzie nie dochodzi nawet metro.

11 VI

Z wózkiem do lasu. Na polu w Kierszkach para staruszków pieli ziemniaki. Pytam, czemu nie sprzedadzą ziemi. Wkoło rosną wille, a na ich polu pyry.

– Pani kochana, musiałbym sprzedać tu 1500 metrów i tam pode lasem 2000, mniej nie można – przepisy. Po 60 dolarów za metr, i co ja bym z temi pieniędzmi zrobił?

– Nic, żył z nich na emeryturze.

– Wolę uczciwie pracować.

I haruje w zielonych – liściach. Słucham jego przypowieści o marnotrawcach z pobliskich Chyliczek. Jeszcze za Gierka wszyscy tam ziemię sprzedali i pomarli, zapili się. Dotąd pamiętają jednego z nich, nazywali go „Degol" – dryblas w czapce degolówce, co wracał z Warszawy taksówkami – w pierwszej on, dziesięć za nim pustych, dla szyku.

Tylko jedna rodzina przeżyła, wkładając pieniądze w sklepik, ale powariowali z bogactwa: Na wakacje pojechali raz, do Grecji.

Pola każe sobie powtarzać:

– Pola?

– Pietucha.

– Mama? – pyta.

– Manuela.

– Tata?

– Piotr.

– Mhm – przemyśliwa. – A kubek?

Czeka na odpowiedź. Każdy ma przecież swój pseudonim. Ludzie rozkładają własny nadmiar bycia na dwa, trzy imiona, tytuły, czemu by i nie kubek, z łatwością dzielący się na kilkanaście odłamków – bam!

12 VI

„Playboy" zamawia u mnie opowiadanie. Przy okazji dowiaduję się czegoś o sobie, playboyowy księgowy uznał mnie za dobrego biznesmena. Ton był sarkastyczny, komplement wątpliwy.

Zaraz, czy artysta musi zarabiać poniżej średniej krajowej? Bo ma za darmochę talent, niekoniecznie dyplomy? Proszę bardzo, niech kwękający na mnie biurowy sam skrobnie opowiadanie. Każdy umie pisać, ale płacą temu, który umie napisać. Czy to takie trudne zrozumieć, że człowiek ceni swoją pracę? Fachowiec od komputera czy banku uważa godne wynagrodzenie za normalne. Hydraulik na dzień dobry bierze 50 zł. Fachowiec od pisania (jest ich na taki duży kraj niewielu) ma szarpać chałtury za 100–200 złotych? Ten, kto pracuje na dobrym etacie, nie przejmuje się, czy w następnym miesiącu będzie robota albo pomysły. Ja mam wolny zawód, a wolność kosztuje (mnie i z niej korzystających).

Po północy zmęczona włażę do wanny. To, że w ubraniu, zauważam dopiero, gdy zaczyna mnie oblepiać w ciepłej wodzie. Tym łatwiej dzielę się na to, co na zewnątrz: ciężkie, nasiąknięte sennością, i na wewnętrznego obserwatora wymytego ze zmęczenia, wyszorowane do przezroczystości ego. Może tak będzie potem: ciało wyżęte z wilgoci życia i opłatek duszy.

14 VI

W południe sesja dla „Pani", zdjęcia do felietonów Piotra i mojego. Pola, weteranka fotograficzna, zasypia w wózku. Fryzjer, zwierzając się ze swoich rozczarowań sztuką, odkrywa, skąd bierze się tęsknota za latami 60.

– Kiedy godzinę czeszę gwiazdę, a ta papla o niczym, nie mogę mieć szacunku do spektaklu. Zero tajemnicy. Dawne filmy, w to wierzę – kończy robotę na mojej głowie.

Przyszłam tu z potarganymi kudłami, bez makijażu, ubrana w wieloletnie szmaty. Ze zdjęć uśmiecha się dobrze ociachana, wymalowana dziewczyna, która przy okazji kupiła to, w co ją ubrała stylistka (skoro mój rozmiar, kolor i tanie – nie muszę już chodzić po sklepach, na co nie mam czasu). Widząc na polaroidach swoją przemianę, rozwiązałam zagadkę ludzkiego pochodzenia: małpa wystylizowała małpę na człowieka.

Polka paluszkami pokazuje nowo poznanym „V" – reklamując swoje dwa latka. Piotr opowiada jej na dobranoc:

– Kotki śpią, pieski śpią, nawet Natalka śpi.

Pola wali piąstką w ścianę, domagając się solidarności od usypianej po drugiej stronie sąsiadki równolatki:

– Talka, nie śpij!!!

15 VI

Catherine Millet – sztandarowa francuska Marianna nowoczesności, ze wszystkim na wierzchu.

Dziewczyna bez tabu, przepuszczająca przez swoje ciało równie obfity strumień spermy, co marzeń. Nie znalazłam w jej książce nic oprócz szczerości malarstwa prymitywnego.

Przekonywano mnie do stylu, sięgnęłam więc po oryginał. Tłumaczenie mogło utłuc finezję. Ale nie, tak samo monotonne jak po polsku.

Życie seksualne Catherine M. mogłoby się znaleźć w aneksie do preambuły Konstytucji Europejskiej. Nie zalatuje od niego żadnym judeochrześcijańskim grzeszkiem. Tętni i jęczy preeuropejskim animalizmem seksualnym. A gdyby tak z neandertalczykiem, pierwszym mieszkańcem dzisiejszej Francji? (Zastanawianie się antropologów, czy sapiens krzyżował się z neandertalczykiem, jest bez sensu. Jeśli mógł, na pewno skorzystał. Skoro nadal dupczy kozę, psa a nawet kurę. Człowiek nie zna ograniczeń. Jest przerażająco wszechstronny. Seks z suką? Co za problem. Kaplica Sykstyńska? Proszę bardzo. Ludobójstwo – jeszcze szybciej.)

Millet, trochę tropem Bataille'a, kojarzy brzydotę z seksem. Brzydota ekscytuje, przywołując zwierzęcą seksualność. Im piękniejszy, anielski człowiek, tym bardziej pożądany, po to, by go zdobyć i obnażyć jego zarośniętą, seksualną twarz.

Ludzie to perwersyjne małpy w leasingu u aniołów?

Sądzę, że Millet nieprzypadkiem jest galerniczką sztuki współczesnej (oraz seksu). Jej książka to zbiór erotycznych artefaktów, kolekcja przeżyć i kochanków. Współczesne życie seksualne Catherine w galerii jej ciała dostępnego dla wszystkich. Nimfomański happening i jego dokumentacja w ponadmilionowym nakładzie.

Jutro notariusz, umowa wstępna, gra wstępna z moją wyobraźnią. Kupimy dom? Sprzedamy mieszkanie?

16 VI

Jestem zdemolowana nasiadówką u notariusza. W życiu nie kupowałam czegoś tak dużego. Jeśli mi się uda nie pomylić kont, dat, zgrać sprzedaż z kupnem, zostanę maklerem.

Wreszcie ktoś na moim poziomie papierowym – właścicielka domu, Malarka, też nie może się połapać w dokumentach, gdzieś je pozostawiała. Kiedy zgubię świstek (konieczne zaświadczenie, bez którego nie będzie końca świata), podejrzewam się o zjedzenie go przez sen. Potrzebne dokumenty przezornie trzymam przy łóżku już dzień wcześniej, by mieć je najbliżej siebie.

Moja paranoja rozwija się kilometrową nicią ze szpulki podejrzeń. Oplata wszystkich w jeden spisek: Malarka i Szaleniec niby się nie znają, ale może są w zmowie z Notariuszem. Zapłacę za chałupę i jej nie będzie, zniknie urzędowo. Dwa lata stała pusta, może to same ściany? Skąd ten pośpiech z kupnem naszego mieszkania i takie zbiegi okoliczności, a skąd zbiegły, z więzienia?

Piotr mnie diagnozuje: osobowość paranoidalna. Zgadzam się, skąd ma być wyobraźnia lepiąca fakty w fabułę? Czym byłby pająk bez sieci łapiącej to, co się napatoczy? Pracowitą mrówką. A tak siedzi i dynda nogą, nic nie robiąc, ma wolny zawód i albo coś mu wpadnie, albo głodna bohema.

Dostaję finansowego bzika na myśl o wyjeździe do Włoch, za dwa dni przyjeżdżają synowie Piotra.

17 VI

Świat jest psychiczny. Dzwonią z produkcji *Wesela* Wojtka Smarzewskiego. Pytają, czy wystąpiłabym w jego filmie, życząc czegoś państwu młodym. Czemu ja? Proszę o wytłumaczenie. Dosłano je faksem: „Czy tego chcecie, czy nie, mieliście i nadal macie na mnie wpływ – pisze reżyser. – Jaka by ta moja wrażliwość nie była, pewnie w dużym stopniu dzięki Wam (Mleczko, Nowakowski) «moje» *Wesele* ma taki, a nie inny kształt".

Teraz jasne, dlaczego scenariusz Smarzewskiego, czytany przeze mnie bez wiedzy autora dwa lata temu, gdy Piotr opiniował go entuzjastycznie dla producenta, tak mi się podobał. Toż zachwycałam się własnym żebrem.

Ogłoszono, kim jest przeciętny Polak: 36-letnią kobietą w dużym mieście, 60-metrowe mieszkanie, lodówka, pralka, wóz i 1,5 dziecka (przeczytanej książki chyba też). To ja. Natomiast Polcia to już następne pokolenie: dworek na wsi, dwa obywatelstwa.

18 VI

Dzień wariata. Rano zdążyć na lotnisko odebrać synów Piotra, on musiał do Laboratorium. Później bank, wynieść stamtąd w kopercie kilkanaście tysięcy dolarów, pędem do notariusza – tam finał umowy wstępnej, której przez roztargnienie moje i Malarki jeszcze nie podpisałyśmy.

Kilkunastoletni bracia szwedzcy schodzą ze stopni samolotu jak z ringu. Młodszy – Feliks – bezkrwiście blady (brak słońca). Antoś – starszy – z krwawiącymi tamponami w nosie i włóczkowej czapce albo podartym opatrunku ściśle przylegającym do brudnej głowy. Był na skandynawskim Jarocinie i ubrania prześmierdły mu nie trawą, ale rzygami kolegów. Opiekując się kumplami, nie miał czasu jeść, pić i się złachać, stąd krew z nosa, no, trochę się dołożyła hemofilia.

– Mam przez nią zabronionych ze trzydzieści leków na przeziębienie – wykasłał.

– Jooo – potwierdza młodszy.

Odstawiam ich do domu i pędzę do banku. W radiu Rokita, przesłuchując Millera, bierze go w imadełka dociekliwości. Kilkanaście lat temu też walczył na prawo i logikę z komuchami w Krakowie. Wykrzykiwał im racje rzymsko-prawne. Teraz rozmawia z tymi samymi ludźmi i znowu jest górą, znowu prawdopodobnie bez konsekwencji. Czy on nie ma déjà vu?

Trzy czwarte Polaków jest za ustąpieniem premiera. Tyle samo za Unią Europejską. Łatwiej wejść do Unii niż wyrzucić Millera wrośniętego we władzę.

Wygrzebuję z worka na szyi pieniądze dla notariusza. Chyba się przesłyszałam, o kilkaset złotych więcej, niż mówił poprzednio. Malarka zgadza się ze mną. Notariusz twierdzi, że mówił o kwocie brutto. Ja żyję w świecie netto (tym czystym, nieobciążonym brutalnością brutta).

– Nie mam więcej – biję się pustym woreczkiem w pierś.

Notariusz bierze kalkulator i robi mi dobrze.

– To ja obniżę – wychodzi dać sekretarce nowe rachunki.

– Co jest? – pytam Malarkę. – Co on obniżył?

– Notariusze mają widełki, mogą wziąć wedle uznania.

Czy ja kupuję wielbłąda, czy jestem u państwowego urzędnika? Nie chcę według widzimisię, nie chcę widełek. W Polsce prawo też jest według widełek używanych przez diabełki. Notariusz podaje mi przy wyjściu książkę i prosi o dedykację.

– Brutto czy netto? – próbuję być z branży.

Wracam do domu, do międzynarodowej młodzieżówki – jeden Chopin kaszle i nadal krwawi, drugi Waryński przeżarty szkorbutem słania się pod ścianą. Pola wniebowzięta, ma nowych idoli. Chce z nimi spać, sikać na stojąco. Przede mną bagaże, najchętniej wlazłabym do walizki. Chcę być rzeczą, nie czuć, nie widzieć. Mieć jedyną zaletę – przydatność – i być odkładana na miejsce, na odpoczynek.

19 VI

Wyjeżdżamy o świcie. Młodzieżówka z tyłu. Pola w swoim foteliku trzyma braci za palce z radości i strachu: A jeśli znikną? Zagląda im uwodzicielsko w oczy, żeby byli, bardziej byli z nią.

– W imię ojca i synów – żegna się Piotr. – Ruszamy.

Z radia nowy polski przebój: nasze pierogi (z makiem) podano urzędnikom europejskim. Ustawiali się w kolejce po dokładkę. Ha, nasze niezakazane makowce – opium dla ludu europejskiego. We Francji uważają, że tradycyjne ciasto wschodnioeuropejskie z makiem jest wymysłem karteli narkotykowych. Indianie na uprawach koki też pewnie mówią o świętych roślinach niezbędnych do religijnych imprez.

Wysokie chmury, rozmyte nad Częstochową. Są gigantycznym zdjęciem rentgenowskim kości anielskich na ciemnoniebieskiej kliszy nieba.

Dąbrowa Górnicza i dymy z kominów w kształcie przysadzistych zniczy. Wiecznie dymiące lampki na grobie martwej tu ziemi.

W Krakowie obowiązkowe wycieranie o szacowne mury. Polcia biega po wawelskim dziedzińcu pulchniutka, roześmiana. Alegoria renesansu. Bezczelnie żywa, radosna i wszystkiego ciekawa. Nic ze średniowiecznej pokory. Czeka ją barokowe dojrzewanie form. Mądrości oświeconego rozumu, romantyczne miłości. Cały świat przed nią, jej Ameryka, jej księżyc, do którego wyciągała niedawno rączki. Pulsuje w niej ta sama energia, co w kolumnach tych krużganków. Dziś wyblakłych, w czasach świetności malowanych byczą krwią.

20 VI

W górach słabo słychać radio.
– Może być trochę klasyki? – wsuwam CD z Mozartem.
– To taka piosenka trwająca godzinę? – załamuje się Feluś.
On słucha tego, co większość dzieci w Szwecji – kapeli Antychryst po norwesku. Brzmi to dla nich śmieszniej niż dla nas czeski.

Polska flaga na przejściu granicznym. Białe łopocze, czerwone sztywnieje. Może jest strupem przyschniętej na jakiś czas historii.

Pola zbóż są kromkami chleba z okruszkami kłosów. Posmarowane lejącym się, miodowym światłem.

Jestem pierwszy raz na Słowacji. Widzę góry od tyłu. W dzieciństwie wyobrażałam sobie Tatry po drugiej stronie dużo brzydsze, jak tył szafy z dykty.

Dziewczyna w McDrivie pyta, czy nie umilić czekania i nam nie „nafukać". Natychmiast się zgadzamy, ciekawi tego czasownika w użyciu. Wyjęła firmowy balonik i go nadmuchała.

21 VI

Austrię oglądam oczyma Poli: świat czystszych, lepszych zabawek. Umyta lokomotywa, domki z kwiatkami. Dla dorosłych droższe zabawki: Austria cenowo jest dla nas kasynem. Kładziemy na ladę euro, nie wiedząc, czy za trzy żetony dostaniemy lody, lizaka czy obiad. Stanowczo wolałam szylingi, liry, franki. Miały swoją wagę, ciężar intelektualnych przeliczeń, gdy zamieniało się je w głowie na dolary. Tych kilka sekund dawało czas na porównanie cen, oszacowanie strat. Euro, zawsze zaokrąglone do pełnej sumy, wydaje się podatkiem od wzbogacenia na Unii.

Jednym skokiem 800 kilometrów spod Wiednia do Viareggio. Tropikalna Łeba. Błądzimy nocą po Apeninach, szukając naszego domku. Na dole, przy plaży dantejskie piekło z przysmażanymi Włochami. W górze ciemno i ciasno: chatka okazuje się za mała dla naszej prawie piątki. Właściciel, signor Pezzini, dając klucze, może chciałby nam coś powiedzieć, ale zasypiamy w pół jego słowa.

22 VI

Mieszkamy na dachu Toskanii. Pod nami góry, morze i jezioro Massaciucoli. Dla nas sad oliwkowo-
-bananowy i warzywnik. Zaspany Antoś przyładował grudą wyschłej ziemi w krzaki, żeby wystraszyć nietoperze. Nie odleciały, zakołysały się, błyszcząc w słońcu fioletowoczarną skórką, i spadły. – Nie wiedziałem... roślina? – ogląda strąki – ba... bakłażany mówicie? – niedowierza, dziecko Północy.

Piotr jedzie z fratelli (tak Pezzini nazywa Antka i Fela) nad morze, gdzie wyblakły młodszy natychmiast dostaje porażenia. Zostaję z Polcią, musi wrócić do swojego rytmu papu, spać. Polewamy się wodą z węża, kołyszemy w hamaku. Mała zasypia przyduszona skwarem.

Mogę pisać opowiadanie dla „Playboya" o dwóch zakochanych w sobie dziewczynach, odkrywających zalety damskiej miłości. *Damski Bóg*: „Już mając dziewiętnaście lat, bałam się tego, czego większość dojrzałych kobiet: że dla facetów jestem tylko alibi. Zgrabnym, dwunożnym parawanem mięsa, za którym się mogą bezkarnie brandzlować, zgodnie ze swą naturą onanistów. Zasłonięci w łóżku moim nagim ciałem rytmicznie podrygiwali, udając mężczyzn. Neurotycznie unerwionymi fiutkami chowali się we mnie przed pedałami i obowiązkiem masturbacji, żeby nie mieć nocnego, samobójczego wytrysku prosto w łeb. Wolę więc dziewczyny, z tego samego powodu co oni. Lesbijką zostaje się z przyjemności, nie z obrzydzenia do chuja".

Pisanie przerywa mi czyjaś obecność. Kogo przyniosło na to pustkowie, na sam szczyt góry? Ktoś się skrada. Rozglądam się, łapiąc za szpadel zostawiony przy grządce. To bananowiec naśladuje kroki uderzeniami liści. Gwarki potrafią imitować śpiew Callas, papugi gadać. Rośliny też coś umieją udawać. Czemu by nie stąpanie. Bananowce są przecież chodzącymi drzewami, rozmnażają się przez posuwające się coraz dalej kroczące korzenie.

Smakuję wino i upał. Jedno przelewa się w drugie. Transfiguracja smaku w mękę. Zamykam oczy, ratując je przed wyparowaniem. Drzewa, nawet zwykłe plantacje są tu dziełami sztuki. Do zieleni dodano wszędzie morski błękit, z Toskanią wymieszało się niebo.

Fratelli zostają wieczorem w domku. Z kultury interesują ich tylko sklepy muzyczne i skoki na *bungee*. My jedziemy do Pietrasanta. Carolina, moja włosko-paryska przyjaciółka, obiecała być w swoim rodzinnym Massaciucoli. Musiała jednak zostać w Luwrze i odnawiać mozaikę dla Francuzów, których oczywiście nie znosi, więc wyszła za mąż za jednego z nich. Przekazała mnie swoim włoskim znajomym w Pietrasanta. Alessandra zaprasza nas do siebie, do właśnie kupionego na poddaszu studia. Średniowieczny strych za 170 tysięcy euro. Bez prądu, za to w sąsiedztwie domu Michała Anioła. Duchota, uciekamy na dół do restauracji dla wtajemniczonych. Właściciel wrzeszczy, broniąc spaghetti przed pożarciem. Lituje się nad Polą przywiązaną szelkami do krzesła. Zaraz przyniesie jej coś *piu alto*. Czekamy na dyby dziecięce. On niesie triumfalnie poduszkę grubości kartki.

Nie najlepszy pomysł zasypiać, czytając *Ćwiczenia duchowne* Loyoli. Po przeczytaniu spisu wykroczeń wiem, że jestem potępiona na wieki. Ciekawe, jak poradził z tym sobie mój były mąż, guru katolickich pampersów. Dostał rozwód kościelny, a ja nic nie wiem i niepotrzebnie się dręczę?

Czy pampersi byli tak głupi, że słuchali nawoływań do nawrócenia faceta żyjącego z własnej woli w grzechu śmiertelnym? A może to słynne paradoksy chrześcijaństwa?

23 VI

Dzieci ze Szwecji, wychowane w kraju, gdzie nie ma prywatnego ziarnka piasku, nie mogą zrozumieć, za co płacimy, wchodząc na plażę. Trzydzieści osiem stopni. Ludzie pełzają w upale jak gady. Wysuwają szybko języczki i zlizują lody, zanim zdążą się stopić. Niemcy – prymuski, lizuski Europy – systematycznie pracują nad swoimi *gelati* na patyku.

Przypomina mi się zdjęcie Marlona Brando przyłapanego przez paparazzich: Niepodobny już do dawnego przystojniaka. Zdziecinniały kolos z brzuchem przelewającym się znad zwisających majtadasów. Przyssany do swojej pięciolitrowej dziennej porcji lodów – zamrożonego mleka. Patrząc psychoanalitycznie: odwet za odstawienie od piersi oziębłej matki, na którą tak narzekał?

Włoskie twarze – mam ochotę ich dotknąć. Nie wystarczy mi samo patrzenie. Rzeźbiarsko, palcami sprawdzić, czy nie zmienią się ich idealne proporcje, nie przesunie wąsko wykrojone etruskie oko. Gdy mówią, słychać w ich głosie starożytne pretensje, prawie łacinę poprzekręcaną wiekami gadulstwa.

Jestem rodzinnym cicerone, ale mój włoski słabiutki. Prefiksy mylą się z końcówkami niczym kroki w tańcu. Zostaje melodia języka, ciągnę ją dalej murmurando, byle dobrnąć do końca zdania.

W Pizie kelnerka: blond włosy zaczesane w kok, biała bluzka pod szyję. Stoi w progu knajpy i patrzy z czułą radością na jedzących. Nie jest włoską mammą, madonną karmiącą pizzą. To raczej prześliczna jasna panienka. Na szyi nie ma łańcuszków, krzyżyków, ale nie mam wątpliwości i nie zaczynam od niższego stopnia: wierząca. Pytam, czy jest bardzo wierząca.

– Taaak, skąd pani wie?
– Masz, siostro, spojrzenie świętej.

Jest informatyczką z Gdańska. Do Polski nie wróci, tu tak pięknie.

24 VI

Trzydzieści dziewięć stopni, chłodniej jest na Bali. Morze zabrało Poli buciki (jedyne), odpadło mi pół zęba albo się stopiło. Piotrowi wcięło kartę w bankomacie.

I największe zmartwienie: Antek ma przedzawałowe tętno, co sprawdziliśmy moim ciśnieniomierzem. Dopiero po długim całodziennym przesłuchaniu znajdujemy powód: snus. Szwecja wybroniła ten shit przed Europą, dowodząc, że hasz w Holandii też jest legalny, chociaż bardziej szkodliwy. Sprasowany tytoń snusu nie wywołuje raka płuc (za to gardła i żołądka), nie truje dymem. Wsadza się go dyskretnie pod policzek na dziąsło i można prowadzić szwedzkie konwersacje:

– Jadłeś, synku?

– Mhhm.

– W szkole dobrze?

– Mhhhm.

Tak rozmawia z niczego niepodejrzewającymi rodzicami kolega Antka, który zużywa dziennie snusu za 6 euro. Antoś oszczędnie za jedno.

Odwiedzam Fabia w jego wiejskiej chatce w głębi gór. Nic się tam nie zmieniło od siedmiu lat. On: opalony, zarośnięte czarnymi kudłami kości.

Okolica to pył suchych grządek i drzewa brzoskwiniowe. Wyro Fabia pod drzewem. Ubrał się na moją cześć w majtki. Pytanie, z czego żyje, byłoby równie taktowne co: dlaczego żyje.

Odwraca swoje obrazy od ściany, na tyle powoli, że zakurzone blejtramy mają czas dojrzeć po drugiej, zamalowanej stronie. Stają się ciepłe, mają brzoskwiniowy meszek.

Fabio woła mnie do sadu, zrywa owoce zżerane już przez osy. Rozciera mi miąższ na ręce.

– Senti – wdycha.

– Nie czujesz się tu sam?

– Widzisz ten dołek pod drzewem? – pokazał dziurę, przy której gniły owoce. – Kucam tam i się onanizuję, jeszcze się nie przelało, znaczy nieźle. I nie mam gwoździem przybitej do drzewa żadnej cycatki. Na sam koniec robię to z krajobrazem, dobrze mi, co?

Nie wierzę mu. On nie wierzy, że kładłam w najgorszych czasach na poduszkę stare mięso i smarowałam je gównem, żeby odzwyczaić się od ukochanego, pamiętać, z kim spałam.

Gdyby nie droga powrotna przez góry, upiłabym się z Fabiem. Raz na dziesięć lat można. Rozpuściła siebie w winie i wypluła. Zrobilibyśmy konkurs, kto pluje sobą dalej.

Wieczorem w Lucce na chodniku coś w stylu *nur für Deutsche* – zagroda dla turystów oblepiona *menu turistico*. Obok szczęśliwi tubylcy piją swoje *vino santo*, nie żadne butelkowe pomyje.

Wdzięk Włochów, nie tych zażelowanych, ale tych z wiecznej sjesty, potarganych. Na nich nawet spodnie od Armaniego mają krój kalesonów.

25 VI

Włochy to kraj katolicki, ludzi łączą wspólne grzechy, więc i wspólne znajomości. Bez nich nie można tu wypłacić nawet pieniędzy w banku. Krążymy bezsensownie po Banco Lucca, Firenze, Toscana z bezużyteczną kartą visa, do której zapomnieliśmy pinu. Żebrzemy o wystukanie na komputerze połączenia z naszym kontem. Trafiamy przypadkiem do Deutsche Bank i cała transakcja trwa dwie sekundy.

Przewodniki turystyczne po Włoszech są tylko mapą. Trzeba mieć dokładniejsze informacje, adresy knajp w górach dla miejscowych. Tanio i pysznie. W jednej z nich mamma karmi gości cud-polentą i wyciąga nagle pierś dla sześcioletniego synka.

113

Wczoraj zaryzykowaliśmy z kolacją w Pietra-santa. Nasz dziwaczny kuchmistrz szalał po wąskiej uliczce i już o 19.00 powiedział nam: *Pleno!* Czyli wara od moich pustych stołów. O 22.00, gdy wracaliśmy z podłej pizzerii, u niego nadal nie było nikogo. Facet się ceni.

Nikt tu do nas, na szczyt Meto, nie zagląda. Piotr rozbiera się do naga w ogrodzie i próbuje rajskiej stylistyki z prawdziwym liściem figowym. Przekonany, że jest sam (dzieci śpią), skacze, łapiąc się gałęzi bananowców, prosto w stronę dwojga staruszków z siatkami na motyle. Nie widzi ich, nie słyszy amerykańskich okrzyków zgorszenia. Uciekają, udając pogoń za motylem. Ona zakryta po szyję kapeluszem, on – kopia Whartona – mieszczański Hemingway, co to się nie uchlewa i nie zabija.

Rynki miasteczek zamknięte dla samochodów to ulubiony wybieg Poli. Są dla niej miejską plażą, zdejmuje buciki i biega po lodziarniach, sklepach. Tańczy, śmieje się do wszystkich. Nie zależy jej na prezentach i zachwyconych spojrzeniach. Swoimi dróżkami doprowadziła nas w Pietrasanta do kościoła z freskami Botero: grubaśny diabeł, otyła śmierć i Matka Boska – ludożerka. Tłusta, jakby połknęła z czułości wszystkie mammy świata. O wiele to lepsze od żelaznych grubasów Botero straszących na placach miasteczka pośmiertnym wypuczeniem form. Te malowidła pasują do opasłego barokowego kościoła, w którym je nama-

lowano. Pełnego poskręcanych jelit kolumn, trawią-
cych nadmiar barokowej pobożności.

Cisza południa. Pola śpi w hamaku, chłopcy pojechali do klimatyzacji-cywilizacji. Po ogrodzie tuptają
jaszczurki, spadają ze zbyt rozgrzanych ścian. Biegną,
podnoszą łepki, nie mogąc uwierzyć
    – Ty, zobacz: pomidory.
    – A ten szczur jak urósł i chodzi na dwóch
łapach. Kwiaty – widzisz?
    – Nie do pomyślenia 60 milionów lat temu.
    I biegną dalej, zgorszone ewolucją, uciekając
przed nią.

26 VI

Signore Pezzini przyjeżdża każdego wieczoru
podlać ogród. Jego vespa w przeliczeniu na ludzki
wiek ma tyle, ile jej kierowca: z siedemdziesiąt lat.
Posiwiała od stłuczek, ale dzielna i żylasta kablami
na wierzchu. Kochany Pezzini oddałby nam serce, więc
daje to, w co najwięcej serca włożył i wycisnął: oliwę.
Ubiegłoroczna, z ręcznej prasy. Nie piłam nigdy takiej.
Może ma w sobie alkohol. Nie mogę przestać, zale-
wam nią bakłażany i smażę, smażę. Jem tylko to.

Tłem dla Krzywej Wieży w Pizie, czego nie widać na pocztówkach, są lasy i pagórki. Katedra, wieża

i dzwonnica nie są przyrośnięte do siebie ani do miasta. Są rozrzucone na wielkim trawniku, trzy gigantyczne białomarmurowe purchawki. Rosną tam od prawie tysiąca lat. Potrzebują słońca do wyrzeźbienia cieni w swoich krużgankach. Niebieskiej kopuły nieba do zwieńczenia proporcji.

Misterne zdobienia kolumn i dachów są w tym ciepłym klimacie pnączami przycinanymi przez architekta. Romański, gotycki styl Włoch jest bliższy starożytnemu Rzymowi niż ponurym północnoeuropejskim katedrom z cegły i kamienia łupanego. Panteon i jaskinia.

San Gimignano – miasteczko słynne ze średniowiecznej rywalizacji na wieże. Jego wąskie uliczki są dolinami wyschniętego morza, które wyparowało od upału. Domy rosną organicznie jedne przy drugich, tworząc gotyckie kolonie koralowców. Po wspięciu się na wieżę upada teoria konkurencji. Oni budowali coraz wyżej dla lepszego widoku. To najpiękniej położone toskańskie miasteczko.

Nie zdobyliśmy dziś ceglanej Sieny. Stała się rozżarzonym labiryntem. Padliśmy też w walce ze skandynawskim wirusem przywleczonym przez fratelli. Mamy tyle samo stopni co powietrze: 38–39. Choro-
-horror.

Zostajemy w naszym domowym lazarecie. Gorączka, katar i mdłości. Wyczołgujemy się do ogrodu, nie chcąc pogorszyć stanu chorobą morską. Domek wybudowany przez Pezziniego – cieślę – jest przecież miniaturą łodzi: niski, z małymi oknami i wąskimi kojami.

Leżymy wśród grządek bazylii pachnącej tak, że Antoś unosi głowę i mimo kataru węszy. – Goździki?

Lato stulecia okazuje się latem pięćsetlecia. Najpierw umierają od upałów ludzie, potem zdycha klimatyzacja. Ugotowałam się na pańcię. Narzekam na to, na co pół Polski wzięłoby wakacyjny kredyt. Na upał, na Italię. Turyści we Włoszech, więc i ja sama, jesteśmy współczesnymi niewolnikami dającymi się ukrzyżować za własne pieniądze wzdłuż autostrady do Rzymu, Bolonii. Nasze krzyże są oklejone reklamami biur podróży wywożących nieszczęśników w szczycie sezonu.

Piotr, jeżdżący bezbłędnie od lat, nagle stracił poczucie kierunku. Zamiast do Florencji już drugi raz skręcamy na autostradę do Bolonii albo nad morze. Pytam, czy się dobrze czuje, czy się nie wymienić, dam sobie radę. Kiedy nie ustępuję, przyznaje się ze strachu, że przejmę kierownicę: – Specjalnie błądziłem, nie chcę wysiadać z klimatyzowanego samochodu.

Nocą we francuskiej TV rozmowa Pivot z Julią Kristevą. Program „Podwójny", o podwójnej tożsamości emigrantów we Francji. Żadna młócka propagandowa o wspólnej Europie.

Kristeva mówi o zmaganiach z przetłumaczeniem siebie na drugi język. Francuski dał jej erotyczną wolność, „pozwolił wibrować i wyzwalać się z przykazań zapamiętanych po bułgarsku".

Lingwistyczna de Sade ze szpicrutą cyrylicy?

Pivot oszalał z zachwytu, słysząc o bułgarskim święcie alfabetu. Dzieci przebrane za litery defilują ulicami.

Kristeva na pytanie o ojczyznę wzrusza ramionami, strząsa ją z nich, i słusznie.

Po emigracji, zwłaszcza przymusowej emigracji, już nigdy się nie wraca. Nie ma dokąd. Moja urojona Polska: przyjaciół, sentymentów, wspólnoty – zniknęła po powrocie z Francji, na szczęście.

W tym obrzydliwym przeziębieniu dla kurażu piłam codziennie espresso, maciupeńki krążek z dna filiżanki. Diabelską eucharystię aromatu. Gdybym pijała kawę, zamieniłabym to w religię espresso. Ale nie mogę, mój organizm natychmiast broni się przed herezją, obrzucając mnie kamieniami z woreczka żółciowego.

Pola budzi się o czwartej rano, żądając lizaka. Rozkosz może być zawsze i wszędzie, a lizaki rosną nam z palców. Kiedy bidulka zrozumie związki przyczynowo-skutkowe, jej życie zamieni się w koszmar.

Nocą burza, tropikalny tajfun wyłamujący okiennice. Pezzini przyjeżdża rano ze zdewastowanego Viareggio i zbijając połamane belki, pociesza nas, że to wiało tylko z Libii, gorsze są burze znad Grecji.

29 VI

Piotr tańczy imieninowo pod oliwkami w białej koszuli nocnej – naszym prezencie ze sklepu dla konserwatystów w Pietrasanta (były jeszcze szlafmyce i futerały na wąsy). Taniec radości, jutro wyjeżdżamy, dezerterujemy. Wieczorem opary upału przynoszą zapach pomarańczy. Jakby skóra Toskanii była z cytrusowej ochry rozgrzanej słońcem.

Pezzini żałuje naszego wyjazdu, trochę lamentuje, łapie się za głowę i słońce. Nie żeby tracił pieniądze, zapłacone z góry, to my tracimy. Donosi butelki oliwy, najchętniej by nas nią pobłogosławił.

Nasza bezładna ucieczka przypomina mu jego własną w 43. Miał wtedy dziesięć lat i jego rodzina, jedna z najstarszych w Viareggio, osiedlona tu na początku tysiąclecia, gdy między Luccą a morzem były bagna, musiała uciekać w góry przed Niemcami. Dostali się między lotniczy ostrzał Anglików i niemieckie działa. Cudem ocalał. Z dalszej jego opowieści wynika, że historia się nie mści, natomiast wyciąga konsekwencje. Teraz on gości Niemców, Anglików. Włochy mimo Unii zostały Włochami. Za pozwolenie na budowę tej wakacyjnej chatki wartej dwa tysiące zapłacił inżynierom ekspertom siedem.

30 VI

Po drugiej stronie, w Austrii, też ciepło, ale wieczorem hotelowa pościel jest chłodna, z gór wieje już rozrzedzonym upałem.

– Tu jest jak za Franciszka – napawa się Piotr ojczyzną *gemütlich*.

– Aha, za Franciszka było wzorowo jak za Józefa, za Adolfa jak za Hitlera.

Jednak odległość i tropikalny upał były uszczelką, przez którą nie przeciekała do nas polskatość. Piotr bierze w krakowskim empiku gazetę o ironicznym tytule „Kultura". Czyta w niej o epatowaniu seksem i intelektem w *Scenach z życia*. Nie rozumie, że w kraju kompleksu niedouczenia powiedzieć coś normalnie, spoza podręcznika, to epatować intelektem jak gołym mózgiem czy cycem.

Pod kościołem Świętego Idziego kilku zadowolonych z siebie trutni trzyma transparent „Nie aborcji!". Równie dobrze kurwy mogłyby nieść sztandar „Nie impotencji!".

W Szwecji, zanim kobieta zdecyduje się na usunięcie ciąży, przechodzi przez testy psychologiczne, rozmowy z pracownikami opieki społecznej. Ewentualny zabieg jest traktowany jak osobista tragedia, w której trzeba kobietę wesprzeć. Ustala się, czy naprawdę nie ma warunków na urodzenie, proponuje adopcję. W naszym kraju dzięki ustawie antyaborcyjnej daje się łapówkę płatnym mordercom, bo skrobanka jest według hipokrytów zabiciem dziecka przez mafię ateistów.

LIPIEC

3 VII

Być aniołem (dla Piotra) żaden problem. Ale czy wytrzymam bycie aniołem?

Telewizor wizjerem w więziennych drzwiach. Widać w nim ciągle tych samych skazanych na politykę w wywiadach, pogadankach.

W Quchni Artystycznej szlachetni młodzi ludzie rozparci na postmodernistycznych kanapach rozmawiają o *Cząstkach elementarnych* Houellebecqa: „Nie mogłem doczytać, obrzydliwe. Ja też nie dałam rady, epatowanie wulgaryzmem".

W Polsce każdego przygłupa epatuje się intelektem, do tego się już przyzwyczaiłam. Ale że ta nowoczesna, świeża proza zniesmacza młodych starych? To kto ma ją docenić? Szczęście dla Houellebecqa, że robi w języku od kilkuset lat ćwiczonym na minetach intelektualnych. Gdyby pisał w Polsce, bez koterii i zaprzyjaźnionych redakcji miałby opinię podobną do tej znad talerzy w Quchni. A tak zjawił się w glorii sławy, więc szanowni państwo po gazetach mogą patronować jego chujom i cipom, co stronę mu intelektualnie ssać.

6 VII

Oddać opowiadanie do „Playboya". Nienawidzę terminów, są imadłami do wyciskania z mózgu pomysłów.

W domu dzieci: fratelli i Pola, więc jeżdżę pisać do miasta, do knajpy. Mało kobiet artystów? Bo każda ma rodzinę, jeśli nie swoją, to zaadoptowaną.

Co ja się lituję nad własnym, obolałym od terminów mózgiem. Pola to ma rozdzielony jeszcze na połówki, do czwartego roku życia. Lewa nie kuma istnienia prawej. Stąd dziecinne zarazem tak i nie, chcę i nie chcę jednocześnie. Kiedy ciałko modzelowate sfastryguje półkule, zszyje z nich być może osobowość – ukrytą sprzeczność.

Zaproszenie do Moskwy na targi książki we wrześniu. Wydali *Namiętnik* z *Kabaretem* w jednym tomie, zaraz będzie *Polka*. Nie ma lepszego miejsca na czeczeńskie stanowisko z bombą niż międzynarodowe targi.

7 VII

Odwiedzam Misiaka w nowej redakcji. Na recepcji przez telefon entuzjazm: – Już schodzę! – obiecuje. Nie widziałyśmy się dwa tygodnie. Po dwudziestu minutach czekania jeszcze mam nadzieję, opamięta się i zejdzie. Po półgodzinie pytam tylko portiera, którędy wyjechać na Aleje Ujazdowskie. Misiak dzwoni, gdy już jestem pod domem.

– Jezu, obraziłaś się?!

Moja jedyna przyjaciółka jest pracoholiczką. Na pewno wyszła do kibla i w czasie tej pół minuty na sikanie miała czas przypomnieć sobie o mnie i zadzwonić.

8 VII

Wzywają do urzędu podatkowego. Chcą peselu Poli. Nie dali jej, urodziła się w Szwecji – tłumaczę urzędniczce. Tam dostaje się od razu biżuterię – „śmiertelną blaszkę" z numerem osobowym na wypadek wojny. To co prawda neutralny kraj, ale protestancko zapobiegliwy.

W katolickiej Polsce łatwiej dziecko nielegalnie wyskrobać niż zalegalizować. Przynajmniej nam się nie udało.

Nie chcę wyobrażać sobie przyszłości w tym kraju. Zamiast wyobraźni musiałabym mieć spychacz. Wszędzie odchodzi się od państwowej służby zdrowia. Nawet w bogatej Szwecji robiącej bokami. My musimy mieć pegeery szpitalne, bo państwo nam to gwarantuje, tę równość w dostępie do śmierci – co innego w tych wynędzniałych szpitalach będzie można dostać? Socjalizm też wydaje się niezbędny niektórym cwaniaczkom do naładowania sobie kieszeni, póki jest z czego. „Sitwo, ojczyzno moja, ty jesteś jak zdrowie" – powiedział SLD-owiec.

Piotr zżyma się na Houellebecqa za niepotrzebne wstawki naukowe, mimo że facet się starał i na prawie 400-stronicową książkę z bohaterem biologiem molekularnym, tylko jednego pojęcia nie wyłożył łopatologicznie. Reszta dostępna średniointeligentnym humanistom.

– Co, zepatował cię? – współczuję.
– Ani fizyka, ani biologia mnie nie interesuje.
– Błąd, pewnego dnia przez własną nonszalancję obudzisz się z ręką w nocniku gluonów.

Eee, do czego namawiam niewinnego humanistę, jeszcze mu sperforuję błonę świadomości.

Zazdroszczę dmuchawcom. Mają idealny kształt kuli, futro z puchu i rozdmuchują lekko swoje dzieci w świat.

Podobno instynkt macierzyński jest wrodzony już gadom. Ze mną było gorzej niż z gadziną, nie miałam żadnego. Nie planowałam dziecka. Teraz zachwycam się każdą kostką, włoskiem Poli.

Nie wierzę, żeby zwierzęta reagowały czułością na zaokrąglone kształty swoich dzieci. Równie dobrze mogłyby dbać o kulkę, bronić piłki, ryzykując życie. Macierzyńska miłość bierze się jak filozofia, z zadziwienia. Uznania bezbronnego i niepojętego życia, pełnego obietnic, za wartościowsze od własnych wyliniałych piór, pazurów. Macierzyństwo jest początkiem altruizmu i myślenia, gdy można je już wypowiedzieć. Początkiem kultury czy, kto woli, matriarchatu?

10 VII

Wyjazd fratelli. Na pożegnanie robię im sushi.

– W życiu nie zjem surowej ryby! – wzdraga się Antoś w swojej nigdy niezdejmowanej śmietnikowej czapce z włóczki. Młodszy, mniej grunge'owy, popiera brata.

Zohydzam im ulubione nuggetsy z McDonalda: przemielone skóry i kości polane rozpuszczalnikiem sosu.

– Ale nie widać! – bronią się.

Odpadam, nic nie poradzę na dekadencję wieku młodzieńczego: jedzenie ptasiej kupy zamiast najświeższej ryby.

Kończę opowiadanie do „Playboya", oni są masochistami. Kto inny zamieściłby obelgi pod adresem własnych czytelników: „Nie używałyśmy wibratora. To dobre dla sfrustrowanych gospodyń domowych kładących się do łóżka z mikserem między nogami. Chuj nie ma przecież najodpowiedniejszego kształtu do pieszczenia pochwy. Może do zapłodnienia, wyplucia w nią spermy. Ale nie do rozkoszy. Wagina nie jest moździerzem, w którym trzeba utłuc drągiem orgazm".

13 VII

Radni Warszawy (?) za prawie dwa miliony euro chcą opakować Pałac Kultury w złote płachty na wejście Polski do Europy. Niech szybciej wymrą w hospicjach, zagłodzą się w domach dziecka i odłączą noworodkom nierentowne inkubatory za te same pieniądze. Władze parszywego miasta ze złotem na oczach. Żeby im było jak dożom weneckim łykającym ze wstydu i hańby płatki złotej folii zaklejające tchawicę. Luksusowe samobójstwo.

Lubię presokratyków. Nie mądrzyli się kategorycznie, nie systematyzowali swojej niewiedzy. Podejrzewając początki bytu, nie śmieli przyznawać im religijnej lub naukowej jednoznaczności, raczej metaforę. Są tak współcześni jak najlepsi poeci.

Miss wózka – Pola po przebudzeniu na spacerze.

127

Letnia infekcja przesytu: ciepłem, słońcem, zielenią. Nie mam ochoty wyjść, muszę z Polcią. W mróz ludzie chowają się po domach, kurczą z zimna. W taką pogodę, przy trzydziestu stopniach roznegliżowani w swojej egzystencji wylegują się na balkonach i trawnikach. Nie mają nic na swoje usprawiedliwienie, nic do ukrycia. Bezsensowne rozmowy i czekanie na zmierzch.

15 VII

Biedny pisarz Piątek. Poczęstował *Heroiną* tak przewrotną i wyrafinowaną, że właściwie mało kto mógł ją wziąć na serio i nie oburzać się antynarkotycznie.

Dzisiaj na tym samym haju przekonuje w „Wyborczej" pisarza Sosnowskiego do powrotu na łono nihilizmu. Sosnowski ogłosił manifest „w obronie prawdziwych wartości". Piątek udowadnia mu, że mając talent, intelekt, musi należeć do nihilistów i na pewno nie zmienił myślenia, ino pomyliły mu się słowa. W ostatnim zdaniu poddaje się: „Problemem Polaków nie jest erozja systemu etycznego. Jest nim brak lekkości".

Dlatego pisze do Sosnowskiego, zamiast go olać. W tym kraju nihilista byłby bliższy prymasowi, gdyby obaj byli inteligentni.

Świat jest psychiczny. Jadąc Marszałkowską i myśląc o tym tekście, widzę na światłach zaczytane-

go Sosnowskiego. Nie zdążyłam uchylić okna i wrza-
snąć:
— Sosnowski! Ty antynihilisto!

— Zostawiłeś pistolet — dziewczynki w piaskownicy.
— Nie wtrącajcie się w moje sprawy — odpysz-
cza pięciolatek.

Kąpiele miłości: Piotr baraszkuje z Polusią,
obsypując ją całusami. Za każdym „cmok" maluszek
wydaje piski i okrzyki.
Dziecko mówi wszystkimi językami, próbując
gaworzeniem dopasować się do tego, co słyszy. Zostaje mu tylko polski albo inny. Chyba to samo jest
z emocjami. Po całej radości niemowlęcego świata
zostaje wyuczone: „Cudnie!", „O Jezu!". Kochając się,
przypominamy sobie te dawne, wykastrowane dźwięki, gdy z rozkoszy zapominamy mówić i wracamy do
siebie — do niewypowiedzianego szczęścia bycia.

16 VII

W kwestii narkotyków Zachód dzieli się na
pojebanych i najebanych. Pojebanych policjantów i najebanych ekstatyków. Chęć oćpania się nie ma wiele wspólnego ze światopoglądem. Albo ma się do tego
pociąg, albo nie. Z talentem do matematyki jest

podobnie. Dlatego obydwa ugrupowania zwalczają się jak cechy charakteru. Żarliwie i bez sensownych argumentów.

Czy można w demokracji narzucić komuś inne smaki, marzenia? Zamiast reklamy samochodu reklama LSD-owskiego raju. Należę do ugrupowania najebanych schodzących do katakumb umysłu. Oświetlam drogę migoczącym, wielobarwnym kryształem albo kadzę sobie ziołami (ostatni raz z dziesięć lat temu). Oczywiście nielegalnie. Halucynacje są nielegalne. Powinni wysyłać halucynacyjnych policjantów w głąb odmiennych stanów świadomości, tak jak wystawiają tekturowe atrapy funkcjonariuszy na trasie do Łodzi dla zmniejszenia prędkości. Tylko po co wystawiają też w TV atrapy premiera, uczciwości i państwa?

Po obiedzie jedziemy z rodzicami do podmiejskich Łagiewnik. Mama wspomina Zielone Świątki – rolwagi, wozy drabiniaste ciągnęły z Łodzi i w całym lesie rozkładano koce. Rodziny, znajomi śpiewali, częstowali się zapasami i tak do świtu, do odpustu. W latach 60. zakazano wjazdu do lasu. Starsi wymarli. W miejscu dawnych pikników, na łące, wyrosły czterdziestoletnie już drzewa.

Piotr czekał z Polą i mamą przed łagiewnickim klasztorem franciszkanów. Minął ich siwobrody, zamyślony zakonnik. Nagle zawrócił, jakby coś zauważył. Pochylił się nad Polą, zajrzał jej w oczy.

– Dobra jest – powiedział poważnie. – Jak jej na imię?

Mamę przytkało, nie mogła złapać oddechu. Piotrowi przypomniało się drugie imię Poli nadane na cześć Biedaczyny z Asyżu:

– Pola Franciszka.

Zakonnik pobłogosławił małą i nie spuszczał z oka, aż wsiadła do wozu i odjechaliśmy.

W samochodzie podniosła cisza. Buddyjska rodzina zaszczycona rozpoznaniem tulku. Taka malutka, a zakonnik coś zauważył, znak? Triumfuję, bo niedawno, kiedy Piotr wrócił zezłoszczony ze spaceru, krzycząc:

– Prowodyrka! Ciągnie dzieciaki do śmietnika, na ulicę. Nikogo nie słucha! Wychowujemy rozwydrzoną jedynaczkę!

– Zobaczysz, będzie święta – powiedziałam z przekory. – Papież kanonizował małżeństwo, a ona będzie patronką jedynaczek!

– Wszystko możliwe – zamyślił się. – Ale jeżeli Pola będzie święta, to wyobrażasz sobie, jacy będą zwykli śmiertelnicy?

17 VII

Telefon z Moskwy: Będę na targach razem z Głowackim i Konwickim. Co nas łączy? Nic poza alfabetem. Do Rosji wysyłają chyba po kolei według listy jak na Sybir. W tym roku ci na G i K. Utwierdzam się w tym po wiadomości z Lwowa, miałam być tam z drugą na G – Grocholą.

Siostra wyżala się przez telefon. Spotkała na ulicy matkę znajomej. Od „ciuciu ciuciu" do ubliżania:
– Ta ostatnia książka Manueli, do rąk strach wziąć! Same kutasy i dupy! Wstyd!
Czy muszę przetrenować rodzinę? Kurs samoobrony życia z Gretkowską.
Chora reakcja na seks jest taka sama jak antysemityzm, pada na mózg niezależnie od wykształcenia profesorowi i sprzątaczce.

Piotr wrócił ze sklepu zachwycony wysypem owoców: maliny, jagody, a śliwki, a gruszki!
– I co kupiłeś?
– Nie mogłem się zdecydować. Papaje w puszkach.
Przynajmniej zdarza się mu nie być logicznym, miłość za papaje.

18 VII

Piosenka Grace Jones z *Frantica*. „*Tu te prends pour qui? Toi, t'aussi déteste la vie*" [*]. Pogardliwy stukot słów w rytm tanga, rym do życia?

---

[*] Za kogo się masz? Nienawidzisz życia tak jak ja.

Już drugi tydzień nie dostajemy obiecanego klucza do naszego dworku. Tradycji polskiej niesłowności musi stać się zadość. Tysiące powodów układających się w ceremoniał, niemal wschodnią sztukę walki z losem, w którą Polacy mają swój niezaprzeczalny wkład – figurę wykrętu.

Nocą z Misiakiem na *Balzaka i małą Chinkę*. Przesłodkie sceny ze zsyłki inteligencji na reedukację w wiejskie błoto. Uwodzenie wieśniaczki i jej emancypacja dzięki zakazanej lekturze zachodnich książek. Podobny film mógłby zrobić ktoś po kompanii karnej. Dostałby w wojsku w dupę, ale to młodość, więc wspominałby ją nostalgicznie. W tym filmie nie wyłamuje się ze szczerej naiwności nawet nieprawdziwa konkluzja: do zmiany Chin w mentalny Zachód wystarczy lektura Balzaka. Tak jak przejście narodu z feudalizmu w komunizm po przeczytaniu książeczki Mao?

Nad ranem nucę Poli kołysanki. Wybudziło ją moje streszczanie Piotrowi filmu. Coś tam śpiewam, nieprzytomne absurdy, wplatając dla rymu słówko po francusku. Pola się ożywia i pyta: „Co to?" Skąd ten embrion dorosłego wie, które z tysięcy mówionych słów nie jest po polsku? Dwulatki są przenośnymi komputerami na podkładce zaszczanej pieluchy.

19 VII

Siostra Piotra długo się nie nacieszyła uniwersyteckim mieszkaniem w Milanówku. Przedwojenna willa podzielona na mieszkania mści się za ten rozbiór. Taras na żądanie sąsiadki został przegrodzony siatką. Przeze mnie:

– Blondyna mi w okno zajrzała! – poskarżyła się administracji staruszka. No zajrzałam, w firankę. Do głowy mi nie przyszło, że to okno innego mieszkania, skoro na tarasie. Dawniej, gdy mieszkała tu sparaliżowana babcia, wystarczył odgradzający terytoria sznurek. Siostra na siatkę chce odpowiedzieć drewnianą ścianą. I słusznie: ściany, mury, zemsta. Każdy powinien się obudować, skazać na wyrok w prywatnej celi za bycie Polakiem.

Tropiki jak egzotyczne jaszczury już tu dopełzły. Gorącym językiem lepią się do ludzkiej skóry, oblizują słony pot. Polują na ofiary, parząc je słonecznym jadem.

Przed południem postanawiamy jechać do Czarnolasu, zażyć renesansu. W przewodniku czytamy: Nie ma słynnej lipy i dworu, spłonął. Został dziewiętnastowieczny ceglany mur. Rezygnujemy.

Czas tak szybko zarasta, więc żeby się do niego dostać, nie można się cofać liniowo. Raczej zakosami wyobraźni.

A co z ciężkimi faktami opadającymi na dno roztworu czasoprzestrzeni? Tworzącymi tam osad o zapachu, smaku i kolorze odczuwanym przez niektórych jako rzeczywistość?

Piotra nie będzie trzy dni, wyjeżdża na kursy psychoterapeutyczne. Mam wóz, znajomych, lodówka pełna. Budzi się jednak we mnie zostawiona samica i żaleje.

Jadę do Galerii do kina, odpocząć przed trzydniówką. Film – *Sekretarka* – o szczęśliwej, nieukaranej perwersji. Publiczność przyzwyczajona do westernów moralności, gdzie na końcu chociaż wyrzuty sumienia rozstrzeliwują winnych, syka niezadowolona. Na grającego główną rolę Spadera tak jak i na Willema Dafoe mogłabym się gapić godzinami. Nie musieliby nic grać, po prostu serial. Jednak coś mi przeszkadza, wiercę się i najchętniej uciekłabym z sali. Dopada mnie syndrom kina: nie mogę znieść ciemności. Na ekranie rusza się inny świat, niby ruszający ze stacji pociąg, gdy siedząc w wagonie obok, traci się poczucie, kto odjeżdża, kto zostaje. Usuwa mi się wtedy grunt logiki. Nic dziwnego, że pierwszy na świecie film braci Lumière był właśnie o pociągu. Chcę biec natychmiast do domu, ratować Polę (przed czym?), przytulić się do Piotra, podtrzymać konstrukcję świata. Wychodzę z połowy filmów, nawet z tych dobrych. Później, gdy oglądam je w telewizji, wydają się o wiele lepsze, bezpieczniejsze. Skończy się na oglądaniu poranków z Teletubisiami.

W korytarzu Galerii zaczepia mnie chasyd z kramem. Wreszcie miejsce kultu w tej świątyni konsumpcji – myślę. Ale czemu on do mnie, mistyk jakiś? Wyczuł, że ja czasem z prawa na lewo czytam? On chce czegoś od moich stóp. W kabale są tak ważne, wiem, pisałam o stopach zranionych, namaszczonych przez Marię Magdalenę – zdejmuję słuchawki walkmana. Zaczynam rozumieć jego ofertę.

W meloniku, kamizelce, białej koszuli zaprasza do swego eleganckiego warsztatu na kółkach, pod baldachim, gdzie złotymi literami, także po hebrajsku, wyhaftowana jest profesja: Pucybut.

22 VII

Od rana do nocy Polcia, spocona, znudzona, szczęśliwa. W wanience na balkonie woda cieplejsza od powietrza. Trzydzieści dwa stopnie: zimno! Idzie do szafy, ubiera się w szal, rękawiczki, futrzaną czapę i wchodzi do kąpieli. A miało być normalnie, przynajmniej w tym pokoleniu.

22 lipca 1944 początkiem Pyrylu – święto PKWN-u i świętej Marii Magdaleny. W Magdalence w 1989 koniec Pyrylu, a 22 lipca nagrania Rywina, co też jest końcem polskiego świata, Trzeciej Rzeczpospolitej. Z tą różnicą mentalno-geograficzną, że w Polsce po jednym końcu świata jest zaraz następny.

Kochamy się i mam orgazmiczne déjà vu:
Jestem dziesięcioletnią dziewczynką, nawet nie sobą,
i krzyczę z radości: jest lato!

Beznadziejnie jeździmy oglądać przez płot
nasz dom obiecany, bez kluczy. Na poboczu drogi do
Kalwarii piknik: kilkanaście superwozów, ogoleni kierowcy z piwem w łapach. Tacy, że wszystkich aresz-
tować profilaktycznie na dwadzieścia lat. Łyse łby
wyrastające z pleców. To co u ludzi jest głową, u nich
wypukłością mięśnia.

W łódzkim blokowisku moich rodziców różne
typy porozkładane warstwowo na dwunastu piętrach.
Dilerzy, prostytutki i ludzie z fantazją. Na czwartym
piętrze wieżowca z betonowej płyty zrobili sobie
prawdziwy basen, puszczając wodę „na mieszkanie".
Gdy przeciekło do parteru, policja wyprowadziła ich
z imprezki w kajdankach i slipkach.

W bloku obok, tamtej niedzieli, z ósmego piętra
wyrzucili studenta. Nie pasował im do reszty.
W rozmokłym od upału asfalcie porobiły się zagłę-
bienia zalane wodą z kałuż i krwią. Pływały w nich
świeczki zapalone przez sąsiadów.

24 VII

O mało nie przykasowałam na Puławskiej. Słucham radia, mówią o skazaniu Nieznalskiej na sześć miesięcy ograniczenia wolności, zamienionych w przymus pracy na rzecz społeczeństwa. Artystę prądem? Pracującego dniem i nocą dla dobra tego samego społeczeństwa skazywać na dodatkową robotę? Przecież on już i tak najczęściej pisze, maluje za darmo i jeszcze z niego szydzą: niedostosowany.

Sędziego wydającego taki wyrok za ukrzyżowanie genitaliów niech skażą na tysiąc pierdów. Zostałby zwolniony pod warunkiem, że chociaż jednemu z nich nada wymiar moralny.

W księgarniach, na wystawach powinno się wbijać tabliczki: Nie deptać artystów! Nie odrosną.

Dostaliśmy wreszcie klucze. Siedzimy na progu, przenosimy się do ogrodu, nad strumień. Nie siedzimy, raczej się skromnie podsiadamy. Nie czujemy się właścicielami tylu metrów kwadratowych piękna i drzew. Musimy przywyknąć do tej podsiadłości.

Po dwóch godzinach wracamy do piaseczyńskiej cywilizacji, chyba nawet uciekamy. Z trawy po kolana, muczenia krów i wrzasku owadów. Trzeba kupić sekator, kosiarkę i na pewno coś jeszcze niewyobrażalnego. A jak jesienią dom napadną myszy? Jesteśmy rozłożeni chemicznie nadmiarem tlenu, zasypiamy o dziesiątej.

25 VII

Nagranie do *Wesela* w reżyserii Smarzola. Wieczór, wioska 40 kilometrów od Warszawy. Jestem trochę robakiem wypuszczonym z pudełka wozu pośrodku naturalnej scenografii świerszczy, ptaków, miodnych zapachów pól.

Mówię życzenia młodej parze: „Żebyście nie dali się jak w średniowieczu zamurować na całe życie w wieży z kredytów".

Obok statysta, dziadunio w niegdysiejszym czarnym garniturze do znalezienia tylko w trumnach. Scenariusz i to, co na planie, jest chyba czymś pomiędzy skandynawską Dogmą a Kusturicą. Środek wypada między Bałtykiem a Bałkanami – w polskich górach, skąd jest reżyser – utalentowany, zawzięty góral.

26 VII

VIP-y dostały z kobiecego pisma olbrzymi plakat z gołą Emanuelle Beart i oświadczeniem: Teraz będzie się promować takie buforowe sylwetki.

Czy kobiety to trawniki, które można przystrzyc według mody i rozsyłać po ludziach listy gończe za pięknem, wzory rozkładu tłuszczu? Może jeszcze wymiary czaszki?

Jasne, nikt nie chce wyglądać na potwora, w dodatku niemodnego, ale ja nie przeskoczę tej poprzeczki czterdzieści pięć kilo wzwyż i sobie nie życzę na mieście plakatów korygujących. Kobiety nie są z hodowli.

Z Radia Bis, radia dla mądrzejszych, telefon:
– Czemu pani nie jest u nas w studiu?
– A miałam być?
Audycja o bilokacji czy co? Nikt nie potwierdził spotkania, więc nie pojechałam. Z drugiej strony radiowa cisza i decyzja:
– Porozmawiajmy przez telefon.
– Ale mam małe dziecko – Piotr pojechał do sklepu.
– Trudno.
Łupu-cupu o literaturze. Zatykam dzioba Poli ciastkami, zabronionym cukrem, jednak na antenę przedziera się jej aplauz:
– Jesce, mamo! Jesce!
I wreszcie triumfalny komentarz na koniec:
– Kupa! Ale kupa!

27 VII

Piotr przedziera się przez chaszcze, wołając sobie na pocieszenie:
– To moje powołanie, praca w ogrodzie!
Pola nagusieńka, ja napawam się trawą. Wreszcie nie w gościach, nie w parku czy na wyjeździe.
Mój cień, mój płot i szambo.
Sąsiedzi opowiadają o tutejszych myszach: dwa koty w domu, a one nie dają się zgonić ze stołu.

Opracowuję wrześniową batalię, gdy zacznie się ich atak. Albo ja jesienią przy kominku z Bachem, albo one. Kompromis: myszy obracające się na ruszcie do rytmu *Koncertów Brandenburskich*.

28 VII

Przyglądam się otoczkom brudu pod paznokciami od grzebania w ziemi. Kiedy miałam takie ostatni raz, w przedszkolu? Palce przypominają teraz dziecięce pacynki. Paznokcie to ich buzie, brud – fryzury. Wskazujący – brunecik z przedziałkiem pośrodku, serdeczny ma pejsiki.

Jestem coraz bliżej natury, bliziuteńko, aż na niej siadam i żądli mnie osa. Szczepionka na wieś.

29 VII

Dzwoni do nas ciocia emerytka. Ona jest w poniedziałku i zaprasza na czwartek. Piotr przenosi ją do swojego wtorku, ja szamocę się między środą i czwartkiem.

– Sprawdzimy – biorę komórkę z datą.

Piotr chce ją porównać z kalendarzykiem.

– Który mamy rok? – żongluje trzema notesami z ubiegłych lat.

Wreszcie cyfry i nazwy dni zjeżdżają się w jedną ostrość i na celowniku jest wtorek.

„Dom to macica z widokiem" – napisała Erica Jong. Nasza wymaga cesarskich cięć. Po dniu z kosiarką i szmatą wracam do starego domu w podpiaseczyńskim Józefosławiu. Nakupowałam soczków, mleka, warzyw. Z siatami wspinam się po piętrach, wchodzę do mieszkania. Ze zmęczenia gorzej widzę. Klepka w przedpokoju drobniejsza, pewnie mój astygmatyzm z wysiłku zaparował, gorsze rzeczy się halucynowało. Idę dalej do salonu, gdy drogę zachodzą mi sąsiedzi, ci od uszkodzonej toyoty, z piętra niżej. Sądząc po ich minach, przyszli po odszkodowanie. Nic nie mówią, patrzą wyczekująco na kobietę z siatkami... pośrodku ich salonu.

– Przepraszam – rzucam za siebie ukłony i uciekam.

Chyba jestem przemęczona.

W przerwach między kopaniem dołów i pilnowaniem Poli przeglądam *Markiza de Sade* Thomasa. Boski markiz nie robił gorszych rzeczy niż jego współcześni. Prześladowano go nie za treść, lecz formę. Był artystą, chciał nadać kształt temu, co powszechne. Napisał słowa swym niemym ofiarom, on je kochał z całego sadyjskiego serca. Za to go skazano, za szczerość będącą zawsze największą perwersją.

SIERPIEŃ

1 VIII

Watykan wypowiedział się (znowu) stanowczo przeciwko ślubom homoseksualistów.

Świetnie, przynajmniej biskupi nie będą się żenić między sobą. Niestety dodano też groźbę „przeklęcia" heteryków wspierających gejów.

Co zrobi Kościół, jeśli homoseksualizm okaże się zapisany w genach? Uzna za rodzaj cukrzycy dającej się wyleczyć manipulacją genetyczną? Może by i podłubać w hetero. Skrócić im chromosomy wyłącznie do seksu reprodukcyjnego, skracając niektórym drogę do nieba.

Gdzie w tym „przeklęciu", odrzuceniu, podziało się chrześcijaństwo? Skąd to namawianie do pogardy? Homoseksualizm nie jest pedofilią przekazywaną gwałtem.

W domach sękate krzyże, na poczcie drewniany krucyfiks, a między tymi uschniętymi gałązkami bujny raj pogaństwa.

Bóg katolicki jest coraz częściej bogiem osobistym, takim pecetem niepodłączonym do serwera Watykanu.

Słońce chowa się na krótko za zakładkę chmury.

Oglądam rozorane plecy Piotra. Czy próbuję się w niego wdrapać? Rozerwać mu skórę i włożyć palce w wilgotną ranę? Ulepić mu z niej to, co mam między nogami, żeby poczuł to samo, głęboko.

Nie umiem wyobrazić sobie jego rozkoszy, naskórkowej, wystającej z ciała. Jej objawienie musi być w środku, gdzie biel nasienia miesza się z krwią, ja z kimś, z każdym nie-ja. W tajemnicy, za krwistą zasłoną tkanek.

2 VIII

Postrzyżyny u fryzjera. Podczytuję reklamy: „Włosy doczepiane: słowiańskie – nie arabskie, nie portugalskie". Czy w Europie są jeszcze włosy czysto słowiańskie, germańskie, żydowskie? Chyba w oświęcimskim muzeum, w gablocie.

Podsiadłość wysprzątana, obmyta, a tu nagle otwiera się czarna dziura. Pod domem – metrowy dół. Dowiadujemy się, że to nie fuszerka, ale nowa technologia. Zaglądamy przez klapę w podłodze. Siedemdziesiąt metrów kwadratowych grobowca wyłożonego czarnymi workami i włosiem waty mineralnej. Będziemy mieszkać nad pustym grobem. Strasznie archetypowe, ale czy szczelne?

Zerkam w mijane lustra, szyby sklepowe nie po to, żeby sprawdzić, czy dobrze wyglądam, albo poprawić włosy. Raczej uśmiechnąć się do siebie porozumiewawczo: Cześć, jeszcze jesteś!
Czy to różnica między dwudziestką a czterdziestką?

Zawiało mnie i mam gorączkę. Wracają wspomnienia z dzieciństwa. Rozkwitają w odpowiedniej dla siebie temperaturze sprzed lat, dziecięcych angin i choróbsk?

Okładka „Paris Matcha" z czterdziestojednoletnią Marie Trintignant zmarłą na krwiaka mózgu zafundowanego przez kochanka. Tytuły: *Ofiara pasji. Kochali się do szaleństwa*. Co za kicz. Zrobić z twarzy kobiety ring jest romantyczną tragedią? Mamusia czworga dzieci i tatuś niemowlęcia jadą do Wilna, na koniec świata, zatłuc się na śmierć. Neurochirurg sprowadzony samolotem z Paryża nie miał już co robić.
Dużo wcześniej, wiele lat wcześniej potrzebny był psychoterapeuta.

4 VIII

Odwiedzamy rodziców na letnisku w Spale. Tata uzależnił się od coli, co w jego stanie, gdy szkodzi mu nawet woda w nadmiarze, jest zabójcze. Chowa butelki przed mamą i uspokaja:

– Kochanie, nie denerwuj się, i tak będę pił, to nieuchronne.

Znakomita definicja nałogu: naturalna katastrofa nie do uniknięcia.

Spędzamy dzień na kortach przy słynnym metalowym żubrze z przyspawanym łbem. Niemcy odrąbali mu go podczas okupacji, szukając w środku skarbu, tak jakby Polacy przed wojną zajmowali się głównie ukrywaniem diamentów. Teraz na rogach żubra pozują erotycznie à la *Quo vadis* ostatnie chrześcijanki w miniówach. Panowie fotografują, dzieci stoją pod rzeźbą i łapią to, co wystaje na ich wysokości – siurka.

5 VIII

Ćwiczę prowadzenie nowego wozu. – Ale z ciebie mumia – mówi Piotr. – Tylko cię przybandażować do kierownicy, rozluźnij się.

Aha, prowadzę przecież tira. Dojeżdżam do podsiadłości spacerkiem, wjeżdżam celnie w bramę, mogłabym jednym zderzakiem staranować wszystkie płoty. Muszę się nauczyć tym jeździć, Piotr znika na tydzień do Szwecji na przegląd małego samochodu i fratelli.

Zastanawiałam się, czy podsiadłość to nie letnie szaleństwo, za które jesienią, a zwłaszcza zimą przyjdzie nam drogo płacić. Dzisiaj nie chce mi się stąd wracać. Czuję się zaproszona do siebie, chociaż w domu nie ma nic mojego, żadnych mebli. Chcę tu być. Czy to niewidzialna, pustawa dusza domu? Trochę drewniana, z podmurówką. Zamykając wieczorem bramę wjazdową, zamykam zmierzch. Zaczyna się duszna noc, cykanie świerszczy – zgrzyt rozpędzonej maszynerii lata.

6 VIII

Piotr wyjechał. Syndrom opuszczenia. Budzę się chora. Po namyśle – żyć dłużej (oszczędzić wątrobę) czy zdrowiej (zlikwidować zapalenie oskrzeli) – biorę dwie bomby tabcinu. Świat zwalnia. Wolniej widzę, kicham w zwolnionym tempie. Do Poli przy obiedzie mówię przez sen nad zimną zupką. Dzwoni znajoma, z opisu przypadku i mojego tempa wnioskuje:

– Wzięłaś tabcin na noc.

– Zielony, myślałam, że to dobry kolor: chlorofil, fotosynteza i dzień. Niebieski na noc.

– Odwrotnie.

– Uśpiłam się, cholera.

Ktoś powiedział albo ja w gorączkowym śnie sama sobie: „Anioły do ula!" Słychać bzyk, szum skrzydeł, kapanie miodu i gorejący miecz żądła.

Za oknem letnia impreza ogródkowa, na balkonach grille. Po północy, kiedy ludzie przycichają, gadać zaczyna wietrzona papuga. Jezu!

7 VIII

Nie tylko ja gorączkuję. Jacek Santorski opowiada po gazetach, że najbardziej orgazmiczną religią gwarantującą kobietom szczytowanie na ziemi jest islam.

Inne, niewierne baby chyba pokarało.

8 VIII

Pola odróżniająca już psy od ludzi uznaje czułość naszych znajomych dla golden retrivera Bolka za oznakę ich bliskiego pokrewieństwa.

– Jak ma na imię mama psa?

– Amala.

– Tata?

– Ananda.

Polcia i Bolek są mniej więcej na tym samym poziomie wysokości i świadomości, z tym że Pola za wszystko dziękuje, za zmianę pieluchy też.

Podwarszawski ogród Amali i Anandy wart jest więcej niż ich dwupiętrowy dom. Tak pozakrzywiano tu przestrzeń i horyzont pagórkami, drzewami, że z żadnego miejsca nie ma podobnego widoku. Czy ktoś to doceni, gdy będą sprzedawać? Chcą się przenieść tam, gdzie cicho, do Puszczy Knyszyńskiej, wybudować pensjonat ze słomy i gliny. Pożyczają mi nowość, *Wędrówki duszy* doktora Michaela Newtona.

9 VIII

O trzeciej nad ranem jestem w połowie książki. Newton – amerykański behawiorysta i hipnotyzer. Same skrajności. Z jednej strony człowiek to behawioralna czarna skrzynka, z której wydostają się reakcje, z drugiej gadająca czarna skrzynka w trakcie seansu hipnotycznego. Czytając Newtona (albo raczej przepytywane przez niego zahipnotyzowane dusze), trzeba pamiętać o ericksonowskiej, amerykańskiej szkole hipnozy. Trans hipnotyczny to według Ericksona żadne mediumy i dziwoty. W przeciwieństwie do archaiczno-freudowskiej, europejskiej podświadomości ta amerykańska jest radosna, współpracująca i pragmatyczna. To z nią, pomocną służką terapeuty, a nie z tą pełną destrukcji i pomyłek, pod hipnozą rozmawia Newton. Pyta kilkadziesiąt zahipnotyzowanych osób, czy jest coś poza tunelem życia po życiu. Opisują zaświaty podejrzanie przypominające grupy wsparcia i zajęcia psychoterapeutyczne. Zawodowe skrzywienie? Obraz świata po śmierci składny i uwodzicielski. Nie uraża żadnej religii, co najwyżej pozbawia wesołego miasteczka raju i piekielnego gabinetu strachów.

Gdyby kilku hipnotyzerów – lekarzy o różnych poglądach na wieczność – przeprowadziło podobne seanse, nie znając cudzych wyników, i uzyskało od pacjentów podobne relacje... uwierzyłabym. Więc czytam zachwycającą hipotezę żerującą na moich własnych wpadkach metafizycznych:

Nazajutrz po urodzeniu Poli do pokoju zajrzał starzec. Nie musiał się przedstawiać, to był czas z bajek dla dzieci, przygarbiony, zakapturzony w pelerynie wędrowca. Przystanął zobaczyć, czy się dobrze zajmuję dzieckiem. Był nie mniej widoczny od kręcących się po korytarzu położnych, ale wiedziałam, że nie jest rzeczywisty, przynajmniej nie z tej rzeczywistości. Nie był też chemiczny czy dymny, odróżniam zjawy haszowe czy kalejdoskopy LSD. Straciłam dużo krwi i mogłam bredzić, jednak to nie była zjawa. Nie jest się zaszczyconym odwiedzinami własnego świra. Gdyby wierzyć Newtonowi, była to stara dusza mojej córeczki, która wybrała nas sobie za rodziców, oczywiście przy naszej przedwiecznej zgodzie. Taki przedżyciowy casting.

Puszczam książkę dalej. Nikt ze znajomych nie może się od niej oderwać. Hipnoza.

11 VIII

Powrót Piotra z królestwa Ikei. Obładowany zakupami wchodzi do nowego mieszkania. Na promie

kupił mi perfumy z zielonej herbaty... taki sam dezo-
dorant spośród setki innych wybrałam dzień wcześniej. Zwąchaliśmy się telepatycznie?

12 VIII

Za dużo tego załatwiania z domem, to nas
przerasta. Jeżeli nie podłączą prądu albo wyschnie
woda? Na pewno coś zawalimy. Tracimy pół dnia
w sklepie, szukając śrubek. Na dodatek zepsuł się
samochodowy komputer. Mechanik w serwisie wyzna-
czył termin za tydzień. Piotr, wychodząc stamtąd, na-
tknął się na gościa obsługującego go wcześniej z powodu innego drobiazgu.
– Witamy, jak tam złotawy wozik? Problemy?
Proszę przyjąć pana natychmiast! – rozkazał mechani-
kom.
Piotr wyszedł zresetowany (nie ma pojęcia, co
to znaczy i co mu zrobili). Nie rozumie też, dlaczego
nagle znalazło się miejsce w warsztacie. Spodobał
się jego kształt paznokci albo kolor samochodu? A że
jest świeżo po powrocie ze Szwecji, poddaje się, pod-
nosząc ręce. W ogóle tak chodzi z łapami do góry,
nie chcąc niczego w tym bajzlu tknąć, pobrudzić się
Polską.

13 VIII

Cały dzień w podsiadłości i w upale na sadzeniu wina, zbijaniu mebli. Wymęczeni (Piotr stuka, ja odganiam Polę, wynajdując jej inne zajęcia) padamy na kartony i pijemy kisiel. Odkrycie tego lata: najlepszy jest wiśniowy z kawałkami owoców. Leżymy w kurzu tratowani przez Polę i jest tak dobrze. Proponuję więc ślub.

– Kiedy? – Piotr próbuje odgruzować swoje terminy.

– Mhm... kiedy będziemy za starzy na głupstwa, kiedy nie będzie już czasu na rozwód, co?

– Zgoda.

Jesteśmy umówieni na finalną randkę życia.

Zdesperowana pracująca matka jest w stanie wypić odkamieniacz, czego dokonała właśnie nasza sąsiadka, mama Natalki. Zapomniała o czyszczącym się czajniku, wlała sobie z niego herbaty, wcisnęła cytrynę i wypiła z pół szklanki. W szpitalu roześmiali się jej w nos.

– Nie boli, nie truje. Tam jest kwas fosforowy, ten sam co w coli, nic pani nie będzie – odesłali ją do domu.

Przyszła do nas pobiadolić. Częstujemy ją wodą na wypłukanie resztek, na jej strutą minę. Gdyby dostała zwolnienie, uratowałoby ją to przed pracą. Jutro przyjeżdża szwajcarski właściciel firmy i oni, inżynierowie z działu sprzedaży, muszą zostać po godzinach, by na jego cześć szorować w piwnicy piece, które sprzedają.

– Czemu nie sprzątaczki? – widzę sąsiadkę w manikiurze i obcasikach miotającą się po kotłowni.

– Taki zmuszalski obyczaj.

Jeszcze jeden rozdział z przeglądu rozpaczy polskiej.

14 VIII

W podsiadłości na pakach, w pustych murach nagranie do „Portretu Polaków" o mężczyznach. Siedzę przed kamerą i trafia we mnie seria pytań o facetów. Mam pół minuty na każdą odpowiedź. Więcej czasu daje się hodowcom jedwabników gawędzącym o zwyczajach robali.

– Co mężczyznom nigdy nie przyjdzie do głowy? – pyta redaktorka i mikrofon na drągu opuszcza się nad moją głową niecierpliwie jak laska poganiacza.

– Że kobieta jest boską karą za masturbację.

– Ło Jezu, nie przejdzie – martwią się kamerzyści.

– Czemu?

– Program będzie przed jedenastą w nocy.

– Czym można sprawić mężczyźnie przyjemność? – słyszę i kombinuję streszczenie samouczków męsko-damskich.

– Najlepiej kupić mu koniak, zrobić laskę i dać spokój.

Po zadowolonych chrząknięciach kamerzystów wnioskuję, że trafiłam.

– Może to samo inaczej, bo nie przejdzie... – prosi redaktorka.

Jestem bezradna. To audycja nie o mężczyznach, ale ministrantach. Co powiem, potną, program nie jest na żywo. Skleją tekst według własnej definicji mężczyzny, tego z rysunków o ewolucji człowieka. Od małpy, małpoluda, po Adama. Nigdy w tej wędrówce przez wieki i podręczniki szkolne nie rysują kobiet. Może kicały gdzieś obok albo w ogóle nie ewoluowały, o czym świadczy ich zwierzęce traktowanie zwane tradycją.

– Dlaczego pani mężczyzna jest z panią? – patroszą moją intymność przed kamerą.

– Bo ma instynkt stadny, a we mnie jest wiele kobiet – chcę coś jeszcze dodać, ale brak czasu. To, co powiedziałam, to tylko tytuł, jesteśmy razem, bo...

– Czego mężczyzna nie chciałby usłyszeć?

– Kiedy Ewa miała dość rajskiej nudy, poprosiła Boga o rozrywkę. Przyprowadził jej zwierzęta. Ona jednak nadal nie była zadowolona. „Jeśli stworzę ci mężczyznę, nie będziesz się nudzić. Ale on będzie cię źle traktował, będzie arogancki, ograniczony, agresywny". „Chcę, chcę" – upierała się Ewa. „Dobrze, pod jednym warunkiem: nigdy mu nie powiesz, że ty została stworzona pierwsza. To będzie taka tajemnica, między nami, kobietami".

Ta opowiastka powinna przejść przed godziną 23.00, przed cenzurą na brzydkie słówka i brzydkie myśli. Po północy można już nie udawać, być sobą. Ci, których na to nie stać, mogą iść spać.

Gdy zakończono moje przesłuchanie w „Portrecie Polaków", uświadomiłam sobie, że program był podobny do pokazowego spotkania AA, zaczynającego się od przyznania: „Jestem alkoholikiem". Tak, jestem kobietą, faceci to mój szkodliwy nałóg i spowiadam się z tego, jak radzę sobie z własnym.

Czy to posunęło się już tak daleko? Demaskacja mężczyzn, wstyd przed ich hodowlą w domu? Gardzę nimi, nazywając alimenciarzami, szydząc z ich niedostosowania, egoizmu. Jednocześnie potrzebuję i cenię za wysiłek uczłowieczenia siebie samych. Jednego z nich nawet kocham. Za co? Za kruchość istnienia. Przecież oglądając te nieszczęsne tablice antropologiczne ewolucji człowieka, dowiadujemy się o zadziwiającym współistnieniu dwóch ludzkich gatunków: człowieka i neandertalczyka, który wymarł zaledwie trzydzieści tysięcy lat temu. Jeśli tak dalej pójdzie, nasze drogi ewolucyjne też się rozejdą: panowie na lewo, panie na prawo. Zbyt wiele nas różni. Na sto fajnych kobitek przypada jeden normalny facet. Męscy neandertalczycy mający problem z wyartykułowaniem „kocham cię" potrzebują do przetrwania tylko maczugi piwa w ręce i kumpli. Pewnego dnia nie wyjdą więcej ze swoich jaskiń oświetlanych migającą telewizją.

15 VIII

Odbieram siostrę i siostrzeńca z Centralnego. Mam za wycieraczkami reklamówki agencji.

– „Francuski bez" – ekscytują się Piotr z siostrą w domu. – Ale sexy, dają... klientom kwiaty?

Dziesięć lat starsi i romantycy. Pokolenie wierzące w prawdziwe kwiaty w burdelu, w *pretty woman*.

Nokturny Chopina z radia. Nie wyłączam tylko dlatego, że nie mogę sięgnąć do przełącznika, prowadząc. Chopin jest przerażający. Serce na wierzchu, dziury w płucach. Tego się nie da na żywca. Jego muzyka to płyn kontrastowy wstrzyknięty do duszy. Gnijące ciało i szpila świadomości.

W domu natychmiast ogłuszam się rockiem. Nie myśleć, tańczyć.

16 VIII

Nic do niczego nie pasuje, więc nadal nie mamy w podsiadłości światła i zasłon. W starym mieszkaniu nie mieliśmy żyrandola trzy lata, aż sąsiedzi z szacunkiem zapytali, czy wystające z sufitu kable to wymóg feng shui. My po prostu nie mogliśmy się zdecydować na klosze.

Zmęczona jazdami, pośpiechem, bezsensowną krzątaniną kładę się w południe. Ciało na wysokości materaca, ale ja nie trzymam poziomu i spadam dużo niżej.

Dusza zostaje jako metafizyczna zawiesina z trupa. Może tak jest po śmierci?

Wreszcie się stało. Piżgnęłam burtą czołgu w furtkę, aż zdarłam listwę. Drzwi wozu do wymiany, płot się chwieje. Piotr otworzył bramę i pokazywał mi drogę z przodu, siostra nawigowała z tyłu, ja wolniutko miażdżyłam ogrodzenie. Zamiast listka dla początkujących chcę graficzny znak ręki z uniesionym środkowym palcem – spierdalaj, jestem niebezpieczna.

17 VIII

Po dniu poświęcania się dla podsiadłości, wyciąganiu Poli z kominka chwila średniowiecznego wytchnienia u dominikanów na Freta. Pod gotyckim sklepieniem jest się chronionym ceglanymi dłońmi. Złożone do modlitwy, zaciśnięte nad małymi grzesznikami i wielkimi grzechami. W bocznej nawie barokowa kapliczka Kotowskich z roku 1699. Na wejściu do niej chwalebne epitafium: „Maria Kotowska – oprócz płci nie miała w sobie nic niewieściego". Mój Boże, największą cnotą tej kobiety w oczach jej męża było niebycie kobietą. Trzysta lat i jaki feministyczny awans. Kobiecość stała się zaletą. Może za kolejne trzysta zrówna się w prawach inne człekokształtne: nauczone mówić ludzkim językiem migowym szympansy mordowane w eksperymentach medycznych.

Przed kościołem czeka Misiak. Pokazuje z daleka znajomego. Zerwałyśmy z nim znajomość, gdy Misiak odrzucił jego zaloty, a on w zemście, mieszając zawodowe z uczuciowym, skasował jej projekt plastyczny. Wołamy go. Zdziwiony przebaczeniem wraca do tamtych czasów, omijając finał.

Znajomy przypomina sylwestra sprzed dziesięciu lat. Tak podziwialiśmy wtedy swoje balowe stroje, że się zamieniliśmy: ja tańczyłam w jego smokingu, on w mojej lycrowej sukience z boa. Przeszłość nie jest taka zła. Zostaje po niej uśmiech, nie kota, ale samej Alicji. Śmieją się jej zmarszczki, bo tamtej twarzy już nie ma.

18 VIII

Pędzę o siódmej do podsiadłości, żeby zdążyć przed stolarzem. Piotr rusza kwadrans później z zapomnianym przeze mnie kluczem. Stolarz, piłując i stukając, opowiada o swoim budowanym domu. Oczywiście nie drewnianym.

– Nie mam zaufania do drewna – mówi fachowo.

Opisuje budowę, jeszcze jeden betonowy, wielopokoleniowy schron rodzinny. To my, miastowi, stawiamy nic niewarte drewniane chatki.

Nauczyłam się woskować podłogi i stoły. Oczywiście to niepraktyczne. Łatwiej raz na zawsze zakleić drewno lakierem. Zrobić z niego mumię. Ono żyje po ścięciu, chociaż nieme, bez szumu liści. Nadal się kurczy z zimna i puchnie od wilgoci. Dlatego wdzięcznie przyjmuje pieszczotę nacierania pszczelim woskiem, gojącym rany codziennego używania.

19 VIII

Ostatnie zakupy w józefosławskim sklepiku. Żegnam się ze sprzedawczynią.

– Ooo, przeprowadzka nie w środę albo w sobotę, w dzień maryjny? – dziwuje się. – Pierwsza noc musi być na dzień maryjny, inaczej szczęścia nie ma.

Nie wiedziałam. Zadbałam o Merkurego i Wenus, są w koniunkcji akurat dzisiaj, więc może niebo pobłogosławi...

Pakuje nas czterech studentów z firmy przeprowadzkowej. Każdy flakonik w osobny papier. Kiedy biorą się za staranne owijanie śmieci, protestuję. To zaczyna przypominać egipską przeprowadzkę w zaświaty z każdym zmumifikowanym drobiazgiem.

Nie powinno się pozwolić dziecku patrzeć na wynoszenie mebli, dekonstrukcję jego jedynego świata. Pola płacze, gdy rolują jej dywanik.

O północy koniec przenoszenia. Kładziemy się koło paczek i bezsenna noc. Nowy dom skrzypi, przeciąga się, jęcząc. Skarży się na te lata samotności? Nie może nas ułożyć, znaleźć w sobie miejsca dla nas.

Tak to trochę wygląda, jakbyśmy się turlali z boku na bok po podłodze, próbując zasnąć.

Boję się bandytów (najczęściej obrabiają nowo zamieszkane domy), myszy (na pewno tłumy harcują w kuchni) i samej siebie (co ja zrobiłam?). W dodatku coś piszczy regularnie, chyba alarm.

Łomot do drzwi, jest koło drugiej. Schodzę i widzę przeskakujących przez płot facetów w kominiarkach. Piotr jest pierwszy przy drzwiach, bierze ich na siebie – to ludzie z ochrony. Włączył się alarm. Jak? Wysadziło korki i uruchomił się automatycznie. Odsyłamy wojowników, przekazując do centrali tajne hasło. Po dwóch godzinach to samo, znowu alarm, bo korki nienaprawione. Szepczę hasło, żeby nie usłyszeli go ochroniarze. Widzę się za godzinę, pół godziny powtarzającą dziwaczne słowa dyżurnemu. Jesteśmy w konspiracji antywłamaniowej.

Rano patrzymy na nierozpakowane pudła i z przerażenia ich nie tykamy. Znalezienie łyżeczki do herbaty przerasta naszą inteligencję. Wzywam siostrę. Jej żywiołem jest porządek. Przyjedzie za dwie godziny. Chodząc po dworcu, rzucam okiem na tytuły gazet: *Największe zbliżenie Marsa od kilkudziesięciu tysięcy lat*. Aha, stąd ci wojowniczy ochroniarze u nas i w ogródku, przyciągnęło ich.

20 VIII

Nocą letni deszcz. Pod dachem na piętrze słychać jego echo, więc jest go dwa razy więcej. Rano wypogodziło się, ale nie u nas na parterze. Tam nadal kapie, leje się ze stropu. Dom jest histerykiem, po szlochu walnął połową sufitu jak talerzem o podłogę. Czy on musi wypłakać wszystkie swoje żale za te lata opuszczenia? Pokazać nam przeżarte druty i poskarżyć się na inne nieszczęścia; może zarwie się podłoga, co?

Spełniły się wszelkie przepowiednie: własny dom jest własną tragedią do wiecznego remontu. Dzwonię po ekipę budującą dworki. Przyjechali, naprawili. Dom pusty kilka lat „wiotczeje", nie trenując zamieszkania.

Puszczam w wozie Thelemanna, ratuje mi życie, dając podsłuchać życie gdzie indziej. Bez uszczelek, walących się ścian, pieprzonych rachunków. U niego tak spokojnie, poukładane już warstwy czasu i harmonii.

21 VIII

Zjawia się stolarz. Widzę po minie Piotra krztuszącego się ze śmiechu, że coś się szykuje.

– Idź, sama zobacz.

Stolarz, dwudziestoparoletni chłopak z okolicy, przybija na tarasie swoją koncepcję.

– Co to jest? – pakuję palec w dwucentymetrowe dziury stalowej siatki.

– Moskitiera.

– Na co?

– Na myszy, metalowej nie przegryzą.

– Panie, my tu mamy końskie muchy od krów, moskitiera jest na owady, co panu... – załamuję się, ten facet najchętniej oplótłby nam dom drutem kolczastym, wmawiając, że to na komary.

– Ale pani tyle mówiła o myszach, że się zasugerowałem. Nie, no jak się nie podoba, zmienię.

Jadę po lepy na muchy. Są tylko francuskie. Zawieszamy je w strategicznych miejscach. Wieczorem nie ma wątpliwości, wyprodukowali je buddyści. To nie lepy, tylko chorągiewki modlitewne powiewające na wietrze. Nie złapała się żadna z błogosławionych much.

22 VIII

Prąd nie płynie, woda się leje, burdel niesprzątnięty – ale za to mamy poranek. Takie widoki o świcie zza płota są na Seszelach. Nasze lepsze, tam natychmiast prześwietla je tropikalny upał.

Następna wizyta stolarza wygląda na dalszy ciąg skeczu. Tym razem przyniósł prawdziwe moskitiery, ale młoteczkiem przybił je do drzwi.

– Jak my wyjdziemy na taras? – pytam spokojnie, niemal dydaktycznie. – To mają być otwierane moskitiery. Po co nam zabite dechą drzwi?

Słowa trzeba rysować, wyliczać w centymetrach i to już dwadzieścia kilometrów za Warszawą.

Przed spaniem ścieram ze stołu brud, okruchy. Myję go i oporządzam przed nocą. Poklepuję drewniany blat, tak jak się klepie po grzbiecie konia czy ukochanego psa. Z wdzięczności i szacunku albo dla dodania odwagi. Jego deszczułki dorastały dziesiątki lat do mojej ręki.

23 VIII

Boję się przyjazdu stolarza. Ma przywieźć szafę. Wynoszą ją z wozu. Nie dowierzam, otwieram szuflady, drzwi – w dobrą stronę. Jest dokładnie według rysunku. Doskonała, jak wyrzeźbiona, a nie zbita z dech.

Maluję ją „błękitem egejskim". Nie wiem, czy to najbardziej mityczny z odcieni niebieskiego, ale na pewno najbardziej agresywny. Taki sam wżarł się w niebo i udaje świętoszka.

Według skali nieszczęść przeprowadzka po śmierci w rodzinie i rozwodzie jest najbardziej stresującym wyczynem. Zgadzam się, ale trzecie miejsce w rankingu horrorów jest *ex aequo* z pierwszym i drugim. Umieram ze zmęczenia i rozwodzimy się ciągle z powodu drobiazgów. Kwestia, gdzie ma wisieć obraz, staje się przyspieszoną aż do kłótni analizą światopoglądu: co to jest funkcjonalność, nastrój, perspektywa i siła kolorów. Kompromisowo nie wieszamy spornego dzieła. Obrazki stoją pod ścianą, przesuwając się z jednego pokoju do drugiego w zależności od przesunięcia sił i czułości między nami.

24 VIII

W południe jestem nieumyta, nieuczesana. Ledwo zdążyłam w przelocie wepchnąć sobie w oczy szkła kontaktowe. To się nazywa szczęście jednorodzinne.

Facet kupujący od nas mieszkanie – Lokator (zaczynam go tak nazywać na cześć horroru Polańskiego) – prosi o zmianę terminu u notariusza, trafił się mu wyjazd wakacyjny. Wiedziałam, że cały mój misterny plan finansowy padnie. Był zbyt doskonały. Zaczynam się bać.

25 VIII

Przywożą kredens. Wnoszą i trach: walą się wszystkie proporcje. Wybraliśmy go z katalogu, na czuja. Sądząc po innych meblach w tym sklepie, miał być kredensikiem, trochę mozartowskim – białym, lekko podrzeźbionym, z dźwięczącymi farfurkami szyb.

To, co nam przywieźli, jest renesansowym kredencho. Zniszczył nam kuchnię i salon, zdruzgotał resztę mebli. Pola chowa się w jego parterowych szkatułkach.

Zjawia się mysi Terminator. Zacny pan z przedwojennym wykształceniem i kulturą. Humanista myszeista. Nie znosi pułapek, są zbyt okrutne. Ocenia podsiadłość na trzy rodziny gryzoni. Lubi myszki, żyje z ich zabijania. Jest w tym tak dobry, że nie widział ich od lat. Rozkłada strategicznie niebieskie mydełka. Robi to w transie, intuicyjnie dobierając miejsca. W efekcie znajdujemy je też na tarasowej kanapie.

Kilka myszy doświadczalnych zje trutkę i wyschnie na wiórek. Reszta uzna to za niesmaczne i odpuści sobie kolonizację.

26 VIII

Notariusz, podpisanie umowy sprzedaży z Lokatorem. Został właścicielem, a ja nie mam z tego ani grosza. Notariuszka mówi, że to normalne, pieniądze wpłyną, kiedy on dostanie kredyt. Lokator opalony, zadowolony z siebie obiecuje, że w ciągu tygodnia.

Nie czuję się pewnie. Moja babcia straciła majątek, sprzedając przed wojną kamienicę w Białymstoku. Dostała pieniądze w walizce: z wierzchu banknoty, pod spodem gazeta. Jestem dziedziczna? Rodzice też dali się nabrać i po przeprowadzce mieliśmy z powrotem wprowadzkę do dawnego mieszkania. Czy wyjście z własnego domu jest zanurzeniem się w świecie oszustów czyhających na wolny lokal?

29 VIII

Za trzy dni kupuję dom. Lokator dzwoni beztrosko, że forsy nie ma, bo nasza notariuszka była niekompetentna i czegoś nie dodała. Ja ją poleciłam, więc oczywiście to moja wina. On miał lepszego notariusza w Tarnobrzegu. Wystarczyło zapakować dziecko i ruszyć karawaną na południe.

Muszę przełożyć kupno domu na trzeciego września, tuż przed wyjazdem do Moskwy. Dzwonić, przepraszać za bezczelnego luzaka. Piotr mówi, że w ostateczności wrócimy do Józefosławia. Czy my się przeprowadziliśmy, czy wyjechaliśmy ciężarówą z dobytkiem na letnisko?

30 VIII–2 IX

Staram się żyć normalnie. Stawiać talerz na stole, nie myśląc, że być może mam tylko ten talerz i stół i nie mam domu, dawnego mieszkania. Przede mną procesy sądowe. Drugiego nocą pojawiają się na moim koncie pieniądze.

WRZESIEŃ

3 IX

Jedziemy dać Lokatorowi klucze. On zadowolony: obiecał, że zapłaci, ale kiedy?... Za zostawioną mu szwedzką pralkę-suszarkę też zapłaci... jednak nie aż tyle, ile uzgodniliśmy. Piotra zamurowuje. Gdyby wiedział, zabrałby pralkę przy przeprowadzce. My nie mamy na nią miejsca, ale dałoby się komuś znajomemu albo do domu dziecka. Na mój gust Lokator zapłaci połowę. Będzie się z tym lepiej czuł. Resztę sobie weźmie w ramach urojonych odszkodowań i wygranej z frajerami.

Wszystko spisuję, żeby nie zapomnieć, z nim nie spisałam umowy, i to o duże pieniądze.

Mówi, że „przyjął do świadomości" nasze pretensje. Tyle że on się jeszcze jej nie dorobił. Świadomością obdarzeni są ludzie uczciwi. On ma zaledwie mózg, i to szwankujący. Słusznie wyciągnął z tarota kartę „Szaleńca".

Zwijamy się, żeby nie oglądać więcej tego prototypu biznesmena. Garnitur, lakier ogłady na twarzy i parę treningów psychomotorycznych, po których wie, że ludzka uprzejmość to słabość do wykorzystania. Z zawodu jest przecież „Sales Force Trainer".

O trzynastej podpisanie z Malarką papierów u notariusza. Proszę, żeby nie czytał strona po stronie, znamy ten utwór z umowy przedwstępnej. Za dwie godziny mam samolot. Notariusz robi, co może, przyspieszając tempo. Samolot za półtorej godziny. Płacę, całuję Malarkę i z tarczą dokumentów ozdobioną orłem zbiegam do wozu. Piotr z Polą przespali transakcję mojego życia. Prawie na sygnale prujemy w stronę Okęcia – została mi godzina.

W sali odlotów nie myślę już o papierach, przelewach. Zaczynam zwierzęco tęsknić za Polą. Zostawiam ją prawie na tydzień. Piotr się nią dobrze zajmie, ale jednak. Nigdy nie była beze mnie tak długo. Raz przez dwa dni, gdy miała pół roku. Co z tego było? Piotr zastosował jakieś goebbelsowskie metody wychowawcze i zaczęła całkiem świadomie mówić pierwsze słowo: tata.

Mam pokój przez ścianę z Januszem Głowackim. Umawiamy się na spacer po Arbacie.
Z reguły na takich wyjazdach jest się samemu, z misją oczywiście. Zapoznajemy się, zbliżamy otoczeni grozą Moskwy. Dobrze, że on taki duży i postawny.

Pod hotelem w centrum miasta watahy bezpańskich psów. Obok amerykańska ambasada z drutami elektrycznymi na wysokości mojej głowy. Trzeba się schylić, żeby przejść obok chodnikiem. Ulice są tutaj przedłużeniem Syberii, bez końca na długość i szerokość. Beton domów przykryty świecącymi lampkami. Sowieckie Las Vegas. Piesi na ulicy wszyscy przegrani, ci w limuzynach – zwycięzcy. Uczciwie zarobić się nie da, tylko wygrać. Słynny Arbat okazuje się dość parszywym deptakiem. W mojej wyobraźni to była cała Dzielnica Łacińska artystów.

Marzymy z Głowackim o jednym: nie zatruć się nawet herbatą. Szklankami pijemy rzekę Moskwę.

Chcę dzwonić do domu – komórka błyska napisem „Obłast'" czy inna gubernia, po czym pada.

W hotelu rozmowa wydawców o wchodzeniu na rosyjski rynek. Tu łapówka zaczyna się od willi na Lazurowym Wybrzeżu. Tłumaczka raczy nas dowcipem o łysych i kędzierzawych. Tylko tacy na zmianę rządzą z Kremla: Lenin, Chruszczow, Putin – glace. Bujnie owłosieni: Stalin, Breżniew, Andropow, Czernienko.

4 IX

Hotelowy poranek *à la russe*. Kelner niosący upragniony czaj zawraca w połowie sali do kuchni. Z wybiciem dziesiątej kończy pracę, i po naszym śniadaniu.

Wycieczka do redakcji słynnej „Literaturnoj Gazety". Enklawy inteligencji. Żarówki na drutach, w gabinecie jarzeniówki. Zdarte parkiety, zapadnięte fotele. Za biurkiem, niby trzymając się arki przymierza, naczelny wśród hebrajskich pisemek.

Za komunizmu („za komuny" brzmi lżej, bardziej w stylu peerelowskim) wydawali w ogromnych nakładach literaturę zagraniczną, dzisiaj 10 tysięcy to sukces. Pytają nas o życie w Polsce, za granicą. Bracia Rosjanie braci Polaków. Ominęła mnie ta epoka, teraz zapadam się w nią razem z dziurawym fotelem, tapicerskim wehikułem czasu. Zagryzam cukierkami herbatę. Zapach kurzu, bezsensu i życia tutaj. Podziwiam ten przyczółek inteligencji, bezużytecznej jak zawsze w tym kraju.

Psy pod hotelem. Czuję ich oddech za sobą. Dyszenie zaszczutego Mandelsztama, Achmatowej.

Architektura jest skamieniałą wyobraźnią. Ta moskiewska to nie marzenia, lecz strach. Drakulowe zamki w stylu Pałacu Kultury albo betonowe molochy ruin. Tu było serce zła? W tej ziejącej dziurze? Ogrom tego miasta jest ogromem nieszczęścia.

Nie mogę zasnąć. Co wyjrzę za okno – samizdat, ciągle widzę dawną Moskwę. W pokoju ściany przepocone lękiem. Obok też bezsenna noc. Słyszę nad ranem telefony z Hollyvoodoo do Janusza. Omotali go obietnicami, zrobili na jakiś czas literackim zombi. Wyszedł z tego – dramatem.

Wieczór autorski w domu Puszkina. Miejsce kultu wieszcza. Natchnienie udziela się prowadzącemu spotkanie. Mówi do Głowackiego „priekrasnyj Janusz". I tak już zostaje. Dostał twarzową ksywę do swojego dekoltu i zawiniętych rękawów koszuli. W podziemiach wino i kanapki produkcji polskiej ambasady. Zjawia się siwobrody człowiek z Petersburga, w międzynarodowym szarym swetrze intelektualisty. Jest wydawcą *Namiętnika* i *Kabaretu*, czyta po polsku, chociaż nie mówi. Spodobały mu się *Sceny z życia* i wyda je w czerwcu. Z tej okazji zaprasza mnie do marokańskiej knajpy, na pojutrze. Puszcza do mnie oko, wie z książki, że lubię Maghreb, aaa, i będzie taniec brzucha.

Z polską ekipą jemy w ormiańskiej restauracji podejrzaną potrawę. Janusz pyta, co zapisuję na przegubie (mój podręczny notes-pamiętnik).
– Grupę krwi, na wszelki wypadek.

Szybciej tu pieszo niż samochodem. Korki na tych wielopasmówkach zamieniają ruch uliczny w ciuchcię. Jedziemy do domu Bułhakowa. Słynna kamienica z klatką schodową ozdobioną graffiti wielbicieli *Mistrza i Małgorzaty*. Zabytek fotografowany do

międzynarodowych przewodników i miejsce kultu Behemota. Na miejscu szok: zamalowane. Żeby było czysto. Janusz rzuca się na gołą ścianę z długopisem:
– Nie można się im dać, szatańskim biurokratom.
Radzę mu zacząć od podłogi, od podstaw.

Jedziemy na Targi. Daleko za Moskwę, do Pałaców Republik. Mam złote halucynacje. Całe budynki i wielometrowe przodownice pracy z pazłotka. Przy tym dobudówki wietnamskich czy kitajskich restauracji z dykty.

Rosja, kraina cudów – na Targach dowiaduję się, że przetłumaczono wszystkie moje książki. Pojęcia nie miałam. Pytam dlaczego, musi być powód. Nie jestem Chmielewską sprzedawaną tutaj w milionowych nakładach, jeżdżącą limuzyną z obstawą. Tłumaczka długo się zastanawia. Dla niej to taka oczywistość, że musi ją sobie uświadomić: – Jak to czemu? Za recenzje.

Moje są gwarancją niepokorności, znaczy, że mówię prawdę.

Przy arabskim stoisku sprzedawcy siedzą odwróceni tyłem do publiczności. Nie sprzedają książek, kłócą się między sobą. Francuskie obsługuje młodziutka elegantka. Ze stroju i akcentu – dobra paryska dzielnica. Pytam, co słychać.
– Nie rozumiem tych ludzi – skarży się. – Przychodzą do mnie ze zdjęciami sprzed pięćdziesięciu lat

kogoś, kto wyjechał do Francji. Pytają, czy może coś o nim wiem. Co za naród! – prycha z obrzydzeniem.

– Gdzie pani się nauczyła tak dobrze po rosyjsku? – słyszałam te rozmowy.

– Jestem Rosjanką. Urodziłam się w Moskwie i tu studiuję romanistykę.

Czy można się nauczyć na pamięć nowego siebie? Ona zachowuje się w każdym drobiazgu, po gest paznokciem, jak rodowita paryżanka.

Polskie stoisko dostało pierwszą nagrodę. Nic dziwnego, pracowały przy nim ofiarne Polki z Ars Polony. Rozmawiam z tłumaczką „Literaturnoj Gazety", gdy robi się wokół nas ciemno: szare garnitury, obstawa. Nadchodzi minister. Pytam tłumaczkę, jakiej jest narodowości, wygląda mi na Azjatę, a Rosjanie podobno popierają tylko swoich.

– Miała pani na myśli, czy jest Żydem? – odpowiada zaczepnie.

Czy ja wyglądam na antysemitkę, czy to zieje z moich słowiańskich rysów?

– Proszę pani, być Żydem to nie narodowość, to zaszczyt. – Nie wiem, co dalej, wpadam w czarny wir obstawy.

Wyjechać z międzynarodowych targów – gorzej niż wydostać się z rosyjskiego okrążenia. Żeby zmylić wroga, nie postawiono tu żadnych drogowskazów. Kręcimy się po podmoskiewskich lasach. Taksówkarz nie zna drogi, zaczepiani ludzie tym bardziej.

Nigdy, ani w Moskwie, ani tutaj nie usłyszałam odpowiedzi: „Tak, wiem!"
Lepiej nie wiedzieć.

7 IX

Codziennie dzwonię do domu i zazdroszczę im Polski. Byłam na placu Czerwonym. Cerkwie, te kolorowe mają w sobie wdzięk Disneylandu na katordze. Mostem tupie manifestacja studentów, ruskie juwenalia. Zagrzewają ich kołchoźniki charczące: Bolszaja Rossija!
Co ja, świeżo upieczona właścicielka dworku polskiego, robię pod Kremlem? Przeżywam patriotyczną tradycję?

Kolacja z wydawcą w marokańskiej knajpie, na przedmieściach wśród nowych biurowców.
Oczywiście nikt nic nie wie. Ani na ulicy (knajpa otworzona tydzień temu), ani w samej restauracji.
– Ma pani stolik? Na jakie nazwisko?
– Nie wiem. Czekam na swojego wydawcę.
Zamawiam miętowy marokański ulepek i siadam w strategicznym miejscu, nie można mnie nie zauważyć. Po godzinie mam jasność: ten dziwny uśmiech, gdy mnie zapraszał... Chciał dać mi do zrozumienia, że to na mój koszt, żebym sobie pozwiedzała. Przynajmniej uczciwie. Wydawca płacący za pisarza wcale mu nie funduje. Wydaje zarobione przez niego pieniądze.

Mam nowe przysłowie: „Gdy ktoś w Rosji wydaje ci książkę, niech ci się nie wydaje, że będziesz z tego coś mieć".

Zamawiam pierwsze danie w menu. Prowadzą mnie do piwnicy, przechodzę tarasem, gdzie trwa bankiet przy ognisku. Warto było przyjść. Jem podsmażaną gęsią wątróbkę i klocek sorbetu z fig. Niewiele tego, mniej więcej wielkości wizytówki kulinarnego raju. Płacę majątek, trudno. Smakołyki to jedyny cud, który można kupić. Za pieniądze dostaję przeszczep nieznanego zmysłu, bo nowy smak otwiera nowe odczucia. Nie sposób porównać wyrafinowania niedopieczonej, rozlewającej się wątróbki z żadnym innym wrażeniem. Symfonia? Za krótka. Rubensowskie odcienie? Zbyt wyciszona.

Szagajut po Moskwie, trafiam na ulicę Piotrogradzką. Zupełna Kongresówa. To kawałki Warszawy, Łodzi. Wzór zrujnowanego gustu. Oglądam się za jedynymi przystojniakami w tym mieście – młodymi popami. Niezdegenerowani wódą ani niepoturbowani ciężkim życiem. Mają twarze z katalogu: dusza rosyjska, inteligencja religijna. Długie włosy w kitkę, duchowi przywódcy Wschodu.

Idę na mszę, idę na dziewiętnasty wiek. Kobiety w cerkwi umalowane jak pamiątkowe babuszki. Policzki w różane kółeczka, usta na czerwono i narysowane oczy lalek. Wszystkie w chustkach na głowie. Leją sobie herbatę z obtłuczonego metalowego czajnika. Nie jestem gdzieś na Sołowkach, to centrum Moskwy. Błogosławione pięknymi śpiewami i podatkiem jednej kopiejki na odbudowę cerkwi od każdej butelki wody mineralnej. Innej nie da się tu pić.

Na Targach przy polskim stoisku, gdzie już wszyscy wiedzą o moim nieudanym spotkaniu z petersburskim wydawcą i każdy powiedział swoje zdanie na temat Rosji, ustawia się szpaler ciekawskich. Kroczy nim człowiek z Petersburga, w szarym swetrze i brodzie wytarzanej w marokańskiej złocistej kurkumie. Patrzy na mnie ikonowato, groźnie i zadumanie:

– A co, polska księżniczka nie była, zabyła?

– Była, godzinę czekała.

Jedno nie wierzy drugiemu, porównujemy fakty, adresy. Zgadza się. Kiedy jadłam w piwnicy, na górze odbywał się przy ognisku bankiet na moją cześć. Wydawca powiedział rosyjskiej obsłudze, kogo oczekuje, ja też rozmawiałam z Marokańczykiem po francusku. Rosjanie się z nim nie dogadali, my się nie zauważyliśmy. Wydawca nie powiedział mi o przyjęciu, chciał zrobić niespodziankę. Zrobił, z zaskoczenia nie byłam na bankiecie, pierwszym w życiu dla mnie.

Pyta, czy przyjadę w białe noce do Petersburga promować *Polkę*. Upewniam się, czy do tego Leningradu, co jest Piotrogradem. I tak się nam coś pomyli, wolę nie ryzykować.

Wreszcie powrót. Głowacki odleciał dzień wcześniej, szczęściarz. Był moim mental guardem, więc słowiańskiej duszy czegoś brak.

Ominął go wyczyn wracającego z nami polskiego dziennikarza. Nawalony stoliczną nie wyrobił psychicznie widoku sołdatów przy odprawie na lotnisku. Za wszelką cenę musiał się wydostać z oblężenia. – Nie wezmą mnie żywcem – postanowił. Alkohol połączył się mu z genami i bohatersko dał nura w czeluść prześwietlarki bagaży.

Pola z rozwianym włosem, dłuższym od niej zwiniętej w kłębek, śpi na Okęciu w ramionach Piotra.

9 IX

Z samego rana przyjeżdża stolarz sfotografować swoją szafę do albumu rzeczy udanych. Gratuluje mi zajęcia pierwszego miejsca w Moskwie, widział w „Teleexpressie". Przez chwilę jestem Marylą Rodowicz albo sportsmenką. Nie próbuję tłumaczyć, że nie ja, tylko stoisko, w końcu pokazali w telewizji, na jego własne oczy.

10 IX

Dzwonią z miasta, więc jadę. Co za przyjemność nie być w Moskwie. Najpierw do Wydawnictwa, wydają pierwsze w Polsce pocketbooki. Na okładce *Polki...* jabłuszko. Bo Grochola ma gruszkę na *Nigdy w życiu*? Ile to już obrazków z owockiem: wisienki dla homo, jabłuszka dla hetero. Czy na okładkach trzeba wybierać między infantylizacją a porno? Jesteśmy w przedszkolu, gdzie każdy ma szafkę z grzybkiem, w szopkach politycznych są zwierzątka, a dla starszaków silikonowy koktajl z cycków?

W barku Edipressu, gdzie na kolanie robię korektę felietonu, dolatuje mnie zapach grzanek z omastą intelektualną Doroty Maj, naczelnej „Urody": „Żyjemy na wyspach unoszących się nad rzeczywistością".

Z gazet wychyla się wszędzie Kwaśniewska. Tylko 80 procent widzi ją jako prezydenta. Gdzie dwudziestoprocentowa reszta? Przecież kult Matki Boskiej jest w Polsce prawie stuprocentowy.

Skręcam desperacko do sklepu z lampami. Jeśli nie kupię dzisiaj, znowu kilka lat będziemy bez żyrandola. Lepiej od razu zawiesić szubienicę z ogoloną głową żarówki. Nie mogę wybrać, każdy podobny do pałąka i kręcąc się brzydzi.

Zaganiam Polę do ogrodu. Wyślizguje się, wdrapuje na płot. Sąsiedzi z trzylatkiem kiwają ze zrozumieniem, oni mają już to za sobą.

– Kryzys dwulatka – mówią. – Ten wiek nazywa się „parszywym dwulatkiem".

Gdybyśmy codziennie załatwiali jedną sprawę: zmianę adresu, elektrownię, zalegalizowalibyśmy się za dwa miesiące.

Przy lesie domostwa szczęśliwych, zasiedziałych tu wiochmenów. Przed nieotynkowanymi domkami relikwie wspomnień: kwietnik z opon, fotel dentystyczny z wódeczką na metalowej spluwaczce.

Copiątkowy *Seks w wielkim mieście*, cotygodniowa msza kobiecości dla wszystkich moich znajomych. Baśń o kobietach mających seks z mężczyznami. Jeśli trwa on dłużej niż dwie minuty do przedwczesnego wytrysku, to już kochanek tantryk. W Polsce z reguły – tetryk mogący dłużej dopiero po sześćdziesiątce, gdy już niewiele czuje.

Im więcej jestem z Polą, tym bardziej podziwiam swoją matkę. Za jej nadopiekuńczość, kiedy tego potrzebowałyśmy razem z siostrą (nie szła do kina, ulubionej operetki, żeby nie zostawić nas samych), i totalną wolność, gdy opieka już nie była potrzebna: pojechałam na moje pierwsze samodzielne wakacje, mając piętnaście lat, gdy moje koleżanki przed 21.00 musiały być w domu.

Matka jest troską i zarazem obojętnością, inaczej nie dałaby sobie rady. Jest sprzecznością jak miłość. I zawsze cierpi: poświęcając siebie albo zostawiając dziecko dla jego dobra.

Bawimy się z Polą w lesie w chowanego między słońcem a cieniem. Ukryłam się za sosną, przytuliłam do niej. Ma zapach dziecka. Ani rozgrzanego dobra, ani intensywnego zła. Zielony kaprys, ufność ciepła chronionego jeszcze korą.

Zadźganie nożem w sztokholmskim sklepie szwedzkiej minister spraw zagranicznych. Na kilka dni przed głosowaniem Szwedów, czy zgadzają się przyjąć euro. Minister namawiała opornych do wspólnej waluty.

To morderstwo podczas zakupów jest mordem rytualnym w intencji mamony? Ofiara złożona złotemu cielcowi – taki znaczek połyskującego byczka, symbol zjednoczonej Europy, mam w paszporcie na stronie ze szwedzkim prawem pobytu.

Większość polityków to wybrani, do których nie można się dobrać. U tych, którzy trwają pod zmienionymi partyjnymi nazwami jeszcze od czasów komuny, muszą zachodzić zamiast ruchu myśli jakieś ruchy tektoniczne: napierająca płyta czołowa z wysiłkiem wynosi na powierzchnię starą myśl jak starą baśń o uczciwym towarzyszu. Polityka w takim wydaniu jest sezonową robotą dla psychopatów.

Czemu w radiu puszczają namiętnie housik, houseshit japiszonów? Prowadząc, nie odróżniam tego od pracy silnika. Nie jestem dobrym kierowcą, muszę się wsłuchiwać. Czy to zmowa inżynierów, robią silniki pod mechaniczną muzykę?

Znajoma na imprezie producentów AGD dostała dla dziecka pluszowe maskotki, które okazały się puchatą miniaturą pralkowych silników. Specjalizacja firmowych dzieci?

Nocą pojechałam na *Basen*. Cierpliwie czekałam drugiego dna odkrywającego ukryty sens filmu. W finale dowiadujemy się, że historia jest wymysłem i może się nie zdarzyła. Tytułowy basen okazał się nocnikiem podawanym w szpitalach.

Przeniosłam się do drugiej sali na *Hero*. Chyba trafiłam jeszcze gorzej. Rewelacyjny (niestety) przeszczep chińskiej propagandy na amerykański show. Coś w stylu *Spalonych słońcem* Michałkowa – pięknie namalowana kryptoideologia. Mordowany lud się buntuje, ale rozumie, że wyrzynany jest dla dobra stada jak zarażona trzoda. Dlatego gdy będzie mógł, nie rozprawi się z pasterzem, królem albo przewodniczącym. Przyjmie wyrok na szlachetnych buntowników (także tych z placu Tiananmen). Prawo jest ponad wszystko. W Chinach nie łamie się praw człowieka, łamie się tylko człowieka – pokrętność wschodnich tortur myślenia.

14 IX

Mieć dom, w dodatku drewniany, to zupełnie co innego niż mieszkanie. Nie oddzielają nas sztywne płyty ścian wykrochmalonych na biało. Tutaj słychać każdy ruch w więzadłach belek. Trzeszczą, wplatając nas w swój drewniany organizm. Przekazują skrzypieniem każdy impuls.

W łazience na dole słyszę, co się dzieje na górze w przeciwległym końcu – stłumione dźwięki rozmów płyną powolnym pulsem domu zakrywającego nas swoim zdrewniałym ciałem.

Jego belki pachną w słońcu żywicą. Kolorem przypomina trochę bochenek chleba, chrupiący, ze złocistą skórką wypieczoną letnim żarem.

Moja górna wąska warga nie pasuje do zmysłowej dolnej. Mówiąc, ocieram je o siebie – te niedobrane połówki w ustawicznym sporze. Rozdzielające się, grymaszące jedna przeciw drugiej i znowu się tulące, zaciskające na sobie. Może przez usta przechodzi mój prywatny równik. Czemu człowiek nie miałby mieć swoich południków i biegunów. U większości ten równik przecina właśnie usta, południk przechodzi między oczami o różnym kolorze i kształcie, jakby z innych części świata.

O redaktorze Tekieli – anieli sfrunęli i łeb ci odjęli. Jadąc, słucham Radia Józef i audycji Tekielego, mojego przyjaciela ze studiów, gdy jeszcze się nie nawrócił razem z pampersami. Dzwoni do niego uboga matka czworga dzieci zaniepokojona wywiadem, którego gdzieś tam udzielił:

– Leczyłam dotąd moje dzieci homeopatią, bo tanie i skuteczne. Ale odstawiłam, gdy pan powiedział, że to niezgodne z nauczaniem katolickim.

O ile wiem, cuda Ojca Pio nie zdarzają się codziennie w polskich domach. Na anginę też nikt nie przepisuje wody z Lourdes. Czy szykuje się lista antybiotyków uświęconych?

Skąd ta gorliwość redaktora? Neofici są najupierdliwsi – zwalczają samych siebie takich, jacy byli.

15 IX

Dałam Polci życie, więc jestem jej winna swoje. To tak oczywiste jak dzielenie się chlebem, popijanie go winem.

Szczęście, że tylko o tym wiem i pamiętam, a nie muszę czuć. Wyciskać z siebie tego bólu podobnego do rodzenia, gdy coś jej grozi, jej ufnemu uśmiechowi. Najgorszy dzień w moim życiu, gdy miała trzy miesiące i spadła ze stołu. Ta niepewność, czy nie krwiak, czy jej senność nie jest efektem uszkodzenia mózgu. Gdyby odeszła, poszłabym za nią, opiekować się jej śmiercią, kto to zrobi lepiej od matki?

Obiecałam nie zostawiać już więcej Poli dłużej niż dwa dni. A tu zaproszenie do Madrytu. Namawiam Piotra na wspólny wyjazd.

– Nie, nie będziesz miała czasu, my w hotelu, strata forsy. Wolę zostać w ogródku. Wolimy.

Dostałam rozgrzeszenie, ale nie rozpuszcza to poczucia winy, że wypieram się córki pierworodnej. Jej zielonego spojrzenia.

Za płotem pojawił się nowy sąsiad. Ciężar – 3400 gramów, waga godna półmetrowego dżentelmena o imieniu Konstanty.

– Malowaaać! Malooować! – to samo musieli słyszeć od rana, jeszcze śpiąc, rodzice van Gogha i obcięli sobie uszy.

Szwedzi (Piotr i Pola też) zostali przy swoich koronach. Śmierć minister przekonującej ich do euro nie miała więc wpływu... Stara waluta została dzięki Szwedkom – kobiety uratowały swój zamrożony raj.

Morderca biednej minister sfilmowany w sklepie, gdzie ją zadźgał, nosił dres z wielkim, firmowym napisem Nike – bogini zwycięstwa. Jak tu nie mówić o tradycji judeochrześcijańskiej, o którą się kłócą w Brukseli, czy warto umieszczać ją w konstytucji UE, skoro tak czytelna (na reklamowych logo) i nadal wspólna jest mitologia grecka?

W przerwie między waleniem młotkiem po ścianach i montowaniem rzeczy dotychczas niezauważalnych (np. dzwonek do drzwi, pokrętło kaloryfera) jemy w knajpie. Ugotowanie obiadu w tym bałaganie jest niewykonalne. Znajoma kelnerka objaśnia nam na deser:
— Resztę daje się klientowi od grubych do drobnych, żeby było na napiwek. Za barem trzeba odwrotnie, miał na dół, a na wierzch pięćdziesiątki, setki, żeby widział, ile jeszcze może przepić.

Piotr siada z wrażenia przy kredensie. Wygrzebał z niego suche trupki swoich zaginionych grahamek. Chowałam je i wynosiłam z Polą dla koni. Piotr sądził, że zjadamy jego bułki, nawet się cieszył z naszego apetytu. Teraz będzie kupował więcej, dla siebie i konia.

Pola śpi coraz krócej w dzień. Zdarza się, że i trzy godziny, ale wystarcza jej też dziesięć minut. Jakby musiała nadal chociaż na chwilę tracić świadomość. Zanurzać główkę w bajkowym śnie. Obmywać ją z realności.

16 IX

Plakaty przemodlonej „Frondy" ogłaszają rozmowę z Muńkiem. Ten to jest człowiek renesansu, wpisze się w każdą figurę, zupełnie jak nagus Leonarda da Vinci, nawet w krzyż.

Popołudnie w domu. Postanawiam doczytać stronę. Nie rzucać się na pomoc, nie przerywać lektury.
– Jesce! – (pięć razy). – Cie Pola!
– Gdzie to jest? Podaj, pamiętasz? – (kilka razy Piotr).
Huk szkła, trzaskanie drzwiami, mężnie trwam bez ruchu pośrodku kuchennego zamętu. Kobieta niezłomna, matka Polki, pomnik, co nie ruszy ręką, spojrzeniem. Przeczytałam całą stronę! Pierwszy raz od dwóch lat, do końca, w rodzinie.

17 IX

Rano biegnę boso po skrzypiących deskach podłogi. Poranne, zmysłowe przywitanie z drewnem, jego wystawioną na dotyk wrażliwą skórą. Niepokrytą kiepskim makijażem lakieru.
Zdarte do sęków drewno. Dzikie w porównaniu z wytresowanymi i akuratnie wymierzonymi pod kącik panelami.

Czy to nie komiczne mieć dom – urządzać sobie kawałek wszechświata, ściągać do niego skorupki uznane za piękne. Po którymś razie (u mnie chyba dziesiątym) przypomina to zabawę z dzieciństwa – rysuje się patykiem na ziemi pokoje, w nich kanapy, szafy. Ktoś przyjdzie i zetrze albo samemu...

18 IX

Pierwsza wizyta moich rodziców. Tata, wychowany na wsi, jest wreszcie u siebie. Radzi wpuścić do ogrodu sarenki i pawie, miał takie w swoim, przed wojną. Mama z łódzkich czynszówek od razu pokochała malowaną wieś, czyściutką jak z czytanek.

19 IX

Odwozimy rodziców do Łodzi. Skręcamy za Rawą Mazowiecką, gdzie mama jako Tereska Topolska sześćdziesiąt lat temu spędzała wakacje w rodzinnych stronach babci, wśród skierniewickich chłopów. W opłotkach szukamy kogoś, kto by pamiętał.

Słyszymy w odpowiedzi bełkotliwe narzecze: – A coo? Cosik, ino. – Ledwo trzymający się płota chłopi o twarzach powyginanych w przedziwne miny. Kolekcja angielskich ekscentryków, lordomordy wynurzające się z łanów żytniówki. Między nimi drepczą białe pisklęta dinozaurów. Bulgoczą „gulgul", co kwalifikuje je na indyki albinosy.

Być może dzieciństwo mojej mamy rzeczywiście jest zbyt odległe, by ktoś je pamiętał, w jurze wśród baraszkujących dinozaurów i ewoluujących tubylców.

20 IX

Ajnowie – najstarsza ludność Japonii o europejskich rysach. Odnaleziono ich także na Nowej Gwinei. Nie wymieszali się z tubylcami, ale przejęli część ich zwyczajów, nadając im własne wyrafinowanie. Do niedawna jedli ludzkie mięso. Posypywali je, niemal marynowali w cynamonie, gdy nowogwinejscy kanibale zadowalali się surowizną.

Ze swoimi przodkami nie rozmawiają po hamletowsku wzorem miejscowych gadających do czaszek. Robią to przez zasłonę. Dziewczyna o najdłuższych włosach czesze je grzebieniem z ludzkich zębów i powtarza, co słyszy od duchów szepczących jej do ucha.

Czytam o Ajnach, co sama napisałam oczywiście. Naprawdę żyją w Japonii, Gwinejczycy na Gwinei, a reszta to bujda. Lubię cynamon.

21 IX

Kroję na pół ciabatkę, trzymam pionowo i ściągam jej skórę „z karku". Jakbym rozkrawała pulchne zwierzę. Ciągoty wegetarianina?

22 IX

Przesłuchania Komisji Śledczej. Cynamonu!!!

Na trasie, w ostrym trafficu czuję wspólnotę z innymi. Te same emocje, prędkość, jedynie wtedy. Z samochodami?

23 IX

Zasadziłam pod płotem cytat z Celnika Rousseau – katalpę. Drzewo o jasnych, olbrzymich liściach. Każde z nich jest osobną rośliną, dłonią otwartą na słońce i deszcz. Żadne pokrętne listeczki, całe ścięgna, ukrwione mięśnie roślin.

24 IX

Rozsiadam się w kącie, skąd widać ogród i kominek, piętro, drzwi wejściowe. Jestem wreszcie u siebie, wróciłam do siebie. Dom drzazga po drzazdze wyjmowanej wieczorem wrasta we mnie. Dwa lata temu po przeprowadzce ze Szwecji do mieszkania w Józefosławiu pisałam: „Mój dom pod Lasem Kabackim spadł w czterech rogach na cztery łapy po przeprowadzkach, podróżach, jednym rozwodzie i kilku kulawych miłościach. Jeżeli będzie trzeba, jeżeli się zachwieje, bo ktoś w kłótni trzaśnie drzwiami, podeprę ściany piątą nogą z kurzej łapki. Niech świat się kręci wokół niego, skoro taki pokrętny. My z domem stoimy nieruchomo, fundamentaliści szczęścia aż po dach. Nie muszę już spacerować po szwedzkich skałach. Pod nogami piasek i błoto Mazowsza, najbrzydszej krainy w Polsce. Płasko nijakiej. Wyjechałam ze Szwecji... uciekłam. Od sprawiedliwego dobrobytu do narodowej bidy z rodzynkami luksusu. Od nordyckich ciemności do mętnego światła polskich zmierzchów. Tęskniłam za Europą: wsiąść do pociągu, samochodu i pojechać na południe bez planowania promów, samolotów koniecznych, żeby wydostać się ze szwedzkiej wyspy. Poczuć zapach prawdziwego chleba i emocji. W Sztokholmie urodziłam córeczkę. Nie chciałam słuchać jej szwedzkiego szczebiotu, języka, którego słowa nie wślizgują się mi gładko w ucho. Przypominają wieczny świst chłodnego wiatru. Namówiłam więc Piotra na powrót". I po roku w Józefosławiu: „Wracam do mojego mieszkania, barykady ścian oddzielającej od Warszawy. Nie umeblowaliśmy mieszkania «do końca». Chyba ze strachu, żeby kredensy i szafy nie przygniotły nas tutaj na wiele lat. Zasłaniamy się kwiatami przed tym, co za oknem. Nasz nowy dom osiada i białe ściany są popękaną skorupką jajka. W środku nasze pisklę – Pola".

Może i z tego domu się wyprowadzimy. Ten prawdziwy dopiero w nas rośnie?

Z Wydawnictwa Santorskiego przysłano książkę o Kenie Wilberze *Pasja myślenia*. Na okładce jego zdjęcie: ogolona głowa jogina playboya, szpilki spojrzenia zza okularów. Twarz Wilbera jest logo, gwarancją wiarygodności tego, co pisze. Nareszcie Kalifornijczyk, nie aktor, do podziwiania. Trochę w nim żydowskiej, pracowitej autoironii Woody Allena produkującego co sezon nowe dzieło o sobie i świecie.

Jeden smak Wilbera, moja ulubiona książka, jest słowem pośród newage'owego i postmodernistycznego bełkotu. Po-strach dla współczujących, a naprawdę półczujących idiotów. Przewodnik intelektualny na nowy wiek, gdzie ani liberalizm, ani konserwatyzm nie znaczą już tego, co dawniej. Mam nadzieję, że będzie czas przeczytać przesyłkę w Madrycie.

Teraz siedzę nad najnowszym numerem „Psychologies". Psychiatra Francine Shapiro, też Kalifornijka, wymyśliła metodę terapii przypominającą znachorskie praktyki. W trakcie opowiadania traumatycznego zdarzenia trzeba palec albo ołówek przesuwać przed oczyma, od lewego do prawego. Rewelacyjne skutki – palec czy inny przedmiot przepycha przez jelita zwojów mózgowych niestrawioną traumę. Być może praca oczu porządkuje pliki zablokowane urazem. Próbuję, mówiąc „Byłam w Moskwie", i przesuwam palec według metody EMDR (Eye Movement Desensitivation and Reprocessing).

Sprzedano „Panią", do której piszę. Ciekawe, co będzie. Zarządzająca nią dotychczas Krystyna Kaszuba miała tę wielką zaletę, że nie wtrącała się do felietonów. Wydaje się to normalne, ale ludziom się tak w głowach porobiło, że mylą felietonistę, któremu płacą za najbardziej subiektywne opinie, z dziennikarzem zobowiązanym do obiektywizmu i piszącym pod dyktando poglądów redakcji.

Dziennikarze mają pełne usta oskarżeń o korupcję. Co sami robią, co robią ich gazety będące gwarantami wolności? Czwartą władzę zamieniają powoli w piątą kolumnę. W działach kulturalnych gazet z góry wiadomo, kogo pochwalą, kogo wyśmieją. Nie ma to nic wspólnego z poziomem książki, spektaklu. Można się usprawiedliwiać upodobaniami naczelnego, linią pisma, ale gdzie w takim razie są ci odważni intelektualiści czy krytycy?

Ilu jest niezależnych felietonistów mających własne zdanie i możliwość jego powiedzenia po latach praktyki z upierdliwymi redaktorami? Pilch, Tym, Rybkowski, Ziemkiewicz. Szczepkowska – nie pasuje do reszty, ale ją lubię, jej opisy prywatności. Tę albo się kupuje w całości, albo odrzuca bez cenzury, mam nadzieję.

Mnie zawsze znosi na manowce publiczne i zostaję kobietą publiczną dla redaktorków wymagających perwersji współżycia z ich opiniami, skoro płacą.

25 IX

Pierwsze niespodziewane odwiedziny – Narcyz w naszym ogrodzie. Pola próbuje go przegadać, zwrócić uwagę na siebie. Nic z tego. On roztacza aromat swojej osobowości. Widząc, że z nim przegrywa, Pola bierze kocyk i redukuje się do kłębka, zasypia na ławce. Podnosi łepek, gdy wujek Narcyz zbiera się do wyjścia. Teraz zaczyna kiełkować ona, swoimi zielonymi oczami.

Kumpel z czasów studiów nie dał się zagonić do humanistyki, ma popłatny zawód. Poszedł na rozmowę kwalifikacyjną.

– Słyszeliśmy o panu dobre rzeczy.

– Dziękuję.

– Więc obniżymy panu pensję o jedną piątą.

Waha się, czy przyjąć propozycję, nie z powodów biznesowych. Oddziela manipulację emocjami od logiki. Prosi o czas do namysłu, chce zanalizować bezsens sensu, który właśnie usłyszał. Wtryniają się mu w rozmyślania w środku nocy, ze strachu, że go stracą:

– Ależ zgadzamy się na wyższe wynagrodzenie.

– Za jakie grzechy człowiek musi być szynką rzucaną na ladę tych kupczyków? Plasterek po plasterku obierany z godności? – podłamuje się.

– Jesteśmy płascy! Dwuwymiarowi, to najnowsza teoria fizyczna opisująca do składu i ładu wszechświat będący wielkim hologramem – pokazuję Piotrowi rysunki ze „Świata Nauki".

– Zawsze lubiłem małe biusty – sprowadza kosmos do swoich ulubionych wymiarów.

Próbuję mu przemycić hologramową rewolucyjność za pomocą Hildegardy z Bingen, jej wizji świata w krysztale oświecanym Duchem Świętym. Nic. On nie odróżnia hologramu od halogenu. Zmienia temat, sadzając mnie przed oknem i zachodem słońca.

– Zobacz – pokazuje na pole przed domem – Chełmoński: babina w zapasce piecze ziemniaki w ognisku.

– Obrazy są też dwuwymiarowe...

– Chełmoński, Corot – licytuje krajobraz.

26 IX

Jedziemy do Warszawy i w radiu Muniek śpiewa o stolicy. Tępe olśnienie błyskiem brudnych szyb wieżowców. Warszawa to Muniek w ciemnych okularach. Tak samo prowincjonalna, fałszująca. W przyciemnionych szybkach limuzyn i biurowców dla ukrycia wad. I wiecznie z siebie zadowolona.

27 IX

Jedni nie wierzą w życie pozagrobowe, ja we fryzjerów. Nie proszę już więcej o nowe uczesanie – może mieć skutki nieudanej operacji plastycznej. Przestałam chodzić do słynnych obcinaczy po nieodwracalnej rozmowie o filmach:

– Miałeś mnie ostrzyc na Meg Ryan, tak jak za ostatnim razem.

– No jest.

– Giulietta Massina z *La strady* – łapię się za kosmyki. – Miało być z *French Kiss*, no tego, gdzie Meg Ryan całuje się z Kleinem.

– Oooo – żadnej skruchy, i tak będzie skubał dzianych klientów. – Pomyliłem filmy.

U zwykłego fryzjera w centrum handlowym jestem bezpieczna, nie rozmawiamy o kinie, proszę dwa centymetry krócej. Na fotelu obok dziewczyna chce uchylić okno: – Za bardzo czuć chemię – tłumaczy.

Dopiero wtedy zdaję sobie sprawę z mojego osiągnięcia ewolucyjnego: wychodząc z domu, instynktownie uruchamiam zapadki blokujące węch. Wychowałam się przecież w śmierdzącej komunie, czasami nadal zalatuje.

28 IX

– Dom nie lokomotywa, nie odjedzie, nie? – Piotr nie jest do końca pewien. Rozbuchany kominek nie może wyhamować i coraz głośniej buzuje, prawie gwiżdże.

„Wróżka" proponuje mi felieton. Może nadarza się okazja, by z miesiąca na miesiąc pospisywać to, z czego kiedyś chciałam mieć książkę o drugiej stronie kart tarota, koszulkach czarownicy? Redakcja pyta, jak zatytułować cykl. Oni są od magicznej strony życia, proponuję więc bezpretensjonalne „Życie przed śmiercią". Nie przechodzi, za banalnie prawdziwe.

Powtórka *Butch Cassidy i Sundance Kid*. Uwodzicielscy Redford z Newmanem sprzed lat.
– Wdzięczą się do siebie, ale nie ma w tym nic homoseksualnego – dziwi się Piotr.
– Może oddziela ich męski brud – sądzę po westernowych koszulach.
Patrząc na ich młode trzydziestoletnie twarze, nie umiem docenić starości. Dla niej nawet najlepsze portrety są zwykłymi, odrzucanymi szkicami na kartce pomiętej w zmarszczki.

W pracowni u Misiaka. Stosy kolorowych pism potrzebnych jej do pracy. Dawniej u znajomych były paczki samizdatowej bibuły. Coś jednak zostało wspólnego. W tych nowych gazetach stylizują wszystko: od sesji mody po niby-reportaże, więc można się też wystylizować na wartości.

Przed domem sołtysa naszej wioski leją asfalt. Mimo że smoliście czarny, ma czerwonawy połysk dywanów rozwijanych przed osobistościami. U nas malownicze koleiny.

Przyjaciel Filozof przynosi nową umowę o pracę. Twierdzi, że dokonuje eksperymentu na sobie samym, żyjąc w kraju wczesnokapitalistycznym. Odmówił firmie ceniącej go mniej z tego powodu, że ma dobrą opinię. Zaryzykował gdzie indziej. Przyniósł projekt umowy: pół pensji stałej, a druga część zabierana za karę lub darowana w nagrodę. Nie ma to nic wspólnego z premią.

– I co? – pytamy jak o trafienie w totolotka, bo i połowa pensji astronomiczna.

– Moja opinia jest taka: w kapitalizmie płacą za to, że jesteś narzędziem, dyspozycyjnym i cholernie sprawnym. A ci, dopiero kiedy uznają cię za narzędzie, wypłacą resztę pensji. To jest post- czy prekapitalizm?

Jedyna z chwil zmierzchu, gdy za oknem kolory, światło i dźwięk są w tej samej tonacji.

29 IX

– Mogełam, bojałam – każde dziecko mówi logicznym esperanto. Dopiero z czasem uczy się błędów i przekręceń zwanych dumnie tradycją językową.

Znowu Muniek, przed północą w TV. Obchodzi dwudziestolecie publicznego seplenienia. Ciechowski też seplenił, jednak układał słowa i muzykę, przy których nie zwracało się uwagi na problemy z wymową. Może Muniek nie ma innych problemów? Świat też się już niczym nie przejmuje, nie zmutował, ale zmuńkował.

Co rano wsadzam do miksera banany, marchew na świeży sok dla Poli. Mogłabym kupować gotowe, prościej. W tym sokowirowaniu podejrzewam się o przerabianie własnych bulw i narośli psychicznych. Miażdżone jabłka to moje owocowe piersi, z których cieknie sok, hucząc na cały dom. Zagłuszając wspomnienia: nie karmiłam, z braku mleka. Najchętniej przegryzłabym sobie wtedy sutki, żeby dawać jej do picia krew. Na porodówce wyciskano mnie maszyną, która odciągała jakieś żałosne krople. Gdyby skonstruowano mlekowirówkę, byłoby więcej.

Zazdrośnie patrzę na krowę za oknem. Wyprowadzający ją chłop stoi przy niej, jakby dostał od żony polecenie:
– Idź no, Zenek, na pole i zrób mleka do kawy, bo zabrakło.

Dzwoni Głowacki, nigdzie nie ma przewodników po Madrycie. Wykupili ludzie prezydenta, wszystkie sto z całej Warszawy. Tylu się ich chyba zmieści do samolotu na madrycką konferencję.

– Co w niej jest? Oczu oderwać nie można, a zwykła taka – zastanawia się Piotr, oglądając zajawkę filmu z Liz Hurley.

Misiak mówi to samo. Na sesję z Hurley zeszli się faceci z okolicy, chociaż w innych studiach były młodsze, bardziej rozebrane modelki.

– Ona ma oczy w kształcie orzęsionej cipy, nie widzicie? – podsuwam rozwiązanie.

30 IX

– Mamusiu, ja siebie lubię – odkryła dzisiaj Pola, przewijana w pośpiechu.

Zaraz mam samolot, jest strajk taksówkarzy i mogą być korki.

– I niech ci tak, dziecko, zostanie do końca życia – proszę.

– Amen – potwierdza Piotr.

Dzisiaj w łepetynce odłupała „ja" od „siebie". Przewrót kopernikański w drewnianej chatce. Przytulam Polcię. Nieważne, kim będzie jej „ja", nieważne, jak ma na imię. Dla mnie prawdziwe to zawsze „moja córeczka". Tym, co dzisiaj powiedziała, zrobiła wielki krok w kierunku samej siebie, tak podobny do jej pierwszego samodzielnego kroku. Gdy mając roczek, pewnie stanęła na nóżkach, wyciągaliśmy do niej ręce, czekając, kogo wybierze:

– No chodź, chodź do mamusi!

– Chodź, chodź do tatusia!

A ona nie poszła ani do mnie, ani do Piotra. Podreptała do uśmiechniętej, szczęśliwej dziewczynki w lustrze.

Spóźniłam się na samolot. Ale *no pasaran*, nie odpadnę walkowerem. Głowacki z Foglerem, szefem Ars Polony, holują mnie telefonami: Próbuj, próbuj. Jeszcze masz dwadzieścia minut, dziesięć, jeszcze nie wpuszczają.

Heroicznie po czasie wkraczam na lotnisko, miałam farta: samolot odleci godzinę później.

W kolejce do odprawy, wśród rodaków wymyślam nowe logo polskich linii. Mało kto na świecie rozumie napis „LOT". Zamiast tego przednia rufa, pysk, czy jak to się tam nazywa w samolocie, powinna być ozdobiona wielkimi wąsami rozwiewanymi wiatrem. Wtedy każdy, z ziemi czy powietrza, rozpozna: Polska.

Gdyby jeden wąs był na biało, drugi na czerwono, to wyparłyby narodowo i patriarchalnie latawiec mający nas reklamować w Europie.

Z przesiadką w Paryżu lecimy pół dnia. Wkuwamy z Głowackim samouczkowy hiszpański. Decydujemy się perfekcyjnie opanować: *Yo soy Carlos*. Wykrzykujemy to taksówkarzowi w Madrycie, a on ucieszony, że go znamy, potwierdza: *Si, si, yo soy Carlos*.

Ma ręce zajęte kierownicą, więc gestykuluje twarzą wyrażającą ulgę – wreszcie koniec upałów. Wyciąga język w stronę uchylonego okna i zlizuje deszcz, rozumiemy, że pierwsze krople od wiosny. Co za sugestywny kraj. Ma się ochotę powąchać niebo nabrzmiałe deszczem, jest tak blisko.

Kwaśniewski i orszak biznesmenów idą do pałacu słuchać Chopina z okazji Dni Kultury Polskiej. My z Głowackim też chcemy do króla. Nie daliśmy, co prawda, ani grosza na *Quo vadis*, ale również czujemy się twórcami.

Stanowcza odmowa, trzeba było załatwiać wejściówki wcześniej. Postanawiamy się odciąć od rządowych ważniaków. Będziemy mówić, że my nie przylecieliśmy z okazji Dni Polskich. Hiszpanie zaprosili pisarzy na G: Głowackiego i Gretkowską, z okazji pięćdziesięciolecia odkrycia punktu G.

PAŹDZIERNIK

1 X

Niebo jest dzisiaj kopią z el Greca, z nieba deszcz. Na szerokiej madryckiej Gran Via, gdzie mamy hotel, poranne zapachy *churros* – narodowych rogalików maczanych w kawie i czekoladzie. Co ja robiłam pięć lat w Paryżu? Tu jest rozmach, przestrzeń i metropolia. Nic z francuskiego wypicowania, bez szpanu innych stolic. Ludzie normalni, no, prawie... charczą barbarzyńskie *h* z głębi gardła i warczą *rrrr*. Do tego dziecięce, sepleniące *c*. Dziecko i dziki zarazem. Hiszpański ma kilka oktaw skrajności: od skowytu korridy do kwilenia dzieciątka noszonego w procesjach.

Zaczynamy jeść hotelowe śniadanie o 9.00. O 11.00 schodzą się Hiszpanie. Odprawiają długimi *churros* poranne *fellatio* na słodko – łykanie własnych erotycznych snów.

Priekrasnyj Janusz prowadzi mnie do Prado i popycha w obrazy. Najpierw średniowieczne madonny. Kneblują oseska sycącą doskonałością cyca. Kula świata w usta.

Chcę się jeszcze powłóczyć po salach, nacieszyć tą gotycką ciszą przyklejoną farbą do płótna i desek. Głowacki ma jednak swój plan. Zagania mnie jak zwierzynę przed Boscha.

Staję przed znanym z popkulturowych makatek *Ogrodem rozkoszy ziemskich* i dostaję mdłości. Jedyny raz w życiu mdliło mnie tak w ciąży, a na pewno nie przed obrazami. One są zawsze szczelnym akwarium, z którego nie wypełznie żaden z namalowanych potworów. U Boscha jest gdzieś pęknięcie. Znalazł sposób, by przelać swoje koszmary prosto w oglądającego. Nie patrzę na niego tylko oczami. Daję się wciągnąć węchem, brzuchem, pobladłą skórą, tak jak on malował – całym sobą. Wymieszał oślizgłe skorupiaki, rośliny wbijające się w ludzkie ciało, wplątane w żywioły i syfilis.

Po piekielnej, lewej stronie tryptyku autoportret Boscha. Jest diabelskim Antychrystem przedrzeźniającym Chrystusa, bo też umiera od ran. Sączących się ran syfilisu – choroby miłosnej, na którą cierpiał. Ma upiornie białą twarz wychylającą się z ciała tak okaleczonego, że przypomina ono bardziej kokon, z którego wylęgła się głowa. Umęczona wyobraźnia Boscha podana jest na tacy tego obrazu niby wykwintne danie z owoców morza. Jeśli nie od nich, to na pewno od niej zalatuje rozkładem.

Namalowany tu świat nie jest doskonałą kulą, podwodną perłą. To przemyślnie skonstruowana pułapka. Wystają z niej pożerane ludzkie kończyny.

Wieczne bycie, jego ogniste krople spermy kapiącej z pokolenia na pokolenie może ugasić tylko jeszcze większy płomień – apokaliptycznego końca namalowanego w epilogu.

Słońce Boscha nie świeci. Jest wysuszonym plasterkiem pomarańczy. To, co on maluje, ma inne słońce, nie z tego świata. Z wyobraźni żerującej na życiu. Urągającej jego kalekiej skończoności. Bluźnierczy tryptyk obejmuje widzów skrzydłami zamieniającymi się w jadowite macki. Przytrzymują one przed obrazem ofiarę z ludzi już na wpół przegniłych grzechem. Stąd ten smród, ode mnie samej? Czy od perwersyjnego zestawienia bladości z przegniłym różem?

Potem Goya. Albumowe reprodukcje nie mają z nim nic wspólnego. Jest współczesny jak każdy koszmar. Późny Goya – ślepy, głuchy – malował to, co odcisnęło mu się w środku, w jaskini czaszki. Bez złudzeń, bez koloru, czernią i szarościami. Biel nie jest u niego światłem, jest przerażeniem, że coś widać, że nie dało się ukryć.

Sabat Goyi – groza diabła, wokół którego się rozgrywa, jest właśnie ze spojrzeń. Z wyglądu czarne krówsko, w oczach wpatrzonych w niego czarownic – demon.

Dobitność hiszpańskiego to najlepszy podkład dźwiękowy dla tych wykrzyczanych obrazów.

Uciekam z Prado, z tej świątyni sztuki, ze świątyni ludzkiego nieszczęścia. Na koniec kątem oka *La venerable madre Jeronima* Velasqueza. Portret zakonnicy jest portretem inkwizycji o płonących oczach, w czepeczku niemowlęcia i z grzechotką krzyża. Okrutna niewinność ognia.

Wracam do hotelowego pokoju. Kładę się na łóżku i w półśnie, gdy nie jestem już sobą, a nie ma jeszcze sennych postaci, zapadam w panieński pokój. Podobny do tego, przyciasny, ale od którego wszystko może się zacząć. Krakowskie pokoje, akademiki, paryskie *chambre de bony*, gdzie przysiadałam się ciągle do zawzięcie milczącej samotności.

Jadę na telewizyjną próbę *Antygony w Nowym Jorku* Głowackiego. Prowadzi ją Żywilla, polska reżyserka litewskiego pochodzenia od lat mieszkająca w Madrycie. Wczoraj wystylizowana na Polkę z klipsami i koralami, dzisiaj jest wreszcie sobą w całej skali człowieczeństwa po hiszpańsku. Prowadzi swój teatr jak eksperyment z tkankami macierzystymi, czyli aktorami. Z nich może wyhodować na scenie, co chce: wątrobę, króla, żebraka. Zatrzymali się gdzieś w rozwoju, nie wrastając w jedną rolę: bankiera, fiuta, matki.

Po próbie siedzimy z aktorami *Antygony* w knajpie, jedząc tapasy: wybór od chleba po przywry w oleju – Bosch z mnóstwem zapieczonych oczek.

Zjawia się dostojna Mate, aktorka Almodovara, popatrzeć na priekrasnego Janusza. Aktor z drugiego końca stołu, chcąc odwrócić uwagę od jej majestatu, woła, że jest Polakiem.

– Tak, tak – potakuje Żywilla – Katalończykiem. Zaraz po moim przyjeździe do Madrytu zobaczyłam w metrze napis: „Śmierć Polakom!" Uciekłam do domu i w ryk. Gosposia wytłumaczyła mi, że Polakami przezywają Katalończyków, bo skąpi (?) i mówią po swojemu.

Trzydziestoletnia Antygona obgryza do wina paznokcie.

– Ona straciła w dzieciństwie ojca? – pytam Żywillę.

– Skąd wiesz?

– Nie wiem, czuję.

– Czarownica – twierdzi Joasia, dziennikarka z polskiej ekipy telewizyjnej, kręcącej wyczyny Janusza. Jest podobna do Rity Hayworth z *Oddzielnych stolików* albo do ślicznej dziewczyny z telewizora w sztuce Pilcha, o tym jak samotny pisarz zakochał się w spikerce.

Wygadałam się z tą Antygoną. Próbuję przykryć metafizyczny nietakt przykrótką teoryjką: – Nasze ciała są pantomimą tików, niezauważalnych gestów, mrugnięć i drgawek opowiadających historię każdego z nas – spoglądam na ścianę, skąd przywołuje mnie spojrzeniem martwa puenta mojej opowieści: łeb byka zabitego przez najsłynniejszego toreadora pchnięciem w nozdrza.

– Przyjdę jeszcze raz popatrzeć na Janusza – mówi godnie Mate w jego stronę. A ja słyszę klątwę.

3 X

Obrady usprawiedliwiające nasz przyjazd do Hiszpanii: „Pisarze krajów wchodzących do Unii. Z czym do Europy". Moglibyśmy wyjść z sali po obejrzeniu scenografii: stół przykryty zielonym obrusem, paprotki, szklanki z wodą i wizytówki, moja: Doña Manuela. Niestety za nami jak na froncie kroczyła brygada europejskich urzędników i kamer wyłapująca dezerterów.

Głowacki zaproponował uznać czarny humor za polski wkład w Europę. Po jego przemowie przyszła kolej na mnie.

– Do Europy wchodzą narody, to czuć nacjonalizmem. Pisarz czołga się indywidualnie. Co do mnie, nie robię tego ani na wschód, ani na zachód, tylko w górę, do Pana Boga, skąd lepszy punkt widzenia.

Ukłoniłam się, gracja.

Hiszpanie wniebowzięci, oni i Polacy toczą boje o judeochrześcijański wstęp do konstytucji europejskiej. Ja nie o tym, chciałam dopowiedzieć erratę, ale już bracia po piórze – Węgrzy, Łotysze, Estończycy – zaczynają wyskubywać z siebie idee, obnażając pypcie myśli: narodki takie jak nasz, idące na rzeź cywilizacji, euro, wspólna kultura, duma z siebie i tożsamości. Przemowy według szablonów propagandy jednakowo obłudnej, niezależnie od systemu rządów.

Słuchając ich, walczymy z Głowackim pod stołem o zachowanie naszej tożsamości. Na stole obrad płynie *Transatlantyk* pod wezwaniem Gombrowicza ruszający w *Rejs*. Janusz zaczyna recytować pod nosem fragmenty swojego rejsowego scenariusza: „Znamy się mało... Więc może ja bym powiedział parę słów o sobie, najpierw. Urodziłem się... Urodziłem się w Małkini w 1937 roku. W lipcu. Znaczy się w połowie lipca... Właściwie w drugiej połowie lipca. Dokładnie 17 lipca. No... to tyle o sobie na początek".

Słoweniec mówi coś w oryginale, wykrzykuje, że jego język jest piękny, może woła o ratunek, tonąc w Europie. Węgrzy na to, że są samobójczo smutni, ale Unia ich uratuje, więc dążą.

Wreszcie po godzinie mam własny pogląd. Głowacki odradza mi jego publiczne wygłaszanie. Zresztą do mikrofonu dorwali się Łotysze i recytują po swojemu Rilkego.

Powiedziałabym, że objawiła mi się Unia Europejska na równinie europejskiej. Była jedynym wychodkiem w okolicy, drewnianą sławojką z gwiazdkami zamiast serduszka na drewnianych drzwiach. Wokół narody przestępujące z nóżki na nóżkę. Wejście do niej w miarę upływu czasu z naturalnej potrzeby zamienia się w fizjologiczną konieczność. Kto nie wejdzie, ten się obesra (proszę akcentować na ostatniej sylabie, wtedy słowo to zabrzmi szykowniej, z francuska) i będzie smród na kilka pokoleń. Podobny do tego, który przenika w mentalność z naszych publicznych szaletów.

Idziemy się po tym uchlać, zmyć wstyd. Słusznie mówił Gombrowicz – pisarza może skompromitować tylko inny pisarz, estoński, łotewski, każdy. Zamawiamy kieliszek, dwa czekolady w czekoladerii na starym mieście. Indianka podaje nam „trunek Majów". Po pierwszym gorącym łyku obserwuję, czy Głowacki przeżywa tak samo. Językiem rozcieram coś, bo to nie czekolada. Rozcieram smak samej siebie. Upajam się sobą, słodyczą, głębią.

4 X

O świcie z moją Wydawczynią wsiadamy w pociąg zwiedzać Eskurial. Popija anginowe antybiotyki piwem, opala się na peronie i ma coraz większy dekolt. Podziwiam ją i Eskurial.

Ten hiszpański Wawel nie jest ponurą twierdzą, o czym rozpisują się przewodniki. Oszczędny zen, bardzo rozsądnie wymyślony na tutejszy afrykański klimat. Wysoko w rześkich górach, grube mury. Wawel jest przy tym wesołą stodołą, ale u nas polityką kulturalną nie zajmowała się inkwizycja.

Po Eskurialu podmiejskim pociągiem do Segowii. Nie wypadamy z rytmu wzniosłości – głośniki zamiast radiokataryny przebojów nadają Bacha z Haendlem.

Na wzgórzu mauretański zamek, największa atrakcja miasteczka – średniowieczna koronka wieżyczek i baszt. W tle złote rżysko z ceglanymi stogami kilku romańskich kościołów. Reszta Segowii to ścisk:

maszkarony katedry dziobią okna domów. W samej katedrze nadtłok Zbawicieli: ścieżka dwudziestu krucyfiksów obwieszonych Chrystusami o prawdziwych włosach i szklanych oczach.

Wydawczyni, w gorączce, kupuje wielką lampę marokańską z drutu i szkła. Taska to przed sobą, Diogenes poszukujący czytelnika albo pisarza. Wieczorem trzęsiemy się z zimna, jest dwanaście stopni – my, wystrojone po madrycku w letnie sweterki. Czekając na taksówkę, tulimy się do rzymskiego akweduktu w dole miasta. Stąd wzgórze Segowii jest lawą gruzu zastygłego w zabytki, układającego się warstwowo epokami po wybuchu wulkanu Historii.

5 X

Piotr tak mnie zaszczepił na miłość doustnie i dopochwowo, że nie zauważam żadnego banderasa. Wreszcie powrót. Pół dnia lotu.

W Paryżu przesiadamy się na Air France i po dwóch godzinach Okęcie. Samolot podrywa się, zamiast lądować.

– Co jest?

– Nic. – Tłumaczę Głowackiemu francuski tekst:
– Dla bezpieczeństwa pasażerów wyrzucają jakiś gaz.

Szczęśliwa podświadomość nie dopuszcza zagrażającej jej prawdy.

– Gaz? – Janusz słyszy teraz angielską wersję.
– *Gasoline* to benzyna.

Bezpieczeństwo ma polegać na uniknięciu pożaru i zwęglenia zwłok. Będą mogli wtedy wydłubać z nas DNA, jeśli uda się przy drugiej próbie wylądować z zaciętym podwoziem.

W dziesięć minut przechodzę przez wszystkie podręcznikowe fazy zderzenia ze śmiercią. Negacja – pierwszy objaw – już była: gaz to nie benzyna. Później klasyczne niedowierzanie: właśnie teraz? Absurd.

Na koniec targowanie się i bunt polegający na szukaniu poduszek ochronnych.

– Muszą gdzieś być, w amerykańskich samolotach są – Głowacki szpera pod fotelami.

We francuskich jest w zamian *petit déjeuner*.

Krążymy nad Lasem Kabackim, gdzie prawie codziennie chodziliśmy na rodzinne spacery koło pomnika ofiar katastrofy lotniczej.

Los mnie ostrzegał, spóźniłam się na samolot do Madrytu, teraz w Paryżu Francuzi nie chcieli mnie wpuścić z podartym biletem. Miałam tyle okazji, palec opatrzności za każdym razem wyciągał mnie z tej zbiorowej egzekucji w niebie.

Żadnego strachu o siebie, no, może nieprzyjemny dreszcz. Myślę tylko o Piotrze i Poli, czy tam na ziemi nie zostawiam ich na lodzie, czy dadzą sobie radę. Powoli spadamy. Podajemy sobie ręce.

– Trudno – żegnamy się.

Zgrzyt i otwiera się podwozie. Wylądowaliśmy.

– Pięknie umieraliśmy – gratulujemy sobie życia.

6 X

Trzydzieste dziewiąte urodziny i tyle braków, np. kryzysu czterdziestolatki. Przeżyłam go w przedszkolu, bo mając pięć lat, wiedziałam już, kim będę. Drugi powód opóźnienia – to, że nie mam normalnych czterdziestu lat. Dziecko w wieku wnuka, późny start w dorosłe życie, a w profesjonalno-etatowe w ogóle.

Nie umarłam wczoraj rok młodsza. Nie wsiądę przez najbliższy rok do samolotu. Nie z lęku przed śmiercią, to się da wytrzymać. Gorsza jest bezradność, minuty oczekiwania.

– Chciałabym pisać felietony.

– Nie, nie wierzę w intelektualną siłę felietonów.

Po tej rozmowie z Najsztubem, naczelnym „Przekroju", wyhaftuję sobie na koszulce „Jezus był też inteligentny".

Czy powinnam mieć drugie dziecko? Jestem coraz starsza... A jeśli urodzi się chore (ledwo daję radę wychować zdrowe), lub gorzej – jest 50 procent prawdopodobieństwa, że chłopiec. Za duże ryzyko.

W prezencie urodzinowym dostaję trzy godziny wolnego. Czytam *Genom*, nie żebym urodzinowo rozdrapywała dziedzictwo. Fragment o genomie i jego makroprzygodach: „Hermann Muller był pod każdym względem typowym wybitnym żydowskim uczonym uchodźcą przekraczającym Atlantyk w latach trzydziestych ubiegłego wieku, poza jednym: kierował się na Wschód. W 1932 roku jego płomienny socjalizm i równie płomienna wiara w selektywne płodzenie ludzi, eugenikę (chciał, by dzieci starannie hodowano, tak by miały charakter Marksa lub Lenina, chociaż w późniejszych wydaniach swojej książki rozsądnie zmienił to na Lincolna i Kartezjusza), zawiodły go do Europy. Przybył do Berlina zaledwie na kilka miesięcy przed dojściem Hitlera do władzy. Przerażony patrzył, jak naziści rozbijają laboratoria jego szefa, za to, że nie wyrzucił pracujących tam Żydów. Muller raz jeszcze powędrował na wschód, do Leningradu – tuż przed tym, jak antymendelista Łysenko wkradł się w łaski Stalina i zaczął prześladowania genetyków, żeby poprzeć własną zwariowaną teorię, że pszenicę, podobnie jak rosyjskie dusze, można wytrenować do nowych warunków, zamiast ją hodować; nie powinno się przekonywać tych, którzy sądzą inaczej – należy ich rozstrzelać. Muller posłał Stalinowi egzemplarz swojej książki o eugenice, ale usłyszawszy, że nie została dobrze przyjęta, w ostatniej chwili znalazł wymówkę, by wyjechać za granicę. Pojechał na wojnę domową do Hiszpanii, gdzie pracował w banku krwi Brygad Międzynarodowych, a stamtąd do Edynburga, gdzie dotarł z właściwym sobie pechem dokładnie w momencie wybuchu drugiej wojny światowej. Trudno mu było prowadzić badania naukowe pośrodku szkockiej zimy, z zaciemnionymi oknami laboratorium i w rękawiczkach; zdesperowany próbował wrócić do Ameryki. Nikt jednak nie chciał wojowniczego, szorstkiego socjalisty, który źle wykładał i mieszkał pewien czas w Związku Radzieckim. W końcu dostał pracę na Indiana University. Następnego roku dostał Nagrodę Nobla za odkrycie sztucznej mutacji genów". Facet poddający geny promieniowaniu X, żeby wywołać w nich mutacje, sam narażał swój genom za pomocą twardego, historycznego promieniowania XX wieku.

Relacja z wczorajszego rozdania NIKE. Czy sprzedają na to bilety? Wyjątkowy spektakl: wystawić dziesięciu pisarskich neurasteników do wyścigów konnych po Oscary. Gonitwa trwa całą transmisję. Nominowani pocą się, emitują miny skromnościowe, tuż przed werdyktem ambicje pędzą coraz szybciej. Przecież tego napięcia, pompy nie wytrzymują nawet zawodowi cyrkowcy – aktorzy, reżyserzy na gali w Hollywood. A co dopiero intelektualiści i poeci. Robić widowisko ich kosztem i oburzać się na „Big Brothera"? Prestiżowe nagrody literackie (na świecie) z szacunku dla typowanych ogłasza się zaraz po werdykcie bez jeżdżenia kamerą po ich zawiedzionych twarzach.

7 X

Piotr pisze o zaletach życia w parze. Jeśli dobrze pamiętam, ostatnia światowa pochwała małżeństwa, o które warto walczyć, to chyba *Przeminęło z wiatrem*, film naszych babć, mający premierę w 1939, roku końca świata.

Uczymy się ogrzewać dom kominkiem. Chatka ma swoje wdechy i wydechy. Najgorzej rano, gdy całkiem wypuszcza z siebie ciepły oddech.

Szykowanie się do narodowego dyktanda. Co tam, że marnuje się czas i mózgi wkuwaniem ortografii. Kończy się szkołę, umiejąc napisać „skuwka", ale nie mając pojęcia, jak żyć z ludźmi, rozwiązywać konflikty, negocjować. Zamiast podstawowej wiedzy psychologicznej, dzięki której można by uniknąć złych związków, życiowych wpadek, od razu „wychowanie seksualne" emocjonalnych analfabetów. Zgoda, trzeba umieć nałożyć prezerwatywę, jednak równie ważne jest wiedzieć komu.

O ile byłoby mi łatwiej w życiu, gdybym zamiast piątki z polskiego miała na maturze piątkę z ludzkiego.

Co ma ortografia do psychoterapii i seksu? Chyba tyle, że zostawiłabym pisownię „chuj" dla tych nieobrzezanych. I to byłoby logiczne. Resztę wyrzucić: rz, ch, ó.

Na maturę wyryłam się regułek i natychmiast je zapomniałam. Piszę niemal fonetycznie mimo ciągłego czytania. Nie jestem dyslektykiem, chociaż błędy ortograficzne robię w każdym języku oprócz włoskiego. To idealny język fonetyczny, a czym innym do kurwy nędzy język ma być?!

Czyste naczynia w kredensie: cukier po prawej, mąka po lewej. Pola sama woła: jeść! Cudowna, powszednia harmonia codzienności. Podobna do średniowiecznych witraży, ciosanych ze szkła. Trochę topornych, ale prześwietlonych wiarą, że światło dające zwykłości rumieńce kolorów jest miłością.

9 X

Słynne „Co lubię?" na początku *Amelii* i wyliczanka przyjemności – typowo francuskie cyzelowanie rozkoszy. Luksus, którym szlifuje się cywilizację w drobiazgach. Film *Manuela* rozpoczynałby się listą tego, na co nie mam czasu: wyspać się, obciąć paznokci itd.

10 X

Wiedząc tyle o jatce historii, to, że mogę trzymać moją córeczkę za rękę, wydaje się cudem. Że ma do kogo biec i śmiać się, wołając: „Mama! Tata!", jest zaprzeczeniem ludzkiego rachunku okrucieństwa. Tutaj zamiast kanapy mógłby być łagier, za łazienką Auschwitz, a ja spreparowana w słoiku. Mój ojciec, niewolnik Trzeciej Rzeszy, dostawał do mycia w majątku Bismarcka przydział mydła. Nikt wtedy nie wiedział, że te słabo pieniące się kostki są z ludzi.

Pisanie felietonu. Słyszę co miesiąc prześladujący mnie głos ze szkoły: Proszę wyjąć karteczki.

11 X

Na uroczysku, gdzie docieramy w spacerowym kondukcie, za torami pokrzywiony dąb. Jego grubaśny pień opasany białym stanikiem. Zawiesili go pijacy? Ludność Mazowsza w matriarchalnych obrządkach marcowego Dnia Kobiet?

Pierwotne koczowanie. Przenosimy się ze spaniem z wielkiej sypialni do zagraconego salonu. Tu pracujemy, jemy, oglądamy telewizję i uprawiamy życie rodzinne w barłogu przy kominku. Cieplej, bliżej. Nie lubię sypialni, są izolatkami na sen.

Podsłuchuję Piotra tłumaczącego Poli widok zza okna:
– Krów pilnują psy, psów pilnują chłopi, ich
– Pan Bóg, i tak wygląda łańcuszek szczęścia. A my na to patrzymy.

12 X

Niedziela. Budzą nas słonie morskie, wieloryby i pisk mew. Drewniany dom zamienił się w oceaniczną tratwę? Chwiejnym, sennym krokiem wychodzę na taras. Mewy przybłąkały się znad Wisły wydziobywać resztki z pól. Ryczą krowy. Żeby odkryć ich pokrewieństwo z wielorybami, nie trzeba być paleontologiem.

Wystarczy wsłuchać się w ten ryk łaciatej syreny okrętowej, zwanej Mućką.

Z barłogu pstrykamy w telewizor i pojawia się TV Puls, *primo devoto* Niepokalanów. Puszczają „Studio otwarte", najlepsze w całym telewizorze, ponadgodzinne dyskusje inteligentów. Żadnej innej telewizji nie stać na marnowanie tyle czasu dla interesującej prawdy o polityce i społeczeństwie. Nagle reklamówka serialu z piersiami Pameli Anderson i hardrockowy wyjec. To ma być telewizja rodzinna? Chyba dla rodziny Osbourne'ów.

Szukam czegoś w radiu i trafiam na Radio Józef. Młodzieńcy z „Frondy" śpiewają skoczną reklamówkę: „Homoseksualizm jest uleczalny – i ty możesz zostać heteroseksualistą!" Zostać katolickim heteroseksualistą, by podlegać dystrybucji plemników...

Dlaczego katolicy uparli się na seks? Czy człowiek jest wyłącznie seksualny, nie ma innych zalet?

13 X

Dostałam swój pierwszy pocketbook *Polki*. Na Zachodzie takie wydania rozchodzą się w stutysięcznym nakładzie. Byłabym dumna i bogata. Tutaj skromnie zainkasuję średnią krajową.

– Dzidziuś? – Polcia pokazuje embrion na okładce.

– Tak, to Polusia. Książka o Poli, kiedy była malutka w brzuchu u mamusi, o tu, pod sweterkiem – wsadzam sobie misia, udając ciężarną.

– I miałam ogon? – drapie pępowinę.

– Tak.

– Byłam malusia – wspina się po mnie.

Biorę ją na ręce, przytulam pod swetrem, ćwiczymy ciążę.

– I mamusia tak tuliła, bujała – nie mam siły.

– Już koniec.

– Nie!

– Nie chcesz się urodzić? Do tatusia, piesków, kotków?

– Chcę! – wyskakuje.

Mamy nową zabawę w rodzenie. Polcia coraz dłużej targuje się o powody wyjścia spod swetra.

14 X

Prawie jednocześnie dwie wiadomości: pierwsza o złodziejach (urzędnikach państwowych) odkładających sobie z PZU pół miliarda złotych na prywatne konto za granicą. Druga to pochwała dla władz Pabianic za obcięcie 30 tysięcy złotych (10 procent budżetu na biednych) z dodatków mieszkaniowych po wyśledzeniu nieuczciwych ubogich.

Karą dla złodziei z PZU powinno być dożywocie w Pabianicach, bez pensji, bez zasiłku mieszkaniowego, pod kontrolą policji, gdyby im znowu przyszła ochota kraść – w sklepach. Skazani na życie wśród tych, których okradli.

Poza inteligencją emocjonalną jest jeszcze inteligencja ognista. Ma ją Piotr i w pięć minut rozpala kominek. Ja dłubię pół godziny i nic.

– Co, nie było się w harcerstwie – zapala jedną zapałką.

– Było, ale nie dotrwało do ogniska.

Wyrzucili mnie za buty. W swojej dziesięcioletniej głowie uznałam, że tenisówki oklejone lisim futrem pasują do mundurka socjalistycznego harcerstwa. Od dołu traper, od góry komsomołka. Kazali zdjąć futrzane buciory i założyć juniorki zapobiegające platfusowi. Uciekłam ze zbiórki w traperkach i chyba nadal ich nie zdejmuję, ciągle uciekając. Tak jak dzisiaj, gdy usłyszałam zarzut z redakcji pisma: Czy musisz w felietonie obrażać Czechów, Węgrów?

Bronię się: To moja wina, że wyjeżdżając na Zachód, na targi w Madrycie, ci na pewno inteligentni pisarze zgrywają przygłupów?

Znowu uciekam warszawskimi ulicami. Ta w lisich traperkach – to ja.

16 X

Dwudziestopięciolecie pontyfikatu Papieża. Od rana filmy, ukłony, delegacje. Patrząc na Niego, płaczą byłe komunistki i przyszli łajdacy, jeszcze w randze ministranta. Płacze więc cały naród. Ale czy wierzy? We Francji 90 procent nowej hierachii kościelnej pochodzi ze wspólnot religijnych – zakonnych zgromadzeń założonych przez nawiedzonych (Duchem Świętym) dwadzieścia, trzydzieści lat temu. Ci, którzy tam wstępują, to w większości nawróceni i przechrzty (jak kardynał Lustiger). Te zgromadzenia podlegają biskupom, nie klerowi. Może gdyby w Polsce każdy katolik podlegał bezpośrednio papieżowi z pominięciem księży, byłoby tylu prawdziwie wierzących, co płaczących na Jego widok.

17 X

Przyjemność na parę godzin – pójść do kina, przestać oceniać siebie, zająć się innymi. Doskonała filmowo *Pornografia* Kolskiego zarzyna Gombrowicza. Bohaterem nie jest już manipulujący ludźmi dekadent, ale pokośławiony przeżyciami Holocaustu dewiant. Trzeba przeżyć piekło, by bawić się bliźnimi? Wreszcie Wituś usprawiedliwiony i wytłumaczony. Oczywiście wbrew sobie, bo film nie z jego książek, tylko na motywach, jak napisano w czołówce. I tak Gombrowicz zginął w artystycznym Holokauście.

18 X

Kupiłam CD – pieśni gregoriańskie – i resetuję sobie duszę po spotkaniu z rówieśnikami. Ja chcę do domu starców, do muzeum, gdzie przechowują uczucia.

Moje roczniki i młodsze, wyćwiczone na internecie, nie okazują w rozmowie żadnych emocji. Nie patrzą na rozmówcę, błądzą wzrokiem gdzieś wokół jak po ekranie i przekazują informację. Śmiech leci z dubbingu.

19 X

Z zaoranych grud ziemi sączy się fiolet. Może glizdy to farby wyciśnięte z tubki.

21 X

Siedzę przy stoliku, pijąc herbatę z domorosłym Leninem. Domaga się cukru do zagryzania. Odmawiam, dzieciom się nie daje.

Pola uosabia marksistowsko-leninowską zasadę materializmu dialektycznego. Rano była gaworzącym dzidziusiem, przy kolacji stała się mówiącą zrozumiale dziewczynką. Ilość „gugu, gaga" przeszła nagle w jakość czytelnej wypowiedzi: Proszę cukier.

Woda w naszym domu nie jest tą wielkomiejską, pod ciągłym ciśnieniem mającym ugasić nienasyconą konsumpcję. Raczej ciurka sobie w tempie strumienia. Nie zapiera się swoich źródeł i nie perfumuje chlorem. Jest skromną służebnicą. Pojawia się w kranie cichutko i znika wycieńczona co do kropelki.

Oczarowani – rozczarowani. Tak za piosenką Milleny Farmer nazwało się moje pokolenie we Francji. Słodkie hasło reklamowe do tego samego, o czym pisze Houellebecq w *Cząstkach elementarnych* spermą i gównianą prawdą.

Najpierw oczarowani, potem rozczarowani polityką obiecującą dobrobyt i szczęście. Najbardziej rozczarowani sobą, gdy dostają czego chcą. Szczęście stało się nowym rodzajem marchewki pozornie dostępnej dla każdego. Stąd rozczarowanie, gdyż za marchewką czai się bat. Przynęta dla wielu jest tylko do polizania, nad nią szyldy humanizmu i reklamowe slogany.

Szczęście, to stare poczciwe drobnomieszczańskie szczęście, zardzewiało na złomowisku dawnych idei i nie każdy wyklepie sobie z niego auto, jak hinduski biedak w reklamie Peugeota.

Czymkolwiek się różnią Rozczarowani, we Francji i w Polsce zrobią to samo. Przełączą pilotem program telewizyjny i znowu będą Zaczarowani.

23 X

Kupujemy znicze i schodzi na ostatnią wolę. Obydwoje chcemy być spaleni. Gdyby Piotr zapadł na statystykę, czyli umarł po męsku wcześniej, nie chciałabym, żeby się od razu rozpraszał z urny. Niech lepiej poczeka, aż mnie spalą, wtedy wymieszają nasze prochy i rozrzucą w Saint Baume. Jedynym miejscu, gdzie cmentarz dzięki krajobrazowi przypomina uzdrowisko.

– Romantyczne – zgadza się. – Ale odsyp mnie trochę, tyle co w puszkę po kawie Marago, i odstaw do Szwecji – prosi. – Na mój ulubiony cmentarzyk w Grödinge, jakoś się przyzwyczaiłem do niego.

– Wygrzebię same zęby – nie wierzę, że po śmierci może być w Skandynawii lepiej niż w chłodzie hibernacji za życia. – Przynajmniej zęby nie cierpią na reumatyzm.

– Nie przebieraj w urnie. Szczyptę do Szwecji, tyle ile tam przeżyłem, przelicz te dwadzieścia lat na dekagramy i trochę zostaw na uszczelnienie domu, będę o was nadal dbał.

– Ty do mnie nie mów! Ty się do mnie módl! – wrzeszczy na parkingu dziewczyna do swojego chłopaka i trzepie go w plecy reklamówką z piwem.

Przywiozłam z Hiszpanii genialny wynalazek: cukierki w aerozolu. Żadnych papierków, klejących się rąk. Pola otwiera dzioba, spryskuję jej gardło i spokój. Czemu nie upraszczać pewnych rzeczy dla wygody i na przykład zamiast stringów nie zakładać nici dentystycznej.

Pola ledwo nauczyła się mówić, już zmyśla. Opowiada historie o misiach i własnych dramatach, krowach wypijających jej mleko ogonem. Ale to chyba nie wyobraźnia próbująca się oderwać od rzeczywistości. Raczej pas startowy dla gramatyki. Próby ułożenia nowych słów, sprawdzenia, czy razem też pasują i dają radę unieść myśl.

Każdy właściciel domu powtarza: pierwszy buduje się dla wroga, drugi dla przyjaciela, trzeci dla siebie. Nasz przy silnych wiatrach zamienił się w dziurawą szalupę i nabiera wody. Kaszlemy, krztusimy się, tonąc pod zwałami mroźnego powietrza wpadającego każdą szczeliną. Ekipa remontowa z Dworku, zajmująca się ciesiołką, obiecała przyjść po niedzieli. Pytają, czy zatkaliśmy od spodu dom watą mineralną, takiego uszczelnienia wymaga konstrukcja.

– Już dawno, i nadmuchaliśmy kamizelki ratunkowe – potwierdza Piotr zakutany w kapok puchowego bezrękawnika.

26 X

Droga z Piaseczna do Zalesia i dalej do domu trwa dokładnie tyle, ile mozartowski dwudziesty koncert fortepianowy D-moll. Ten koncert jest o mnie, to moje *curriculum vitae* ze wszystkimi powtórzeniami, wzlotami i melancholią. Dobroć mojej matki, czułość ojca. (Ojcowie muszą kochać matki, by te nie oszalały i nie okaleczyły swoich dzieci.)

Rytmiczna codzienność, z której pojawia się cud zakochania. Nawroty samsary będące napadami metafizycznego reumatyzmu. I bezinteresowny śmiech, smar dobroci, po którym łatwiej się toczy przeznaczenie. Dodałabym do tego mozartowskiego koncertu – mojej autobiografii – *postscriptum* z *Perfect Day* Lou Reeda.

W porównaniu z dorosłym rozumek mojej córeczki to przebiśnieg. Wychyla się spod roztopionego dotychczas w świecie „Ja".

Godzinę dziennie, albo i więcej, zajmuje nam rozpalanie, podkładanie drewna i doglądanie kominka. Krzyczymy na niego, podziwiamy, gdy płonie. Jest ogniskiem naszych emocji. Stał się kimś bardzo ważnym, co natychmiast wychwytuje Pola. Pokazuje mu swoje rysunki albo przychodzi pochwalić się misiem.

27 X

Rozkosze bywania u przeciwnej, politechnicznej formacji. „Mój mąż nie kąpie więcej córeczki, nie przewija, żeby nie było ZŁEGO DOTYKU". Sukces kampanii ostrzegającej przed molestowaniem dzieci: „Zły dotyk boli na całe życie".

Rygorystycznym inżynierem też zostaje się na całe życie, a nawet po śmierci na płycie nagrobnej ze wszystkimi tytułami i wyrazami wdzięcznej ulgi od zamęczonej domową robotą żony i niedopieszczonych dzieci.

28 X

Z rok nie kupowałam bielizny. Przyglądam się reklamom majtek. Koronki zakrywające wejście do schronu przyjemności. Benetton mógłby kiedyś zrobić jedną z reklam z kobietami w ciąży. Każda namalowałaby sobie na brzuchu swoje emocje: słoneczko, rybki. Ta po benettonowsku szokująco wyrodna ze wściekłą miną namazałaby sobie napis: Nie gap się! Nie jestem dwunożnym tabernakulum!

Od ósmej do piętnastej, trzy razy w tygodniu zostaję sama z Polą. Ani chwili odpoczynku. Przeżywam swoje „dzikie pola". Żeby jeszcze była z tego korzyść dla Piotra, ale on wraca załamany z ośrodka leczenia nerwic, gdzie ma wolontariat.

– Dlaczego nerwice i depresje leczą psychiatrzy – narzeka. – Co mają do zaoferowania oprócz izolacji, mętnej diagnozy i prochów? Pomogłaby tylko psychoterapia. No tak, ale w Polsce jest niewielu zawodowych psychoterapeutów, a ich kompetentne usługi są drogie. W rezultacie ludzie z nerwicą lądują na oddziałach psychiatrycznych – biadoli.

Ten ośrodek i tak jest luksusowym miejscem w nędzy służby zdrowia. Nerwicowcy z całej Polski czekają na miejsce w nim miesiącami. Od dziesiątek lat nieodnawiany, z żebraczo opłacanym personelem. Brakuje na mydło i papier toaletowy, konieczne remonty sponsorują bogate firmy farmaceutyczne, którym zależy na opchnięciu swoich leków. Ćpają je pacjenci i się uzależniają, bo kogo stać na psychoterapię?

– Brzmię jak Marks, ale sprawa jest śmierdząco klasowa – wścieka się Piotr. – Terapeutyzować w pierwszej kolejności młodych, wykształconych i bogatych, a reszcie lekarstwa? Miliony roztrzęsionych emerytów i biedaków na relanium? Czy my żyjemy w Afryce? Leki na AIDS są za drogie dla czarnych mas, leczmy białe wyjątki, reszta niech umiera. W Polsce psychicznie.

Kładąc się spać, w ciemnościach dochodzę do wniosku, że jestem ślepa na moje dziecko. Nie dowierzam, że jest. Ciągle je wącham, gładzę, czytam powoli jego ciałko brajlem pieszczot.

Miliony kobiet patrzą martwym wzrokiem na cośrodowe rozgrywki piłkarskie. Wielka murawa jest tego dnia cmentarzem życia rodzinnego. Na pewno większość kibiców nie miałaby nic przeciwko pochowaniu ich rzędami przy boisku, gdzie leżeliby pod trawką obok piłkarzy swojej drużyny. Bramkarze mieliby groby na skraju, reszta według rozstawienia, skrzydłowi po bokach, w środku pomocnicy itd.

Z dwojga złego wolę mecze od westernów (drugie telewizyjne hobby Piotra), przynajmniej nie słychać zabójczych dialogów.

Od chodzenia po drewno przez taras w samej koszuli i gapienia się nocą na szarańczę gwiazd zachorowałam.

Piotr musi teraz obsługiwać dwie dziewczynki, z tym że starsza potrafi kaprysy zmienić w polecenia: Herbaty! Książek!

Zwlekam się do telewizji na program Cejrowskiego „Z kamerą wśród ludzi".

W garderobie patrzę na swoją schorowaną minę i widzę myśli charakteryzatorek: „Kobieta w pewnym wieku nie powinna wychodzić z domu bez makijażu".

Bądźmy więc konsekwentni: w jeszcze późniejszym nie powinna wcale wychodzić.

Z czasem ludzie upodabniają się, noszą tę samą maskę starości. W młodości występujemy pod pseudonimem twarzy, ładnej, ale nie naszej. Ta moja przed czterdziestką jest bez żadnych zalet, oprócz tej, że jest wreszcie moją własną. Firmującą zmarszczkami coś więcej niż wadliwy zgryz.

Zapraszać mnie, szkielet, do programu o ucztowaniu... Wcześniej przepytywano znawczynię clubbingu o uczty erotyczne. Parę mililitrów spermy to biesiadowanie?

Prowadzący – Cejrowski – jest telewizyjnym Sarmatą. Rębajłą swoich racji. Słusznym, świętym oburzeniem walczy z komunistycznym, kłamliwym pohańcem. Logika zawodzi go, gdy zaczyna mówić o swoim wymyślonym jak u polskiej szlachty idealnym ustroju legendarnych Sarmatów: bez homoseksualistów, rozwodów i innych ludzkich zboczeń korzystania z wolności. Nigdy nie było świata, na który się powołuje, ani w jego rodzinnych stronach, ani przed wojną.

Cejrowski żyje w tej utopii dzięki swoim rozmówcom. Upaja się ich oporem wyznaczającym granice wymarzonej krainy, kreśli erudycją plany niemożliwego.

W tej samej stacji telewizyjnej ma swój program Kuba Wojewódzki, zaprzeczenie Cejrowskiego. Biseksualny urok inteligencji, koszmar dociekliwości zamiast gotowej tezy. Obydwaj podobni w jednym, tym, czego nie ma żadna ugrzeczniona, upaństwowiona stacja: swobodzie pytań.

Na tym polega chyba prawdziwa telewizja, kiedyś dziennikarstwo. Nie na formatowaniu prawdy. Poziom programowej hipokryzji nie ma wiele wspólnego z poziomem oglądalności. Showman to samotny rewolwerowiec przeciwko wszystkim. Ostrzeliwuje się ostrą amunicją pytań, żadnymi ślepakami lizodupstwa.

31 X

Otworzyłam drzwi do ogrodu i z dębów pospadały tutejsze feniksy – bażanty. Może to był i lot, ale długie ogony wlokły się po ziemi, a rozpaczliwy wrzask ogłaszał katastrofę.

Nie mogę już słuchać, czego nie mamy, żeby wejść godnie do Unii. Pieniędzy, cywilizacji, ustaw prawnych. Wiadomo, że to bajka, i w ostatniej chwili, w maju 2004 dynia zamieni się w karocę, łachmany w garnitur, żeby Kopciuszek wlazł na bal, do zbiorowej fotografii. Potem będzie co godzinę bicie na dwunastą w nocy, alarm. Książę, jeśli się zjawi szukać, to nie Kopciuszka, ale potomstwa wielodzietnej polskiej sierotki, do roboty.

– Mamo, zobacz, leci!
Biegnę do okna podziwiać.
– Co? – nie widzę.
– Miś Puchatek!
Puste niebo. Pod nim rośnie człowiek. Dwa i pół roku uczył się widzieć to, co jest, odróżniać od siebie samego. I wreszcie widzi to, czego nie ma, niewidzialne. Później zobaczy wiersze, obrazy, matematyczne formuły.

LISTOPAD

1 XI

Kochamy się w porannych ciemnościach. No tak, ale o tym się nie mówi, chyba że w piosenkach albo romansach. Naprawdę się kochałam i byłam hinduską, bezgrzeszną boginią obejmowaną przez sturękiego tancerza. On był we mnie kryształem. Na koniec nasze ciała świeciły. Spływały po nas strużki światła. Dlatego mogłam widzieć jego twarz, jeszcze w natchnieniu. Moja była schowana w cień i na chwilę prawdziwa, bo smutna. Musieliśmy wstać, zmartwychwstać z łóżka. Znowu razem po wędrówce w zaświaty zmysłów.

Po raz pierwszy od dawna wychodzę sama, żeby pogadać. Przynajmniej tak mi się zdawało. Mam jednak misję, zrobić zakupy. Gdzie ja znajdę w święto otwarty sklep, poza stacją benzynową? Nie mamy ani chleba, ani obiadu, nic. Dla Poli są zapasy, ale nie będziemy jej wyjadać zupek i przecierów.

Spotykam się z Głowackim. Nie słuchał mojego krakania i poleciał do Egiptu – na riwierę otoczoną drutem kolczastym, gdzie więcej kałasznikowów niż raf.

Wracał pustawym samolotem – część współpasażerów zginęła w wypadku autobusowym pod Kairem. Lekarze nie chcieli dotykać krwi niewiernych i to w ramadan.

– A nie mówiłam? Ten kraj trzeba zamknąć dla turystów. Zrobić tylko korytarz cywilizacji do Karnaku, piramid i Teb. Na Księżycu są już bardziej sprzyjające warunki pobytu i mniej bakterii – zrzędzę. – „Exodus" to jest nazwa dla egipskich biur turystycznych.

Ubolewamy nad piractwem intelektualnym wydawców mierzonym w nędznych procentach wypłacanych pisarzom za sprzedaną książkę.

Idziemy (wlokę się z głodu) na sushi (otwarte, bo niekatolickie), ale ostatnie miejsce zajęte przez mojego ulubionego showmana Wojewódzkiego. Czy Warszawa jest już tak mała? Każdy każdemu zabiera stołek?

To Głowacki powiedział pierwszy, na placu Teatralnym, że pisze ze strachu (*Czwarta siostra*). Też się boję. Wracam więc spojrzeć przez szybę sushi baru na mojego idola. Siedzi przy barze z dziewczyną, swoim emocjonalnym towarzyszem walki o przetrwanie. Cybulski tego pokolenia. Diament w popiele komercji nie zapala dziś lampek spirytusu za poległych. Wtrają japońskie rybki i cierpi od chrzanowego wasabi. To na pewno znak, jesienna migracja moich znaków istnienia.

Zapalam u dominikanów świeczkę za wszystkich. Płomień może mieć kształt krzyża wypalającego szczelinę w śmierci. Może być tylko drzazgą światła. Najczęściej jest uśmiechem.

Mam trzydzieści dziewięć lat. Za dziesięć będę mieć czterdzieści dziewięć i nadal liczyć na więcej. Aż do osiemdziesiątych urodzin? Kiedy ważniejsze od tego, ile się ma, zaczyna być to, ile zostało: pięć, trzy?
Przed kościołem staruszek stukający laską po bruku, jakby sprawdzał, czy ziemia jest wystarczająco twarda, żeby nie zapaść się od razu w grób. Ile mu zostało? Dwa albo cztery lata? Jest więc dwulatkiem, czterolatkiem?

2 XI

Moja twarz jest bardziej naga od ciała. Dlatego, kochając się, szukam twojego spojrzenia, przyciągam je do niej. Patrz na mnie, w moje oczy. Ręce, biodra i nogi znajdą się same. Kocham się z twoim uśmiechem, reszta to rytmiczne, coraz gorętsze oklaski. Aplauz orgazmu. I cisza jak po każdym cudzie. Bo miałam mężczyznę. Pod skórą, tam gdzie zawsze boli. Gdzie nie można się wedrzeć inaczej, niż raniąc.

10 XI

Wyrwało mi ten tydzień. Przyszło i zabrało. Wracamy po zmierzchu z Łodzi. Dzwoni komórka, zanim zdążę odgadać, zdycha. Na szczęście, dowiedzielibyśmy się od ochrony o ich „za późnej interwencji".

Dojeżdżamy do naszej zagrody. Tam wozy, ochroniarze, sąsiedzi, tłum ludzi poruszający się typowym dla nieszczęścia powolnym kroczkiem w miejscu. Idę do wyważonych drzwi tarasu i przeczuwam, co wynieśli, kawałek mnie. Mój laptop. Co innego mogliby ukraść piszącemu, wdzięk?

Uruchamia się ponura szopka. Do dwunastej w nocy łażą po domu policjanci, psy, zbieracze śladów. Z szyby wylizanej przez Polę kryminalny ściąga odciski palców, warstwy przeszłości. Posterunkowy rzuca okiem na paczkę kaset wideo, w jego mniemaniu pełną pornosów, co sugeruje tytuł: Seks w wielkim mieście.

Jest noc i smutek konieczności. Żeby przetrwać, trzeba cenne rzeczy trzymać na łańcuchach albo przybite do stołów i podłogi. Zbudować sobie prywatną wersję baru mlecznego z Misia, gdzie sztućce i talerze przytwierdzano właśnie w ten sposób.

Nie czuję się zgwałcona w mojej prywatności. W Polsce włamania są prawem natury. Czy można mieć żal do przyrody, do deszczu albo kopców kreta?

W okna i drzwi wstawimy sztaby, które oprą się złodziejskiej nawałnicy. Schwarzenegger nie potrzebowałby u nas wyważać okiennic, wystarczy, żeby się rozpędził – wejdzie ścianą.

Chyba przesadzam z obojętnością na kradzież. Nadajemy się jednak na terapię pourazową. Nasze zachowanie świadczy o podświadomym poddaniu się napastnikom: zostawiliśmy otwarte drzwi. Tym razem ochrona złapała intruzów, tym bardziej że nie uciekali. To byli pracownicy z Dworku, którzy mieli wstawić sztaby i ufnie weszli w pułapkę alarmu.

Sąsiad muzyk przyszedł zaniepokojony z samego rana. Czego on może się bać, nikt mu nie wyniesie kilkusetkilogramowego narzędzia pracy – fortepianu – w trzy minuty, tyle trwa dojazd ochrony. Sąsiad geodeta pożyczył mi terenowy laptop odporniejszy od puszki konserw. Zapomniałam już o ludzkiej życzliwości, o tym, że ktoś nieproszony pomyśli, pomoże. Patrzę wzruszona na komputer jak rolnik po klęsce na traktor wypożyczony przez samopomoc chłopską.

12 XI

W mediach dziwowisko. Władza dla kobiet. Co się stanie, gdy będzie prezydentowa? Przy dyskusjach śmieszki, podekscytowanie. Pod tym fantazje o dominującej kobiecie w czarnym, lateksowym kostiumie skrojonym u najlepszego krawca. Odkrywanie możliwości żeńskiego podgatunku niezdatnego dotychczas, poza wyjątkami, do polityki. Równie dobrze można by się zastanawiać, czy do polityki nadają się homoseksualiści. Nikt nie pyta o kompetencje, tylko o płeć. Co w Szwecji (połowa rządu to panie) uznano by za obrazę, tutaj uchodzi za szarmancką dyskusję, męską kokieterię.

W Polsce facet u władzy nie czuje się kompetentny, bo najczęściej nie jest. On jest po prostu lepszy od każdego innego w swoim mniemaniu i od wszystkich kobiet w przekonaniu powszechnym.

13 XI

Nowe pismo teatralne wyciąga mnie na pogaduszki. Najpierw się wykręcam, nie znam teatru, nie lubię. Ale umiejętnie ciągnięta pruję szwy milczenia.

– Czy teatr powinien naruszać tabu? Jasne, co spektakl. Sztuka powinna być naruszaniem tabu na pamiątkę, gdy nie ma go już w życiu.

Nie chodzę, nie oglądam, no, rzadko. Teatr to brakujące ogniwo w rozwoju kina. Miał jednak wpływ, ogromny. Przez pantomimę Tomaszewskiego *Król Artur i rycerze Okrągłego Stołu* szukałam własnego Graala na studiach antropologicznych we Francji. Codziennie profesor „mitolog" (tak o sobie mówił) analizował tę baśń słowo po słowie, pokazując, że nadal jesteśmy w śnionym świecie symboli migających reklamami dżinsów czy gumy do żucia.

– Tak, lubię Jarzynę, za filmowość, nie teatralność. Najlepszym przykładem jego *Bzik tropikalny*. Opiera się na rytmie, a rytm jest z muzyki filmowej do *Urodzonych morderców*.

– Nie, nie mogę patrzeć bez parawanu na aktora wcielającego się w postać. Dostaje psychozy i to za moje pieniądze. On powinien się leczyć, na pewno te transy odbijają się mu w życiu prywatnym. Z drugiej strony, nieświrujący aktor na scenie gra źle i też nie mogę oglądać.

– Teatr na Bali? Proszę popatrzeć na atak padaczki, to jest zaangażowany teatr balijski i tańszy od wycieczki. Ci ludzie mają ślinotok, oczy w słup i nie grają. Gadają ze swoimi bogami w transie, tak jak my z panią w okienku na poczcie.

Ramajana powtarzana w kółko też nie jest naszym teatrem ani czymś lepszym. Jest reklamą bogów, powtarzanymi do znudzenia sloganami i gestami.

– Współczesny teatr? Bergman. Dawniej nie było kamery, zbliżeń, więc inna była scena. Teraz może nią być plan filmowy. Bergman w swoich filmach jest najlepszym reżyserem teatralnym.

Czy namawiając Polę do składania klocków po zabawie, wychowuję ją w mieszczańskim porządku? Będąc dla niej autorytetem, traktuję według nazistowskich wzorów? Alice Miller, autorka książek o „czarnej pedagogice", sugeruje, że autorytarny sposób wychowania przyczynił się do powstania faszyzmu.

Chyba w ogóle Poli nie wychowuję. Przystosowuję się do jej rozwoju, ratując swoją niezależność jak najmniejszym kosztem. Udaję mamę, ona udaje dziecko i świetnie się bawimy.

Od czasów wojny w Wietnamie i buntu kontr-kultury obalono wzory. Zostały antywzory. Podążanie za nimi wymaga większego wysiłku niż ślepe naśladownictwo. W Polsce nie ma autorytetów poza tym palcem pisanym na wodzie święconej – papieskim. Są za to wszędzie antywzory. Począwszy od prezydenta wymigującego się od obywatelskiego obowiązku zeznań przed komisją sejmową.

14 XI

Całe szczęście, że dwulatki jeszcze myślą na głos. Kroję chleb w kuchni odwrócona od reszty mieszkania, gdy słyszę postanowienie:

– Pomaluję domek! – Pola idzie z odkręconą tubką lakieru w stronę komputera.

Zdążyłam. Do czwartego roku życia berbecia natura nie spieszy się, by jego na głos wypowiadane słowa ukryć w wewnętrznym monologu. Ratuje tym rodziców przed pomysłami kilkulatków. Ratuje też często życie potomstwa, ogłaszając: – Teraz Pola włoży do kontaktu gwoździk, dwa.

Ktoś z pisma teatralnego czyta mi wywiad z wczoraj. Nie poznaję się w tym tekście. Z nerwów robię się łysawa, szukam whisky i cygara. Będę Churchillem. On dziennikarzom proszącym o wywiady odpowiadał:

– Kochani, przyślijcie mi temat, pytania, a ja napiszę, co myślę. Umiem przecież pisać, w dodatku dobrze mi za to zapłacicie.

Wzięło mnie na kolory. Na parapecie donice z chryzantemami. Ściany w kuchni okleiliśmy pompejańską purpurą. Doda się zielone gałązki i święta. Kuchenna czerwień odgrodziła się od reszty salonu, tworząc bez drzwi nowe pomieszczenie. Ona jest progiem i zaporą dla słabszych barw.

Rozochociło nas to do kupienia kawałka złocistożółtej tapety na inny kąt. Koniec z białymi prześcieradłami ścian. One zasłaniają tylko brak kolorystycznych decyzji.

15 XI

Po dniu pracy na roli – ogrodowej, żółty jesienny liść do zagrabienia – i wychowawczej padam na kanapę, słuchając odgłosów z góry, gdzie Piotr drugą godzinę namawia Polę do spania. Jest mi dobrze, ciepło (kominek przestał dymić) i nagle w cichej chatce eksplozja telefonu: Wrrr! Instytut Szalenie Kulturalny, ministerialno-książkowy pyta, czy nie przyszłabym w sobotę spotkać się z wiceministrem szwedzkim i urzędnikami. Ja? Niebywająca prawie nigdzie, ja?

Mam się uperfumować, ustroić i pędzić do Warszawy, bo misjonarze z paciorkami przyjechali, ci, co rozdają Nagrodę Nobla. Czy ja jestem siwy szaman reprezentujący plemię Niedojebców?

Zamknąć te ministerstwa poezji. W kulturze gorzej niż w futbolu: jedenastu gra, stu ich reprezentuje i za nich myśli, dzieląc kasę.

Na okładce weekendowej gazety Muniek. Ktoś też jest w spisku, daje mi znaki i specjalnie wsadził jego zdjęcie obok reklamy filmu *Obcy – ósmy pasażer Nostromo*. Sygnał, że Muniek jak alien od dwudziestu lat wylęga się z wnętrza polskatości?

16 XI

Schodzenie rano do kuchni i wniebowstąpienie kolorystyczne. Mieli rację w średniowieczu – diabeł jest czarny, piękno czerwone. Kolory są widzialnym zapachem rzeczy.

17 XI

Pola waha się w kościele, czy wrzucić do koszyka pieniążek.
– Po co? – ściska mnie za rękę.
– Aniołkom na lizaki.
Więc liże łapczywie pięciozłotówkę. Cudowne dziecięce przemienienie okrągłego w słodkie.

Mgła, że nie widać, co za płotem. W głowie też ledwie kontury jutra. Wpatruję się w kominek. Roziskrzone polano jest płonącym kamieniem i rozgorączkowaną skórą. Czymś pomiędzy minerałem a ciałem – rośliną.

Deszcz, ciemności uderzają w dom wichurą. Nie mogę sobie znaleźć miejsca. Wydaje się mi, że już nie myślę, myśli się słowami, a one osuwają się na kolana przed smutkiem. Roztapiają we łzy, w monotonne dźwięki kropli i modlitwy.

18 XI

Znowu współczująco-zatrwożona wizyta sąsiadów. Chyba po kradzieży spoczywa na nas obowiązek stworzenia grup pościgu i wsparcia. Należy przerobić traumę, zorganizować zespoły samoobrony. Odwiedzający nas „po szkodzie" przynoszą różne wersje poprzednich włamań na ulicy:

1) Gwiazda telewizji straciła krążownik szos, bo do domu wpuszczono gaz usypiający i wykradziono kluczyki wozu. 2) Nie było gazu. Psy spały wygodnie w łóżku z właścicielami, nie reagując na złodziei. Dom był otwarty, samochód nie w zagrodzie, ale na drodze i bez alarmu.

Inna kradzież nie udała się z powodu szoku poznawczego przekraczającego wytrzymałość okolicznych oprychów. Nie spodziewali się zobaczyć o czwartej rano na ganku polskiego dworku rozwścieczonego widokiem swojej odjeżdżającej limuzyny wicedyrektora banku – postawnego, nagusieńkiego Murzyna wymachującego kijem bejsbolowym.

Chodzę z wózkiem po lesie, polach, wszędzie nadal zaduszki. Dymy i cmentarna mgła przez cały listopad.

Dojeżdżając do Warszawy, widzi się pośród mazowszańskich równin kurhan Pałacu Kultury imienia Stalina wzniesiony na podobieństwo innych kurhanów ku czci wodza, wcześniej czy później zmarłego. Występowanie tej kurhanowej architektury dziwnie się pokrywa z terenami, na których koczowali przed wiekami budowniczowie gigantycznych grobowców, funkcjonalnych, ale koszmarnie przyciężkich.

Papuasi wsadzają sobie przyrodzenie w rurkę z tykwy. U nas, przez chłodniejszy klimat, rurka rozrosła się w garnitur. Ciemny, sztywny ma w sobie tyle życia, że mógłby być na zawiasy i otwierać się jak egipski sarkofag.

Co mnie drażni w muńkowatości? Przerośnięta chłopaczkowatość. To, co urocze u szesnasto-, osiemnastolatków; złażenie się w grupę, kultywowanie prowincjonalnej wyjątkowości, życie swoim onanizmem i marzeniami staje się po czterdziestce groteskowe. Chociaż w Polsce powszechne. Chłopcy z placu broni zostają chłopcami z placu zabaw.

Znowu, sezonowo wraca afera Michaela Jacksona zabawiającego się pedofilsko w swojej posiadłości. Gdy go aresztowano, patrzył sponad maseczki w kamery wzrokiem skrzywdzonego dziecka. Jakby zostały mu żywe tylko oczy oglądające śmierć własnego dzieciństwa, resztę zakryto twarzowym całunem. Jego dorastające ciało stawało się żywym trupem, który przytłoczył małego chłopca chowającego się przed razami ojca tyrana. Wybielony Michael był synem kogoś innego. Twarz zoperowano mu na obraz i podobieństwo obcych ludzi. Momentami był bardziej podobny do kosmity niż do człowieka. Wynalazł nawet swój księżycowy chód, sławny *moon walk*. Zmyślone, niebiańskie pochodzenie nie zatarło w nim ludzkiego piekła. Wspomnień i urazów podręcznej gehenny noszonej w pamięci.

Mówi się, że pamięć jest żołądkiem duszy. Nie każda umie strawić przeszłość. Zwłaszcza gdy rodzice, zamiast być błogosławieństwem na całe życie, stają się klątwą. Wtedy z pokolenia na pokolenie ciągnie się cierpienie zadawane dzieciom własnym i cudzym.

Nie bronię Jacksona, staram się zrozumieć tego Frankensteina chirurgii plastycznej. Wątpię, czy odróżnia małpkę od dziecka i zdecydował, kim chce być. Kosmitą, białym? Do pewnych wyborów trzeba dorosnąć. Nie ma co mu się dziwić, że nie umie. Większa część ludzkości też nie. Żyjemy dopiero pięćdziesiąt lat po Hitlerze, Stalinie – zboczeńcach uwielbianych przez miliony zmilitaryzowanych fanów.

Nasz dom jest sto razy mniej wart od widoków wokół. Kupując go, dostaliśmy za darmo obrazy Moneta, Turnera warte miliony dolarów. Dzisiaj do okna przylepił się pejzaż de Chavannesa: jesienny trawnik bez liści. Odległości między drzewami wyliczone co do słonecznego promienia. Jest arkadyjsko i mitycznie w niebieskiej mgle wylewającej się ze strumienia pod płotem jak z kałuży ambrozji.

Z sąsiedzkiej zagrody przybiegł pies. Za nim zakradł się srebrny kot i pusząc się, usiadł po drugiej stronie strumienia. Pies go obszczekuje, chociaż mógłby pogonić, gdyby przeszedł kładkę. Kot i pies odgrywają (dla nas?) swoje role. Zezwierzęcony postmodernizm?

Wszystko mnie denerwuje. Kłócę się o drobiazgi, wiem – mam przedmiesiączkowego jebla. Gorzej – wie o tym również Piotr. Nie próbuje uspokajać, wybiera przeczekanie.

Nie wybaczam żadnego krzywego uśmiechu politowania. Być z kimś to wybaczyć mu, że rani nas sobą i brakiem siebie.

20 XI

Wyfiokowana dama w sklepie miota się przy ladzie z mięsem.

– Czemu nie ma indyka, całego?!

– Będą, ale na święta – sprzedawczyni tłumaczy się za nieobecnych.

– Przecież zaraz będą święta! Dziękczynienia!

Zabrzmiało to dość religijnie. Już chciałam pomóc sprzedawczyni, odsyłając pańcię do Ameryki, jednak ona za ladą niejedno widziała. Wzruszyła ramionami, wyznając najwidoczniej zasadę: Nasz klient, nasz debil.

26 XI

Siedzę w ogrodzie, a tu drrr, telefon. Słucham, słucham i odkładam. Pod krzakiem jest świeżo wykopany dół. Wrzucam do niego komórkę, udeptuję ziemię. Po tym, co usłyszałam, nie tknę tego aparatu. Oczywiście nie zwariowałam i po paru godzinach żałobnej ciszy, wystarczająco długiej, by uczcić skończoną znajomość, wykopuję go, żeby wydłubać kartę. Komórka niech gnije, mój numer reinkarnuje się teraz w nowy telefon.

Na Nowym Świecie widzę znanego malarza. Nie zatacza się, nie bełkocze, ale wiem, że jego pracownia ma od rana pół litra objętości.

Pomysł na sztukę o Artaudzie, de Sadzie i Brigitte Bardot: trzech błędnie zrozumianych geniuszach erotyki. Każdy z nich na scenie w swojej wannie-akwarium. Bardot w wodzie, Artaud w spermie, Sade w krwi. Bardotka jest praprawnuczką boskiego markiza. Wychodzi naga z burżuazyjno-arystokratycznej dzielnicy Paryża, gdzie się urodziła. Nie zakrywa się peniuarem, nie zakłada majtek. Pyta stwórcę w *I Bóg stworzył kobietę*: Podoba ci się moja pupa?

Bogiem jest Artaud w zamku ze swego najszczerszego szaleństwa. Stwarza świat za pomocą magii seksualnej, którą uprawiał maniacko pod koniec życia: „Bóg z Boga, światłość ze światłości wytryska" – mówi, onanizując się. Rozdrapuje w sobie ranę, szukając praprzyczyny, tej kropelki spermy i jaja, z których powstał.

Pupa Bardotki – totem burżuazji. Być może dzięki niej świat ostatni raz zachwycił się francuską (Francuzką) modą. Padł na kolana nie przed rozkraczonymi nóżkami mebli à la Ludwik XVI, ale przed dziewczyną z najlepszej rodziny, od dziecka przyuczanej do baletu, fortepianu i savoir vivre'u. *Niebezpieczne związki* były związkami arystokracji. Mieszczaństwo żyło porządnie, czyściutko, według konwenansów. Rok 68 i rewolucja obyczajowa obaliły mieszczańskie tabu, uznając za normę to, co było dotychczas tajemnicą dekadenckich buduarów. Lewica przysłużyła się zepsutej obyczajowo prawicy, jak zawsze.

Bardotka – na starość Marianna Frontu Narodowego broniąca zacnej Francji, nie mówi niczego innego niż w swej młodości. Tyle że wtedy nikt jej nie słuchał, gapiąc się na nagą pupę.

27 XI

Z satysfakcją czytam nagłówek tekstu *Gretkowska do lamusa*, no, wreszcie jestem klasyka pisarzy mojego pokolenia. Co prawda, wzmianki o tym pojawiają się przy obrzucaniu błotem, a nie nagrodach, ale to zawsze cieszy. Niestety pełen buńczucznych haseł felieton o nowej prozie nie jest nawet na jej poziomie. Autorzy (czy trzeba odwagi za dwoje, żeby wymyślić mądre i głupie opinie?), chcąc skreślić starych pisarzy, powołują się na zdanie starca Ranickiego, niesprawiedliwego w ocenie książek Tokarczuk i Stasiuka. On nie jest nieomylny. Facet nie czuje bluesa, z czego skwapliwie korzystają rodzimi głusi na literaturę. Tym bardziej się mylą, przytaczając mylną ocenę. Ranicki gustujący w innym typie wrażliwości nie przekona mnie, że *Dukla* czy *Prawiek* to wsiowe dyrdymały.

W tym „Przekrojowym" tekście pohukiwanie, że młode zmiecie stare, bo nadchodzi i jest genialne. Po pierwsze, musi nadejść i to nie klęska poprzednich pokoleń tylko normalność, nawet jeśli zaćpana i zarzygana, z czego się tak cieszą autorzy felietonu. Ale niekoniecznie nowe musi mieć jedną mordę pozszywaną przez krytykę. I tak jak poprzednie pokolenie nie musi być na jeden temat, ważne, żeby było dobre. Po drugie, problemy rocznika 60. nie są unieważnione kłopotami ludzi z lat 80. Po trzecie, nieważny jest temat i te pokrzykiwania socrealistyczne, że nastała prowincja i beznadzieja. Ważny jest poziom tego, co napisane, a nie traktor i przodownica ustroju.

Najzabawniejsza jest konkluzja tekstu, że teraz to będzie na ostro, gdyż na spotkaniu autorskim młody autor obrzucał publiczność kiszonymi ogórkami.

29 XI

Dziecko, prosząc, zagląda przez oczy w nieopancerzony środek dorosłego. Mówi takim tonem, jakby urodziło się tylko dla tej chwili, bo tylko nią żyje. Tym mocniej, im większe pragnienie. Nie odmawia się ostatniej prośbie skazanego na dzieciństwo: – A może ciuciusia?

30 XI

Zapaliłam w oknach adwentowe światełka i gwiazdy, mające przywoływać największą – betlejemską. Trochę te błyski w szybie są dla innych, na czarną drogę przy naszym domu i żeby ktoś jak lusterkiem odbił słaby blask w swoich oknach.

GRUDZIEŃ

1 XII

Wieczór, Piotr puścił jedną ze swoich transowych płyt. Jemy wszyscy makaron z garnka, palcami. Błysk, nie od rozpalonego kominka, ale z wnętrza rzeczy: piłki na dywanie, lalki, kanapy, nawet ścian. Rosną, wirują jak bańki mydlane i zaraz pękną, nie dotrwają następnej chwili, bo już nie mogą bardziej być, z nami.

Czy zrobiła się ze mnie czechowowska Nina z *Trzech sióstr*? Chcę połączyć wiarę w sztukę z poszukiwaniem siebie i innych? Kupie se samowar, zaparzę samą siebie.

Teatr Telewizji: *19 południk* Machulskiego. Podwójnie śmieszny, ze względu na kontekst (coś jakby „bohaterów Lepperem?") i niepuszczanie tego przez rok z powodu cenzury, której oficjalnie nie ma, więc tym bardziej jest. Człowiek czasami się czuje Bronisławem Malinowskim wśród nadwiślańskich plemion. Ich problemy z seksem, z polityką.

Późną nocą film o Leni Riefenstahl. Wywiad ze stuletnią reżyserką. Równie dobrze mogłabym patrzeć na rozmowę z mumią Nefretete. Historycznym tłem największych pasji ich obu jest już piach. Twarz Leni jest rozsypującym się na zmarszczki tłem dla oczu. Tylko one wydają się żywe i ludzkie. To, co zostało ze „sprawy Riefenstahl", jest właśnie ludzkie, nie historyczne. Procesy, oskarżenia. Tamta historia jest już prawie w lamusie. Nic złego nie robiła, kręcąc film o faszystowskim parteitagu, to była jej praca bez agitki. Wierzę. Ona nawet nie zauważyła, że zrobiła makijaż potworowi. Przycięła go i skadrowała na bohatera. Próbuje wmówić, że była tylko artystką, owszem, ale artystką Hitlera. Bez apoteozy jej *Triumfu woli* wojna potoczyłaby się z tym samym okrucieństwem, nie przeceniajmy sztuki. Nie wydano by mniej rozkazów, za to może mniej niemieckich żołnierzy umierałoby w patriotycznym znieczuleniu. Riefenstahl nie miała wrażenia, że łamie tabu epoki, o co oskarżano ją po latach. Wychowana w kulcie niemieckiej, solidnej roboty, inaczej niż najlepiej, najstaranniej nie umiała pracować. Siła woli była takim samym hasłem reklamowym jej czasów, jak naszych: żyj zdrowo, nie pal, schudnij. Nie skazuje się za normalność całego narodu, chyba że wydziela się celę wielkości NRD.

Po wojnie Niemcy się jej wyparli. Dla równowagi tak samo potraktowali Marlenę Dietrich za bojkot faszyzmu i zagrzewanie aliantów do walki z Rzeszą. Riefenstahl komentuje emigrację Dietrich jednym zdaniem: „Ona miała dużo przyjaciół Żydów, nie mogła inaczej".

Po latach procesów Leni nauczyła się bezpiecznie kluczyć między słowami? Wojna była wyłącznie przeciwko Żydom?

4 XII

Wracam z zakupów, ciemno, zimno. Trasą na Kalwarię pędzą karetki, policja. Czekam w korku. Dzwonię do Piotra, czy to coś nie u nas. Mam matczyną paranoję.

– Spoko, dwie wioski dalej spadł helikopter z premierem.

Fizyczny odpowiednik upadku jego popularności? Równie katastrofalny.

5 XII

Podczas kursu na przedszkolaka, gdzie Pola spędza dwie godziny tygodniowo, ma być Mikołaj. Namawiam Piotra, żeby go podpuścił.

– Niech jej powie: Dzieci śpią w swoich łóżeczkach, nie z rodzicami. Dla niej Mikołaj to zastępstwo Pana Boga, posłucha.

– O nie, nie. Nie wciągaj w nasze sprawy Świętego Mikołaja.

Siedzę na *To właśnie miłość* i nie mam syndromu kina – nie chcę uciec z ciemnej sali. Przynajmniej pół godziny. Rozluźniam się, uśmiecham, robię miny Hugh Granta. Przerażenie: czy ktoś to zauważył w ciemnościach? Jak w hipnozie, nie czuję, że unoszę rękę w ten sam sposób co on. Wytrwałam do końca. To właśnie ja, nie portugalska służąca, nie Hugh Grant. Zaczynam się śmiać dopiero w drodze do domu, już w lesie.

Budzę Piotra i opowiadam mu film i siebie. Wyśmiewa moją teorię nadmiaru osobowości, nadwyżek zamieniających się w obcych ludzi, wcielających w nich.

– Masz raczej zaniki tożsamości.

– Jeżeli to normalne? Żeby być sobą, trzeba oddzielić się od innych, a ja nie widuję innych poza ekranem i stąd moje naśladowanie. Przecież rozmawiając z ludźmi, reagujemy na ich miny, robimy podobne z sympatii.

– Będąc trochę Hugh Grantem, jesteś bardziej sobą? – powątpiewa.

– Pytasz mnie o to o trzeciej nad ranem, czy ja śnię?

6 XII

Polowałam na to od roku, miałam intuicję, że znajdę coś ciekawego pośród głupawych samouczków genialności. Ta książka nagradza moje przeczucia, nazywając je naukowo częścią strategii Rozjemcy. *Style myślenia* dzielą pracę mózgu ludzkiego na cztery rodzaje. Z testu i opisu nie ma wątpliwości: należę do natchnionej większości kobiet rojącej o harmonii, przyjaźni i duchowości. U mężczyzn przeważają powolni Myśliciele. Są jeszcze oryginalni Konceptualiści obojga płci.

Kilka razy miałam do czynienia z czwartą kategorią: lewopółkulowymi Znawcami pozbawionymi emocji. Większość z nich, kobiety i mężczyźni, jest na dyrektorskich stanowiskach. Czemu usterkę psycholi komplementować osobną kategorią myślenia zamiast jednostką chorobową?

7 XII

Szukam bajek dla Poli i znajduję Muńka w konkursie telewizyjnym: kto zna lepiej jego osobowość. Gdyby zamiast swoich kumpli zaprosił mnie – stuprocentowa wygrana.

Lewa, logiczna półkula mózgu zawiadująca mówieniem jest pesymistyczna. Prawa, ta, która ma wyobraźnię, ale jest niemotą, to wieczna optymistka.

Wynikałoby z tego, że bezwzględna logika prowadzi do determinizmu, ze wszystkimi jego smutnymi konsekwencjami? Natomiast nielogiczna wiara w nadprzyrodzoną interwencję (np. Zmartwychwstanie, nirwana) wyciąga ze smutnego bagna przyczyn i skutków, domeny lewej półkuli. Co jest prawdziwe – determinizm lewej czy przeczucie prawej? Zależy, na jakim poziomie. Na poziomie grobu rację ma logiczna lewa półkula, na poziomie życia pozagrobowego prawa.

Wyjaśniła mi się przedziwna retrospekcja pojawiająca się u znajomych podczas pierwszych tygodni jedzenia prozacu. Lek, pompując im serotoninę szczęścia, działał na prawą półkulę zmartwiałą z przerażenia wyczynami lewej. Lekarstwo było krecikiem przepychającym nie rury, ale zwoje mózgowe. Dlatego przypominały się im rzeczy sprzed lat pochowane w nieczynnej z depresji prawej połówce, przechowującej wspomnienia i wyobraźnię. Może wyobraźnia to psychologiczna nazwa nadziei?

Pola odlepiła od sukienki nalepkę ze swoim imieniem przyklejanym przez panią przedszkolankę na cotygodniowym kursie. Wyjęła ze śmieci pieluchę z kupą i nakleiła na niej „Pola". Piotr mamrocze po freudowsku, że to zwiastuje apogeum fazy analnej. Dla mnie to śmierdzący artefakt.

8 XII

Inkasent szczęścia – Piotr rano. Zbiera całusy od Poli, moje niewyspane uśmiechy i z energią przodownika pracy idzie rozpalić piec martenowski naszego kominka.

9 XII

Rozwód znajomych, jeszcze ze szkoły. Ona ma od dwóch lat kochanka. Nie lepszego od męża, jest po prostu dla niej lepszym mężem. On nie chce się zgodzić na rozstanie, bardziej z męskiej dumy, chociaż twierdzi, że z miłości. Gdzie była ta miłość ostatnio? Znikającym w barze zjawiskiem kwantowym? On ją śledzi, oskarża. Gdyby mógł, wrósłby w nią własnym krwiobiegiem, wtłaczając swoje pragnienia. Na szczęście nie da się tak omotać sobą kogoś innego. Gdyby był rodziną – trudno, nie ma wyjścia. Łączy nas krew, przodkowie, więc tajemnica sięgająca w głąb czasu. Mamy gdzieś wspólny totem założyciela i nasze serca wybijają podobny rytm w tańcu rodzinnej tradycji.

Wieczorna jazda do domu. Nie ma pobocza, pijacy idą prosto pod koła, jeszcze szybciej pakują się pod nie rowery bez oświetlenia.

Dziurawe asfaltówki są imitacją dróg w błocie. Nie zbudowano ich na śladach rzymskich, brukowanych traktów. Powstały znikąd i prowadzą meneli donikąd, w pijaną, podmiejską noc.

Zjeżdżam na bok i liczę do dwudziestu, włączam stację religijną. Muszę się uspokoić, zaraz nabluzgam komuś, zabiorę do bagażnika rower. Albo pojadę na policję i zgłoszę możliwość morderstwa przez potrącenie, jego nieuchronną obietnicę.

10 XII

Moje dwugodzinne święta. Idę do dominikanów. U nich cały rok jest odświętnie, Chrystus się ciągle rodzi dla każdego.

Potem chodzę po sklepach, wybieram książki, bombki. Mam czas dla siebie, na rozpieszczanie marzeń drobiazgami. Później już będzie stół wigilijny, krzątanie się przy innych, cała świąteczna bajka dla Polusi.

11 XII

Umarł profesor Wierciński, Profesor. Ten, u którego nie byłam zapisana na studia, a od którego nauczyłam się najwięcej: sposobu myślenia. Przez kilkanaście lat nie opuściłam żadnego wykładu w Krakowie i po powrocie z Paryża w Warszawie. To nie były wykłady, to były podróże pod włos ludzkości. Wierciński był antropologiem, więc pod kość ludzkości.

By wyssać z niej szpik mitów i tajemnych tradycji. Światowy specjalista od predynastycznego Egiptu i prekolumbijskiego Meksyku w Polsce nauczał interpretacji kabały. Ale jak, cuda się działy: już miał wyjaśniać kabalistyczne sekrety słów „chleb", „błogosławieństwo" mających w sobie dźwięk „grzmotu", gdy do sali wykładowej weszła studentka o nazwisku Piekło. Trzymała świeży bochen z krakowskiej piekarni i wtedy w pogodny dzień rąbnął gdzieś obok przy kościele jezuitów piorun.

Sam o sobie mówił „typ kromanioński" – dość grubokościsty, z masywną czaszką o zaznaczonych wyraźnie wałach nadoczodołowych. Wprowadzał do mojej Europy kulturę i sztukę porównywalną do kromaniońskich objawień z jaskini Lasceaux. Dzięki niemu, powołując się na jego wykłady, metody analizowania, zrobiłam przez rok magisterkę w snobistycznej uczelni francuskiej.

Politycznie był niedzisiejszy, głosowałby najchętniej na egipską teokrację – na swoich, kapłanów wiedzy. Nie wiem, co go czeka po drugiej stronie, specjalistę od apokaliptycznej „śmierci wtórej" i podróży za drugi horyzont starożytnego Egiptu. Nie wiem, w co wierzył, w którą wersję, chociaż najbardziej kompletna wydawała się mu buddyjska. Modlę się za niego po hebrajsku, w języku, który uważał za źródło Słowa.

12 XII

Siedzę nad Polą malującą swoje abstrakcje, fabuły emocji. Napaćkane beże, błękity uruchamiają we mnie narrację. To jest chyba to, co chciałabym robić, pisać o malarstwie. Tekst płynie wtedy barwą, mieni się. Gdyby pozbierać z moich książek kawałki o Baconie, Vermeerze, Rothko, zebrałby się mały album. Mieć tyle czasu i pieniędzy, żeby czytać i oglądać oryginały na całym świecie. Może w innym wcieleniu byłam blejtramem.

Nie mogę się oderwać od „Werandy" i „Home Vogue". Fotografowane domy i mieszkańcy. Przyjrzeć się lepiej – psychologiczne portrety ułożone z rzeczy. W wywiadach można bajerować, picować życiorys. We własnym domu nie da się oszukać zwiedzających. Kolory, bibeloty, meble są puentami gustów, morałem lat.

Nas nie stać na urządzenie domu. Jedyne, co możemy na razie zrobić, to go nie zapaskudzić.

Przeglądam książki Wiercińskiego i chce mi się płakać. Nad naszą bezbronnością. Chociaż on walczył o metafizyczną godność. Jeśli straszył swoich uczniów, to egipskim hieroglifem zatracenia, przedstawiającym układ pokarmowy. Człowiek wypatroszony z ducha, czysta konsumpcja.

Nie był gnostykiem, gnostycy to cwaniacy. On brał na siebie grzech pierworodny i szedł w procesji tradycji, robiąc na jej marginesach notatki tak żarliwe, że heretyckie.

13 XII

Trzynasty grudnia ma być rocznicowym etapem ciągu ewolucyjnego historii Polski. Podobnym do tych z tablic antropologicznych, gdzie epoki wyznaczają pochód od małpy, małpoluda po człowieka. Myller ze starą ekipą wymyślili sobie pochód od 13 XII stanu wojennego z maczugą gumowej pały po triumfalną Kopenhagę 13 XII rok temu i szczyt w Brukseli dzisiaj. Komuniści wyprowadzą nas na prawdziwych Europejczyków. Wmówią, że te koszmarne lata powojenne były koniecznym etapem ewolucji ku szczęśliwości Unii. Trzeba będzie dziękować generałowi za istnienie. Nie ma bardziej dyplomatycznego zwrotu na określenie jego roli w historii.

„Nicea albo śmierć" – czemu nie dodać: kliniczna? Prawdopodobnie zostaniemy na poboczu Europy jako potrącony przez Historię świeży trup w komie. Gotowy w każdej chwili umrzeć na prawdę, do końca, za wartości, bo jesteś, Europo, tego warta.

Lepimy bałwana. Klasycznego z marchwią w nosie i okrutnym uśmiechem. Na głowie czapa z garnka, w ręku kij przystrojony powiewającą chustką. Wracając ze spaceru i widząc go przez płot, mamy to samo skojarzenie: czerwonoarmista napada na polski dwór. Brak mu tylko skradzionego zegarka. Znajdujemy odpowiedni w garażu: dużą, plastikową tarczę. Wsadzamy w środkową kulę śniegu. Gdyby ktoś pytał, mamy zegar podwórkowy.

14 XII

Tak się cieszę, że nie jestem Husajnem. Żadnym generałem, redaktorem, szefem zatrudniającym kadzących mu ludzi i wpadającym powoli w paranoję wszechwładzy. Cieszę się, że nie jestem Husajnem. I tym złapanym, i tym panoszącym się kiedyś po swoich pałacach, żeby w końcu zamieszkać w grobie. Takie miał mniej więcej wymiary „schron" – ziemianka, gdzie go znaleziono.

Czy całkiem oszalał, zamykając się w krypcie, żeby kontynuować bliskowschodni mit odrodzenia przez zmartwychwstanie, na podobieństwo Ozyrysa czy Jezusa?

Ani gwiazdki śniegu, wszędzie zieleń. Tylko nasz bałwan jest biały. Przechylił się i skapuje do garnka, który spadł mu z głowy. Przerażające, lodowe harakiri.

W „Playboyu" „20 pytań" do Muńka. Już wiem, czemu ciągle go słyszę. Pięćdziesiąt procent dochodów ma z tantiem. Co włączę radio, Muniek inkasuje. Znowu przesunął koniec swoich koncertów, tym razem na 2005. Logiczne, wejdziemy do Unii w prysiudach muńkowych, jakby inaczej, kto inny by nam tak uniwersalistycznie grał (słuchają go podobno i dresiarze, i studenci, a Szwagierkolaski emeryci)?

15 XII

Nie mam siły chodzić po sklepach. Upokarza mnie to wędrowanie, kolejki, tłok. Akurat przy tym, co mam kupić według listy spisanej przez mamę, najwięcej ludzi. Zostawiam koszyk, wychodzę. Namówię Piotra, dla Poli zakupy to ciągle zabawa, niech idą razem. Mogę Święta spędzić przy białym obrusie i chlebie. Kiedy jest już najgorzej i wpadam w panikę, przypominam sobie ołtarzyk ze stojącą na ziemi ikoną i świecą za głównym ołtarzem paryskiego kościoła Saint-Germain-des-Prés. Albo klasztor w Arc sur Ciel. Ciszę ogrzewaną płomieniem i modlitwą. Jak dobrze, że jest RFM Classic, bo we mnie tylko wycie.

Przy sprzątaniu odkryłam za kanapą gniazdko starego makaronu. Pola podpytana, czemu chowa swoje ulubione jedzenie, odpowiada niewinnie: kluseczki mają być na choinkę.

Chyba jej kilka powiesimy. Skoro zdołała od-
łożyć swój przysmak i uznała go za wart błyszczenia
na pierwszej w życiu choince... jeśli tak ją sobie wy-
obraża...

16 XII

Inaczej nie będzie? Przeczytam to, co dostanę
pocztą, nie mając sił i czasu na jazdę do księgarni?
Dzisiaj przesyłka z Santorskiego – *Prządki mądrości*
i najnowsza książka Jägera *Tu i teraz*. Przerzucam kilka
stron, dziwiąc się:
   – Ale mamy tolerancyjny Kościół. Dziesiąta
strona, żadnego grzechu...
   Piotr radzi mi zajrzeć na stronę ostatnią: „Willi-
gis Jäger (ur. 1925), jeden z najznamienitszych nauczy-
cieli duchowych naszych czasów, benedyktyn i mistrz
zen. Od lat prowadzi wielu ludzi w Niemczech i w Europie drogą duchową zen i kontemplacji... Głosi jed-
ność doświadczeń wszystkich religii. W roku 2002,
w pięćdziesięciolecie święceń, Jäger dostał zakaz pro-
wadzenia wszelkiej działalności wydany przez Kongre-
gację Nauki i Wiary. Postanowił wówczas na trzy lata
wziąć urlop z zakonu i kontynuować swoją pracę..."
   Nie powiało mi od *Tu i teraz* herezją. Zale-
ciało zbytnią lekkością, uniwersalizmem niemającym
twarzy. Wiem, to, co nieosobowe, bez oblicza, w ka-
tolicyzmie nie istnieje. Od dawna, od pierwszych
synodów.

Zanim Jäger dostał zakaz, pisałam do „Rzepy"
przy okazji poprzedniej jego książki, parafrazując
cytat z księdza Twardowskiego: Spieszcie się go czytać, bo niektórzy tak szybko odchodzą (z Kościoła).
Jäger wziął urlop od (instytucjonalnych) wyob-
rażeń na temat Boga, nie od samego Boga.
Miał ochrzcić Polę, na co się zgodził, ale nie
mógł wtedy przyjechać. Chrzest jest ważny z powodu
sakramentu, nie udzielającej go osoby. Wydawało się
nam jednak, że prosząc go o ten sakrament, będziemy
uczciwsi. Nie żebyśmy zamierzali wychować dziecko
w „obrządku jägerowskim".
Gdy słyszę „katolik", mam ochotę zapytać: Jakiego wyznania? Tego z parafii obok czy innej diece-
zji? Co kruchta, zakon czy kraj ten rzymskokatolicki
Kościół zmienia się nie do poznania. Jakby wkraczał
w inne strefy czasowe i mentalne.
Na pytanie Ojca Wojciecha, dominikanina
chrzczącego Polę, czy zobowiązujemy się do wychowania jej w wierze katolickiej, powiedzieliśmy: Tak,
nie traktując innych wyznań jako herezji. Korzystając
z nich, dla ubogacenia dogmatów.
Absurd? Raczej *Fala jest morzem* – moja ulubiona książka Jägera. Z którą też się nie do końca zgadzam, ale mój Boże – czy do zbawienia potrzebna jest
czyjakolwiek zgoda?

Z najnowszej płyty Nosowskiej: „Wieczność to
tunel kończący się dupą".

17 XII

Dawniej ludzie też dużo pisali, stąd użyteczne skróty staropolszczyzny. Dostaję SMS-a od Piotra: „Zdrowszaś?", po rannej gorączce.

Nie rozumiem pruderii, tej udawanej przyzwoitości, z jaką rzucili się w normalnych, żadnych tam rodzinnostworowatych pismach na Portera i Lipnicką. Nic o fajnej płycie, którą wspólnie nagrali. W zamian wypominanie człowiekowi żon, dorosłych dzieci. Sto lat po miłosnych zdjęciach Lennona z Yoko oburzenie nagością kochanków? Chyba nie chodzi o ładną goliznę ani brzydkie obyczaje. „Dojrzała miłość seksualna – doświadczenie i utrzymanie wyłącznego związku miłosnego z drugą osobą, związku, w którym łączą się czułość i erotyzm, w którym istnieją głębia i wspólna skala wartości – znajduje się zawsze w jawnej lub ukrytej opozycji do otaczającej grupy społecznej. Bunt jest wpisany w jego naturę" – podręcznikowe zdanie ze *Związków miłosnych* Kernberga.

18 XII

Szukamy kolęd. Jedne za wolne, drugie urozmaicone murzyńskimi rytmami (do cholery, czy ludzie muszą być tak twórczy?!). Łapiemy gazetową deskę ratunku: wkładkę z Golcami. Ale gdzie tam, góralski Jezusek za triumfalny.

Jäger – mędrzec Wschodu, protestant, benedyktyn, Niemiec. Pewnie cieszy się, gdy jest rozpoznawany pod jakąkolwiek z tych twarzy, chociaż jedna śmiałaby się z drugiej. On pod zakonnym kapturem chowa prawdziwą, o której zen mówi, że jest jedyną autentyczną: twarzą sprzed naszych narodzin.

19 XII

Chleb kruszony po kątach – trutka na anioły – wymysł Poli, żeby mieć jednego z nich na choince.

20 XII

Prezent na święta od Muńka: zabawny teledysk *Polish boyfriend*. Poprzedni, *Chłopaki nie płaczą*, też super. W obydwu niby parodiuje siebie, ale wygrywa autentycznością podmiejskiego sznytu. Może nie będąc sobą, trzeba siebie udawać i z tego robić sztukę?

Próbuję patrzeć oczyma Poli. Pojawić się na obcej planecie i pierwszy raz w życiu zobaczyć bombkę, durszlak czy kota na trzech łapach. Podsłuchuję jej ostrożności słów, nazw dobieranych staranie niczym biżuteria czy dodatki do stroju. Dekoruje nimi swój świat, jakby zawieszała imiona i nazwy na choince, żeby się mieniły.

21 XII

Piotra połamało. Chodzi w perwersyjnym gorseciku, jęcząc. Nie uniosę domu sama. Modlę się o lewitowanie chałupy, chociaż dwa centymetry nad ziemią, żeby było lżej. Ręce mi opadają od noszenia drewna, Poli.

Zapadamy we wczesny sen zimowy. Piotr z bólu, ja ze zmęczenia. Z radia lecą kolędy, więc na pobożnych motywach roimy sobie o boskiej psychoanalizie. O Chrystusie – jedynym bez kompleksu Edypa. Oczywiście schodzi nam na powiązania rodzinne, skoro grzech pierworodny jest dziedziczny. Czemu Adam i Ewa zgrzeszyli? Byli kiepskimi rodzicami, jeśli wychowali Kaina mordercę. Dziećmi też nie byli najlepszymi: on głupawy, ona naiwnie przekorna. Co się dziwić, chowani bez matki z autorytarnym Bogiem Ojcem. Jedno pokolenie i z tej kombinacji patologicznej rodziny wyrósł bratobójca. A potem to już konsekwencje do dzisiaj i materiał dla psychoterapeutów.

24 XII

Wigilię w słoikach przywieźli rodzice z siostrą. Wystarczy wyjąć, podgrzać i upiec. Że jeszcze nikt nie wpadł na pomysł świątecznej konserwy. Otwiera się i jest Boże Narodzenie w pierogach, kapuście i karpiach.

Przyjazd rodziny przypominał trochę wezwanie ambulansu. Zjawili się na sygnale czułości, ratując nas w chorobie i moim gospodarskim matołectwie. Zadekretowali Piotrowi zastrzyki, domięśniowe. Po ich wyjeździe mam je robić sama. Piotr się broni, nie wierzy, że córka pielęgniarki i inspektora higieny, szczepiącego kiedyś masowo przeciw epidemiom, potrafi zrobić zastrzyk. Przekonuję go: moimi pierwszymi zabawkami były strzykawki i sterylizatory. Ojciec w posagu nauczył mnie „strzykać", bo „ta umiejętność zawsze się przyda, zwłaszcza za granicą można na niej dorobić".

Nie słuchamy protestów chorego. Fachowo dyskutujemy, gdzie wbijać igłę, dzieląc pośladek na cztery. Piotr nie pozwala narysować sobie długopisem ściągi, trzymając kurczowo spodnie. Dajemy mu spokój. Nie ma co przed Wigilią pogłębiać podziałów: na służbę zdrowia i pacjenta.

Siostrzeniec przebrał się za Mikołaja, rozdał prezenty. Pola zaniemówiła, wykonała w transie piosenki, ukłony i z emocji czerwieńsza od stroju Świętego zajęła się zabawkami.

My, naiwni rodzice, kręcący to kamerą na pamiątkę słodkiego dzieciństwa, oglądamy jeszcze raz Wigilię z wideo. Polcia, już na zimno, analizuje taśmę. Podchodzi do siostrzeńca w cywilu, mówiąc mu z wyrzutem: Ti, ti Mikołaju.

Mikołaj z czerwonym nosem klauna, stojący niby anioł z ognistym mieczem na straży raju dzieciństwa, został przegnany przez dwuletnią dziewczynkę. Kiedy kolej na bociana?

25 XII

Zdzieliła mnie po głowie muzyka. Płyta włączona przypadkowo podczas poszukiwań: dzyń, dzyń bell, Merry Christmas! Usłyszałam kilka taktów renesansowych. Chłodnych, prawie krystalicznych. Tak powinno się świętować Boże Narodzenie. W chłodzie proporcji, bieli i soplach szkła.

Mam dość uroczych świąt. Przytulnych, staropolsko-wiejskich.

Zobaczyłam siebie przebraną za Wigilię: z siankiem w uszach i ustach, świecidełka we włosach, w ręku jodełki, a bombki na biodrach kręcących się w rytm kolęd. Brakuje mi tylko ukulele.

Boże Narodzenie przerobiono na szopkę, a jest dostojeństwem. Stało się pretekstem do narodzin bosko egocentrycznej dzieciny we mnie samej. Kolędy plumkające niby kołysanki do snu na jawie. Na pamiątkę narodzin Zbawiciela dezodorancik albo komórka.

Odpadam od czerwonych wstążeczek, dzwoneczków, gałązek jodły. Chcę metalicznego lodu rozcinającego tkliwość. Wyjąć z niej bóstwo, obmyć z flegmy sentymentalizmu i czcić diament zamiast laleczki w pieluchach.

Nie ma świątecznego obiadu. Sądziłam, że będziemy jeść resztki z Wigilii, ale nic nie zostało. Wyszliśmy na jakąś bohemę. Proponuję placki z jabłkami, żeby było świątecznie, poleje się alkoholem i podpali à la Suzette. Wódka jest, bo jej nie pijemy. Mąki nie ma. Piotr zwleka się z podłogi, na której leczy kręgosłup, i jedzie do swojej rodziny po posiłki.

26 XI

Rodzice wracają do Łodzi szybciej, niż planowali, może chcą się najeść i nam ulżyć.

Wyrzucam papiery po prezentach i jednorazowy strój Mikołaja. Zastanawiam się nad różnicą między ofertami. Bóg zapewnia: wszyscy grzeczni, chociaż grzeszni, zasługują na Niebo. Święty Mikołaj obiecuje o wiele mniej: tylko niektórzy i to raz do roku.

Nie jest u nas najgorzej. W Szwecji większość dzieci uważa, że świętuje się narodziny Kaczora Donalda, skoro puszcza się o nim film na Gwiazdkę.

Ze świątecznego ogłupienia patrzę na disneyowską *Królewnę Śnieżkę* i widzę uderzające podobieństwo krasnoludków do Świętego Mikołaja. Te same białe bródki, te dźwigane przez nie latarenki, kilofy, książeczki – zupełnie jak wór noszony przez tatusia? Mamusią byłaby Królewna Śnieżka wychowująca potomstwo samotnie w lesie. Widocznie Mikołaj wyznający filozofię miłości i drogi, hippisowsko owłosiony święty wiecznie w podróży, ma swoją rodzinę gdzieś – w disneyowskim lesie.

27 XII

Długi spacer ze śpiącą Polą w wózku. Szumi w głowie od drzew. Im jestem starsza, tym bardziej rozrastają się w moim życiu. Dawniej widziałam tylko korę, pień wyrastający z fundamentów korzeni. W dzieciństwie wyobrażałam sobie, że ich wiek liczy się ze słojów odkładanych co rok, a w tych słojach konserwuje się czas jak ogórki w słojach ze spiżarni. Czy zakochanie się w drzewach jest normalne dla każdego, kto zaczyna się starzeć i docenia maestrię roślinnego trwania?

Teraz mam „własne" grusze, dęby za oknem. Ale nadal hoduję bonzai. Rosną w doniczkach mieszczących się w dłoni niby dzieci noszone na ręku. W przeciwieństwie do dzieci, wiadomo, co z nich wyrośnie. Bo drzewa są tylko dobre, mądre, bezgrzeszne i dlatego ciągle wegetują jedną nogą w Raju, z którego ich nikt nie wypędził.

Idziemy z Polą na koniec ulicy pokolędować do sąsiadów. Z pięćdziesiąt osób, Dyrygent przy fortepianie na tle portretów litewskich przodków. Choinka – krzak na pół salonu. Stoję z boku, śpiewać nie umiem, umiem podziwiać. W blokach ludzie uciekają od siebie, no, może dwóch sąsiadów się kumpluje, tworząc koalicję przeciw tym z dołu, tym z boku. W domkach nie dzielą ściany. Łączą płoty i wspólne bolączki – jak te kręgosłupowe:

– Gdzie Piotr? – pytają sąsiedzi.

– Na desce.

– Aaaa – zazdrościowo. – W górach kopa śniegu.

– Chory na plecy leży.

– Aaaaa – solidarnościowo. Co zagroda leży jakiś miejski połamaniec od rąbania drewna, kopania ogrodu, noszenia dzieci.

Zasypują mnie radami, adresami lekarzy.

31 XII

Piotr leczy się bezruchem. Idę więc sama do sąsiadów na szklankę grzańca. Pola pożycza od ich synka gitarę i szybko wracamy w ciemnościach: wino (we mnie), kobiety (my) i śpiew (Pola).

Robimy roczne rozrachunki. Piotr, rocznik 54, wylicza: wszystkie lata z końcówką 4 były dla niego rewolucyjne. Obliczam swoje. 64 – urodziny, 74 – przeprowadzka z Bałut Śródmieścia na głębokie Bałuty. 84 – wyjazd do Krakowa na studia, 94 – powrót z Paryża do Warszawy. Nie chcę w tym roku wracać, wyjeżdżać, przeprowadzać. Chcę siedzieć u siebie, cichutko na dnie Nieba.

Czytam przy kominku pamiętniki Saint-Simona, Piotr myśli, Pola śpi. Mój największy sukces w tym roku? Jestem przeszczęśliwa, że nie mamy myszy!

Pierwsze zdanie po życzeniach noworocznych i szampańskich pocałunkach:

– Ornitolog to takie słowo, które rośnie w ustach – Bond, James Bond z telewizora.

STYCZEŃ

1 I 2004

W wolnych chwilach (minutach) siedzę nad Saint-Simonem, jego wspomnieniami z kryształowego wiwarium Wersalu, gdzie podlany perfumami rozkwitał kwiat ludzkości z gatunku mięsożernych orchidei.

Spoglądam na nie mniej egzotyczne wygibasy zawodników sumo w telewizji. Skąd narodowa fascynacja Japończyków tymi specjalnie tuczonymi grubasami? Dalekowschodnia odmiana żyjącej, roztrzęsionej galarety z *fois gras* podawanej na półmisku areny. W tym musi być coś homoseksualnego: plaskające biusty, gołe półdupki obejmujących się grubasków, długie włosy upięte w kok. Dla kobiet to może z trudem poruszające się, przekarmione bobasy, od których oczu nie można oderwać.

Msze z dziećmi hałasem przypominają piaskownicę: wrzaski, płacze, przepychanki. Największy

rozgardiasz i ubaw na scenie, czyli na stopniach ołtarza.

– Teraz się pomodlimy – zaproponował dominikanin. – No właśnie, za kogo?

Pola, ssąc zawodowo smoczek niby cygaro,
oceniała swoje szanse na główną rolę.

Natychmiast do mikrofonu podeszło kilku
odważnych chłopców.

– Za mamusię – powiedział najmłodszy.

– Za mamusię i tatusia – zaczęła się licytacja.

– Za rodziców, dziadka i papieża – bezzębny
szkrab wykończył konkurencję.

Jednak do mikrofonu dorwała się rezolutna
dziewczynka i zmiotła wszystkich:

– Pomódlmy się za Pana Boga.

21

Odłamki gotyku wystające ze skarpy Starego
Miasta. Ostre łuki murów z przypieczonej, złocistej
cegły są świątecznymi piernikami oklejonymi lukrem
śniegu.

W gazetach posypały się gwiazdki, oblepiły filmy, płyty i książki mające swoje premiery rok, dwa lata
temu. Wiele z nich, wtedy uznanych za złe, dzisiaj
błyszczy. Tak jest chyba z prawdziwymi nowościami.
Gdy się pojawiają, ocenia się je lepiej albo gorzej,
niż na to zasługują, prawie nigdy sprawiedliwie. Ze

strachu, żeby nie zrobić z siebie głupa, bo nie wiadomo, ile to coś warte, i z powodu układów stawiających
na piedestał lub flekujących. Kultura tak jak każda
planeta ma własną atmosferę. W jej skład wchodzi
głównie koniunktura.

3 I

Gdybym miała się przyznać, kim jestem, elfom
i krasnoludom goniącym mnie za ucieczkę z *Władcy
Pierścieni*, powiedziałabym: „Mam waginę, piersi, jestem kobietą – więc w czym mogę wam pomóc?"

Tak, jestem typową Polką wychowaną na hos-
tessę. Dbam o swój wygląd i cudzą wygodę. Slogany reklamowe epoki (humanizm i współczucie) mylę
z handlową propagandą (skremuj się za życia, jesteś
tego warta). Dlatego bywam wrażliwa, przewrażli-
wiona do tego stopnia, że kilkunastoletni siostrzeniec
może mi powiedzieć: „Eee, ciocia, nie kumasz, ten film
to arcydzieło, nie dla dziewczyn".

Zamiast dzieła sztuki zobaczyłam siny koszmar
zatytułowany *Władca Pierścieni. Dwie wieże*. Dwóch facetów ponad godzinę szło z jednego końca ekranu
w drugi. Jedynym urozmaiceniem akcji było zarzynanie
i zagryzanie. Ilość trupów na metr taśmy filmowej
przekraczała Stalingrad. *Szeregowiec Ryan* ze swoimi
najbardziej realistycznymi scenami wojennej masakry
to przy tym wesołe miasteczko. Nic dziwnego, że szy-
kują się już nowe Oscary za najlepsze zbrodnie.

Nie odróżniam hobbitów od krasnoludów. Widzę w nich ludzi wypuszczonych z obozów koncentracyjnych: łyse szkielety obgryzane przez dwunożne owczarki alzackie. Film nie o baśniowej walce dobra ze złem, ale o katowaniu podludzi. Mających twarze, mówiących, różniących się wzrostem i adresem. Czystki etniczne zasługujące na nominacje. Jakich my czasów dożyliśmy: masowe rzezie są rozrywką dla naszych dzieci oklaskujących efekty specjalne agonii.

Dotrwałam do scen poetyckich, gdy bohater spacerował po bagnie usłanym topielcami. Pamiętam podobną scenę z *Pól śmierci* o ludobójstwie w Kambodży, ale tamten film był dla dorosłych. Ten jest fantasy – wciąga widza w realistyczny świat wyobraźni. I nie ma w tym ironii, zabawy konwencją. Jest hipnoza. Dla mnie fantasy to robot wyklepany z puszki konserw i miażdżony grawitacją spojrzenia wróżki. Ale gdy puszka żałośnie przy tym piszczy, już mi źle, współczuję wszystkim piszczącym psom użytym do nagrania takiej ścieżki dźwiękowej. Nawet fiksujący komputer z *Odysei kosmicznej 2001*, będący samym głosem, wzbudzał litość swoją techniczną, ale po ludzku skomlącą śmiercią.

Fantazją jest balet widelców w chaplinowskiej *Gorączce złota*. Widelce nie mają przecież swojej primabaleriny. Gdy jednak Chaplin w głodowej malignie chce je wbić w kolegę, zaczyna się historia na kanwie przypadków ludzkości.

Chrześcijanie w ubiegłym sezonie palili książki o dziecięcym hokus-pokus Harry'ego Pottera, a w tym co? Pozwalają mordować dziecięcą wrażliwość pod pretekstem szlachtowania szatańskich pomiotów i pogańskich krasnoludków?

One nadal mnie prześladują, mnożą się w trzeciej część trylogii i dopadają nawet przy *Misiu Puchatku*. Sięgam w supermarkecie po kasetę dla dziecka o małym rozumku, a tu wyskakuje z postera trójwymiarowy, głodowo pokurczony stwór (hobbit?) i nie wiem, czy zbiera na akcję charytatywną, czy będzie w efekcie wirtualnie umierał.

OK, nie jestem uosobieniem delikatności. Wymyśliłam film (*Szamankę*) z jedzeniem na żywca mózgu głównego bohatera. Nie ja jedna, potem ucztowano podobnie w *Hannibalu*. Ale to był pojedynczy mózg, w dodatku męski. Spożyty prewencyjnie, by nie wymyślił gorszych okrucieństw. Był deserem, nie daniem głównym zżeranym kilka godzin – tyle, ile trwały *Dwie wieże* i starożytne zabawy w rzymskich cyrkach. Rodzice prowadzili tam dzieci na pokaz pożerania przez lwy chrześcijan, niewolników, naszych starszych braci elfów. Rzym upadł, skończył się Kościołem katolickim. Eee, chyba nie upadł, ciągle w nas gnije.

41

Przed ladą z mięsem przewertowałam w wyobraźni obrazy Bacona. Przy warzywach podchodzi do mnie chłopak i mówi, że czytał *Sceny z życia* kilka razy. Zamiast zapytać, dlaczego, chowam się za wózek z zakupami. Jestem trochę upiorem poruszającym wymyślone postacie, trochę własną reinkarnacją w innym wydaniu i utrzymanką tych, którzy mnie kupują. Stoję więc, bojąc się poruszyć, dać pierwszeństwo którejś mnie.

– Niech się pani nie da i dalej tak pisze – chłopak podnosi w geście zwycięstwa siatkę cytryn. Robię coś między ukłonem a zgięciem po ciosie i odjeżdżam wózkiem. Nie mogę zmienić profesji na inną Gretkowską.

Zima: w przedpokoju nie topnieje nam śnieg na wycieraczce.

Macaż – masaż erotyczny.

51

Wyjeżdżamy z domu o dziesiątej rano. Przy zjeździe na Piaseczno dwugodzinny korek, zawracamy. Polska przestała świętować, ruszyła powolutku do pracy, czyli blokady samej siebie?

Buddę (Przebudzonego) zrywającego zasłonę ułudy i Neo walczącego o wyzwolenie ludzkości ze złudzeń Matrixa grał ten sam aktor – Keanu Reeves. Zamiast miotać się w sutannie, równie dobrze mógłby mieć hinduskie szaty. I tak kojarzy się religijnie – nadprzyrodzenie, mieszając porządek ludzki z boskim i zwierzęcym. Jego spojrzenie jest spojrzeniem właśnie przebudzonego. Wyrwanego gwałtownie ze snu rozcięciem powiek. Z ich wąskich, ciemnych szczelin patrzą zwierzęce oczy bestii ukrywającej się w człowieku. Gdy je zamknie, znowu zarosną skórą. Twarz boskiej hybrydy, zbyt płochliwej, by zostać tylko zwierzęciem, zbyt wyrafinowanej na bycie człowiekiem.

Zastanawiamy się, jakie przedszkole wybrać dla Poli (w bardziej dramatycznej wersji: „Do którego ją oddamy"). Która fabryka dzieciństwa będzie najlepsza? Tam, gdzie się tylko bawią, czy tam, gdzie już uczą? Gdzie wychowują czy tam, gdzie hołubią? Za tym wszystkim jest obawa, że nie będąc z nią cały dzień, nie zrozumiemy już jej skojarzeń i lęków. Pojawi się nieprzetłumaczalny dystans tych kilku osobnych godzin. Pola, dorastając, będzie używać abstrakcji najpierw nieporadnie jak za dużych klocków, potem sprawnie wyrzuci nas ze swego świata – wyabstrahuje w pojęcie „rodzice". Na razie jesteśmy wszystkim. Kto jest bardziej infantylny, my czy ona?

Dostałam w telewizji od Cejrowskiego jego *Gringo wśród dzikich plemion*. Czyta się rewelacyjnie – i humor, i egzotyczna zgroza. Można by to przerobić na szkolny podręcznik tolerancji i przygody, tym bardziej że każdy rozdział kończy się morałem. Cejrowski, nie polemizując z urojonym wrogiem, bo atakowany naprawdę przez klimat, żądła i bandyterkę, ma czas przyjrzeć się całkiem obiektywnie, a nawet poetycko dżungli świata. Opisał swoje podróże tak sugestywnie, że czytając, słyszałam gdzieś zza ramienia jego głos nieco przemądrzałej papugi.

Większość książek tego rodzaju jest bezosobowo obiektywna, po prostu relacje ludzkiego wziernika wysłanego na zadupie. Moje ulubione *Wesoły antropolog* (Anglik w najczarniejszej Afryce uprawiający naukę i naukowy seks z tubylcami), *Hotel w Lhassie* (paryżanin w Tybecie usiłujący prowadzić luksusowy hotel i uchronić turystów przed tym, co chcą zwiedzić) są podróżami bardzo daleko od siebie, więc i od Zachodu. Podróże ekstremalne.

7 I

Ważę tyle, ile chuj słonia – 45 kilo w erekcji. Wiem, niedużo. Ale nie chce mi się jeść. Karmiąc Polę zupką, trawię cały wysiłek jej i swój, po czym jestem syta. Moja niechęć do jedzenia ma też swoje drugie danie. Żarcie do mnie nie pasuje. Kafka mówił: „Co ja mam wspólnego z Żydami, ja nie mam wiele wspólnego z sobą". A co ja mam wspólnego z kalafiorem albo bułką? Nie mówię o genach, te po ostatnich odkryciach naukowych ludzie mają wspólne nawet z zapałką. Chodzi o głębię istoty: słoneczną, dojrzałą zbóż, owoców i moją niestrawną.

Zamiast jedzenia wolę herbatę, podlewam się jej medytacyjną mądrością. Wmawiam sobie, że Lo Tung miał rację, pisząc: „Nie interesuje mnie nieśmiertelność, interesuje mnie smak herbaty".

Zaparzam dziennie kilkanaście swoich zielonych i czarnych. Cała ceremonia niecierpliwego wrzątku i harmonii gestów odmierzających odpowiednią ilość wody, listków. Wywar z czasu: trzy, pięć minut nasiąkniętych wiecznością.

Może dlatego kolor czarnej herbaty ma powagę mnisiego habitu. Rozpuszczalnej oczywistości.

8 I

Gra wstępna Jastruna. Rarytas gatunku: erotoman gawędziarz. Sześćdziesiąt dowcipnych, lirycznych opowieści poniżej pasa. Gdyby był Francuzem, Niemcem piszącym poczytne felietony obyczajowo-polityczne do poważanej gazety i poetyckie teksty o seksie do najpopularniejszego pisma kobiecego, zyskałby sławę nie tylko wśród czytelników. W Polsce przemyka się gdzieś pod ścianą literatury, nie po tej stronie, gdzie wieszają plakaty o najnowszej książce sławionego pisarza, ale po tej drugiej, zwanej ścianą płaczu dla niezauważonych. Przynajmniej tam by chcieli go widzieć krytycy. W „Rzepie", do której pisze, od kilku lat nie zrobiono z nim wywiadu, nie napisano artykułu o *Grze wstępnej*. Próbuję się domyślić powodu. W Polsce żaden mężczyzna w jego wieku, o młodszych nie mówiąc, nie pisze o erotyce i to w tak finezyjny sposób. Eseje o seksie po polsku nie istnieją. Prawdopodobnie w rojeniach krytyka z „Rzepy" za literaturę uznaje się jedynie wielkie dzieła XIX wieku. Czytelne, długie i przyzwoite. Ważne tematy współczesne muszą być bliskie przeciętnemu facetowi w średnim wieku: impotencja i alkoholizm. No, może jeszcze polityka, najlepiej wielka. Miłość jest niepoważna, odsyła do harlequinów i kompromituje pisarza, a pana krytyka rozczarowuje. To po stronie nobliwej gazety. Natomiast pisma kobiece są dla mnie niepojęte w swojej promocyjnej zawiści. Jastrun wiele lat publikował te eseje w jednym z nich, po czym odszedł do drugiego. Żadne więc nie piśnie ani słówka o jego książce, nie chcąc reklamować konkurencji. W tym wszystkim nieważni są czytelnicy, nieważna książka i autor. Czy ludzie stali się własnością przypisaną do gazet, stacji telewizyjnych i firm? Zupełnie średniowieczna zależność finansowa od pana feudalnego (piszesz u nas na wyłączność), noszenie jego barw (plakietek, reklamówek). Pojawienie się w innych szeregach skazuje cię na banicję. Tak było z Krystyną Jandą piszącą kiedyś do „Pani". Pisma kobiece pomijały wtedy milczeniem jej dobre książki – felietony. Albo już zupełne kuriozum: pewien polityk w radiowym wywiadzie porannym nie ocknął się jeszcze, zapomniał, do którego sitka gada, i pomylił nazwę stacji, wymieniając jako gospodarza konkurencję. Popełnił grzech gorszy od zdrady stanu: na antenie wymówił zakazaną nazwę.

Ludzie nie są własnością prywatną właścicieli stacji, koncernów. Chyba nie. A może ja też jestem czyimś logo?

Gra wstępna pominięta we flircie z komercją jest pięknie wydana, mądrze napisana i nadaje się znakomicie na prezent miłosny. Tak ją też chyba trzeba traktować literacko. Prezent miłosny od Jastruna dla polskiej literatury. Ciekawe, jak długo będzie nie-rozpakowany i niedoceniony, a miłość nieodwza-jemniona.

Pola na kursach przedszkolnych ukradła ze żłóbka Jezuska. Po kryjomu weszła do sali, gdzie była stajenka. Wsadziła sobie pod pachę maleństwo w beci-ku i wołając „pseprasam, pseprasam", uciekała do wyj-ścia. Zmuszona do oddania Jezuska usprawiedliwiała się: – Chciałam go tylko pokołysać.

– Wychowaliśmy nadgorliwą katoliczkę, zły wpływ kolęd – Piotr tłumaczy córcię. – Słucha ciągle o zapłakanym Jezusku, mama nie dała mu sukienki, to się użaliła nad nim, ma dobre serduszko.

9 I

Trzeba rozebrać choinkę i zreedukować dziec-ko po Świętach. Mniej świętości, więcej Teletubisiów – angielskiego serialu dla noworodków. Dzieci zaczy-nają się nim interesować już w trzecim miesiącu życia. Niewtajemniczonym w tę subkulturę (są serki, koszul-ki, laleczki Teletubisie) serial może się wydawać schi-zofreniczny. Rzeczywiście są go w stanie oglądać tylko niekompletne mózgi w trakcie powstawania lub rozpa-du, czyli wczesnego dzieciństwa albo alzheimera. Był to jedyny program telewizyjny, którym interesowała się schorowana Iris Murdoch. Mogę sobie wyobrazić spustoszenia powodowane alzheimerem, jeśli tej klasy intelektualistka i pisarka skończyła na Teletubisiach. Istotach pierdzących przy siadaniu i zasypiających w opiekaczach pod metaliczną folią, żeby było im cieplej. Wbrew pozorom ich przygody nie mają nic wspólnego z science fiction czy *Śniadaniem mistrzów* Kurta Vonneguta, gdzie kosmici porozumiewali się za pomocą stepowania i pierdnięć. Teletubisie, chociaż wyglądają na niemowlaki z Marsa, są bliższe telenowelom. Mówią bardzo powoli i wyraźnie. Każdą sytuację objaśniają dwa razy, na wypadek gdyby ktoś się pogubił w zawiłościach fabuły. Oczywiście są humanitarne, szerzą wartości i kończą się dobrze. Dzieci wyrastają z Teletubisiów, dorośli z telenowel nie.

Wyrzucona przed dom choinka w świecidełkach sopli i śniegu. Nocą po Wigilii rozpakowaliśmy się pod nią przy kominku i mruczeliśmy zwierzęcymi głosami. Wszyscy byli już nakarmieni, uśpieni, zeświątecznieni. Mieliśmy wreszcie czas dla siebie. Na gałązkach coraz szybciej bujały się bombki, kręciły ozdóbki, Mikołaje. To chyba najbardziej falliczni święci, w pąsowych stożkach czapek z białą lamówką napletka. Dźwigają, ciągną za sobą mosznę worka pełną prezencików wykładanych pod trójkątną, szczeciniastą choinkę zawsze rodzaju żeńskiego, chociaż bywa świerkiem. A jaka radość, ile przyjemności, gdy stają w progu i wreszcie wchodzą, wychodzą i potem znowu... Mikołaje robią to ciągle, dla dzieci...

Czy mężczyźni mają jeszcze w sobie tyle romantyzmu, żeby szukać kobiety swoich marzeń? Czy raczej hostessy swoich marzeń? Z Belgii przyjechał do Warszawy poeta, kiedyś znany w polsko-paryskim środowisku jako talent do panienek. Jest na utrzymaniu bardzo zamożnej pani w wieku jego matki, może go erotycznie zaadoptowała. Wbrew sprzeciwom jej rodziny zasadziła go w swojej posiadłości, gdzie się przyjął. Dla natchnienia zażyczył sobie ruchomych schodów z salonu do sypialni. Jeździ nimi w tę i z powrotem, opróżniając butelki ustawione wzdłuż poręczy. Zacytował mi swój najwybitniejszy utwór: „Ciężka jest dola poety wyciskać podziw z kobiety". Powtarzał go po każdym telefonie od swojej, zakochanej w nim kobiety.

Patrzyłam na niego w kawiarni miotającego się między komórką i kieliszkiem. Modnie przystrzyżonego, owiniętego bajecznie kolorowym fularem od Kenzo, a naprawdę od niej, tak jak wszystko, co ma. Kiedyś się w nim podkochiwałam. W stuprocentowym mężczyźnie, w linii prostej dziedzicu Adama. Praojca oczekującego nagród za nic, za żadne zasługi (zaloty to nie zalety) oprócz tej, że jest. W końcu doczekał się i Bóg dał mu pierwszy w dziejach ludzkości prezent. To, o czym marzy każdy rasowy mężczyzna: gołą babę wprost z rajskiego sex shopu. Potulną i głupawą.

Jest teoria, że język prasłowiański był *lingua franca* dla plemion podbitych przez niekoniecznie słowiańskich najeźdźców. Mówili nim poddani sarmackich szlachetno-szlacheckich władców. Z czasem stał się wspólnym językiem panów i niewolników. Ta teoria dzieląca dawnych mieszkańców znad Wisły rasowo i klasowo wydaje się prawdziwa, kiedy widzę reprezentację narodu w sejmie. Przebrani z wybranych: Lepper w swoim krawacie udającym słup graniczny (inteligencji). Bełkocze dziś o mocarstwach ważniejszych od przecenianej i odległej Ameryki: „Chiny! Rosja! – z nimi nasza przyszłość, to jest cywilizacja na rzut kamieniem!"

Wyobrażam sobie po takim dniu w sejmie przyjacielskie wieczory Tuska z Rokitą. Odreagowują przy kielonku wina, rozmawiają z nostalgią o fascynującej ich starożytnej Grecji. Tam umiejętność życia politycznego (dyskutowania, przekonywania) była cnotą. Według Sokratesa polityk był człowiekiem cnotliwym, więc szczęśliwym. Z (greckiej) demokracji nie zostało nam ani szczęście, ani cnota, one w polskim sejmie wręcz się wykluczają. A Tusk zwierza się ze swej depresji.

13 I

Gdzie jest niebo? Pola próbuje go dotknąć, każe się podsadzić.

Gdzie jest moje niebo? Moja plantacja szczęścia. Nie przestałam w nią wierzyć, ale chyba zarosła ze zmęczenia. Ledwo co ją widać znad garów i głupot.

15 I

„Dysponujemy zmysłem, który utrzymuje naszą więź z całością. Nazywa się on – sumieniem". Jäger.

Wieczorem smakujemy ten kawałek tortu, jakim jest wyszarpany dla siebie pod koniec dnia wolny czas. Luzik, książeczka, Piotr włącza telewizor, bardziej żeby się upewnić, że nic nie ma, niż oglądać. Na Canal Plus lecą obrazki z Tybetu. Zwyczaje, krajobrazy. Przez pustkowie idzie Tybetańczyk, dźwiga na plecach worek. W worku zmarła żona, zmarła od co najmniej tygodnia – jest już sina. Co dalej, nie wiem, zamykam oczy. Słyszę tylko odgłosy i komentarz narratora: „W Tybecie z braku gleby i drzew pochówki odbywają się przy pomocy sępów. Ptaki rozszarpują ciało". Ciach, mlask, mlask – grabarz z mężem tną żonę na kawałki dla nadlatujących ptaszysk. Łup, łup – kamieniem miażdżą na proszek kości i czaszkę. Trup zjedzony co do okruszka – opowiada Piotr.

Na filmie żadnych skrótów, przymgleń.

Jaką trzeba mieć wiarę, żeby potraktować ciało bliskiej osoby na zasadzie opakowania. Takie pogrzeby są chyba nie tylko dla pozbycia się zwłok. Równie dobrze można by je wyrzucać na pustkowiu za mur, bez makabrycznej sekcji rękoma najbliższej rodziny. Ten spektakl odzierania do niczego, do „buddyjskiej pustki", jest dla żywych. Przypowieścią o marności wypisaną na skórze i mięsie człowieka.

Alexandra David-Néel (dystyngowana Francuzka, śpiewaczka operowa) na początku XX wieku, przebrana za tybetańską żebraczkę, zwiedziła tamtejsze klasztory i miasta. W *Mistykach i cudotwórcach Tybetu* opisała inicjacyjny taniec mnichów z trupami, spanie na zwłokach. Wdowiec z filmu dokumentalnego był zwykłym tybetańskim wieśniakiem, żadnym mistykiem. Trudno oceniać ludzi innej kultury, więc nie wiem, co oznaczało jego spojrzenie: zmęczenie, pustkę, rozpacz czy psychozę.

Piotr próbuje się po filmie otrząsnąć, zracjonalizować obejrzany koszmar:

– Żałoba jest drugim umieraniem.

Co można czuć całując kogoś, pieszcząc i wiedząc, że kiedyś najprawdopodobniej wypruje się z niego martwe wnętrzności? To się nazywa heroizm codzienności, po tybetańsku.

19 I

Chyba mam zimowy zjazd, saneczkami w doły smutku. Odpoczywa mój układ nerwowy (ludzki organizm zwalnia zimą) albo mam alergię na lodowiec odziedziczoną po zmarzniętych jaskiniowcach. Zwykłe czynności rosną przede mną w zaspy. Katuję się płytą *Alina* Arvo Pärta – łotewskiego kompozytora – skandynawskiego do tego stopnia, że jego muzyka jest zamarzaniem dźwięków. Przy niej spada czarny śnieg. Tak to mniej więcej brzmi i jest jeszcze smutniej. Lodowiec nasuwa mi się na czoło. Z pamięci wyłażą prywatne zabobony:

1. Nie zostawiać zapisanej kartki literami na wierzchu. Ze strachu o napisany tekst.

2. Buty najlepiej schować do szafy. Ustawione czubkiem w stronę drzwi wróżą wyjście, czubkiem do mieszkania – zostanie. Jeden w tę, drugi w tamtą – kłótnię.

20 I

Wszystko, co po prawej stronie domu, od pewnego czasu się psuje: zmywarka, nowa pralka, kibel, pęka ściana... To znaczy nie od czasu, tylko od...? Według feng shui ta część domu należy do mściwego białego tygrysa. Lepiej go nie drażnić, potrafi nawet zabić. Według mnie, wprowadzając się, trzaskając, obudziliśmy anioły przyśnięte z bezczynności na dachu. Nie zdążyły rozłożyć posklejanych nudą skrzydeł i pospadały od strony drzwi (prawej). Teraz poruta. Nie ma kto się opiekować tą częścią domu. Trzeba poczekać do Wielkanocy, kiedy znów się wylęgną z jaj i usiądą na grzędzie.

Daliśmy w internecie ogłoszenie: „Złocisty Picasso do sprzedania".

Zgłasza się ktoś z Rzeszowskiego. Szuka po całej Polsce takiego złotego autka, na nazwisko ma... Gral. Przyjedzie jutro. Zastanawiamy się, czy to nie dowcip, ale facet jeszcze wieczorem potwierdza swój przyjazd. Znajdzie u nas swojego złotego Graala?

21 I

Mamy szczęście do kupujących. Jak nie klient na mieszkanie wyciągający z kart tarota swoją wizytówkę „Szaleńca", to samochodowy poszukiwacz Graala. Oczywiście, będzie szukał dalej. Nie podoba się mu wymieniona listwa w drzwiach po moim zderzeniu z płotem. Gralowski Graal musi być bez skazy.

22 I

Wynalazłam sobie w sklepie muzycznym *L'Orchestre du Roi Soleil* Jeana-Baptisty Lully. Podkład muzyczny do pamiętników Saint-Simona. Włączam z tej płyty na przebudzenie muzykę do *Mieszczanina szlachcicem* i zapominam, gdzie żyję, a zwłaszcza po co. Fanfaronada słynnego *Marche pour la Cérémonie Turque* jest molierowskim śmiechem. Muzyka dwudziestu czterech skrzypiec – dworską intrygą. Ozdobniki z prawdziwego złota.

Na cymbałkach Poli wygrywam menueta, którego zapis był razem z płytą. Wychodzi mi żałosne pim-pam. Do takich nut trzeba mieć dwór, nie dworek.

24 I

Po dniu z Polą takim samym od ponad dwóch lat: pobudka, śniadanie, spacer, obiad, zabawa, spacer (ani chwili osobno), idę do łazienki, szykując się na wieczorne wyjście (sama). Myjąc się, ścieram mamusiowatość. Malując, kładę tynk pod własną, inną osobowość niż bycie matką. Wychodzę z łazienki odmieniona. Dziecko próbuje zetrzeć moją nową twarz oddzielającą je od pocałunków, zapachu bliskości.

Zostawiam Polcię w domu, ale nie w domu dziecka! Piotr zajmuje się nią czasami lepiej ode mnie. Jednak sumienie czterdziestoletniej matki alarmuje, wysyła SMS-y. Oddzwaniam do domu.

– Czy ja jestem opiekunka? – Piotr się dziwi po trzecim razie. – Sprawdzasz mnie? Wyluzuj, nic złego nie robisz, masz prawo wyjść. *Over*.

U Misiaka, którego nie widziałam od Gwiazdki, wieczorna centrala telefoniczna singli w sobotni wieczór. Czekam, aż będzie wolna, i przeglądam gazety. Mam miesięczne zaległości. Robiłam korektę *Europejki*, próbowałam też połknąć naraz kilka książek.

Na stosie pism okładka z Kubą Wojewódzkim, moim idolem w „World Idol". Nic nie rozumiem z artykułu, wypadł dobrze, źle? Nie widziałam programu, nie mamy Polsatu. Brak jednego kanału upośledza w życiu publicznym, jak brak jednej ręki w prywatnym? Długi tekst, ni to na cześć Wojewódzkiego, ni to mu na pohybel. Porównuje się w nim Kubę do amerykańskiego Jerry'ego Springera niegardzącego mordobiciem na planie telewizyjnym. To tak jakby Attenbourougha przyrównywać do szympansa, tylko dlatego, że obaj występują w przyrodzie. Polskim Springerem jest Ewa Drzyzga w „Rozmowach w toku" i bez bicia. Warszawka, do której nie wiadomo czemu zalicza się Wojewódzkiego, potrzebuje pochlebstw, a on uprawia bezlitosny i dowcipny lincz salonowy.

Oprócz niego żaden z polskich showmanów nie potrafi zaczarować publiczności. Zrobić telewizyjną magię dobrze dobranymi piosenkami, światłem i tekstami. Zdaje się, chcą zajebać faceta za to, że jest inteligentem. Rozmawiamy o tym z Misiakiem, jadąc do knajpy. W tym mieście jest tak ciemno, my tak zagadane, że wjeżdżamy po jakichś schodach na półpiętro i odrywa się błotnik.

Misiak ma urodziny – stawia w sushi barze. Ostatni raz byłam tu – miałam wolne dłużej niż godzinę – na Wszystkich Świętych. Spotkałam wtedy przypadkowo Wojewódzkiego. Nie znamy się prywatnie, kiwnęliśmy więc sobie głowami. Dzisiaj pusto. Po kwadransie wchodzi Kuba ze swoją dziewczyną. Czy oni się tu stołują? Czy poruszamy się tymi samymi szlakami w innym wymiarze? Mówię mu komplementy, on w zamian daje mi swoją płytę. Chyba jej nie wyżebrałam?

Muniek się udzielił w wywiadzie o kobietach do „Wysokich Obcasów". Podrywa je, gdy mu się podobają: „Mam taki przelot" – mówi. Czuję się przeleciana przez Muńka mentalnie, wte i wewte.

Próbowałam wyobrazić sobie anioła miłości. Bez imienia, z twarzą tego, kogo się kocha. Miałby długie skrzydła, ułożone w tren sukni ślubnej. Gdy miłość się skończy, wyrywałby sobie pióra, wyskubywał je do krwi i maczał w kałamarzach ran, żeby napisać...
...No właśnie, co? Nie doczytałam.

Średniowieczny *danse macabre* na boisku dla milionów widzów z całego świata: roześmiany, wysoki blondyn kopnął piłkę, odwrócił się od publiczności i padł na trawę. Natychmiast podbiegli lekarze, reanimacja, szpital. Bez skutku. Umarł od razu, wbrew oczywistości, że szybka pomoc lekarska, młodość coś mogą przeciw śmierci. Któż jak Bóg? – pytają w Biblii, chwaląc moc Pana, któż jak sportowiec jest zdrowszy. Jego umieranie było podobne do przejścia kostuchy przecinającej jednym zamachem ludzkie życie bez względu na stan, wiek, urodę.

Wysportowany, piękny mężczyzna ścięty na murawie w sekundę, odrzucony na stos trupów. Współczesny taniec śmierci. Nie malowany na ścianach kościoła, ale sfilmowany na boisku. W samym środku pasji życia.

28 I

Jesteśmy zaproszeni w połowie lutego na ślub córki Piotra do Berlina. Lubię patrzeć na śluby: na pannę młodą prowadzoną pod rękę przez ojca do oczekującego narzeczonego. Pradawny gest Boga prowadzącego Ewę do stęsknionego towarzystwa Adama.

Strasznie mi żal, że z czasem suknia ślubna spłowiała. Obszarpano z niej wszystkie renesansowe, barokowe ozdoby. Straciła kolory raju. Sprano ją do nudnej bieli niby wyrośniętą sukienkę komunijną i to w czasach, gdy dziewictwo traci się niemal z mlecznymi zębami. Dlatego śnieżność sukni ślubnej jest sztandarem obłudy albo białą flagą panny młodej, oddającej się w niewolę małżeństwa. A on, pan i władca stworzenia, wystrojony w czarny garnitur urzędnika podpisującego kontrakt. Może cyrograf na miłość? Ta symbolika bieli i czerni jest dość złowieszcza dla związku. Co powstanie z ich złączenia? Szarość dni, uczuć.

Do ślubu idą też z młodą parą mieszczańskie zabobony gwarantujące szczęście: bukiet byle nie różowy, coś pożyczonego, starego, nowego, moneta w bucie, a kto kogo przeciągnie na swoją stronę, odchodząc od ołtarza, ten będzie rządził w małżeństwie.

Dlaczego to wszystko musi być zamknięte w przesądach i konwenansach, gdy miłość je łamie? Ugrzecznione ceremonie, poskromione barwy. Kościoły też wyblakły, zagipsowano w nich orgie średniowiecznych kolorów porządną bielą. Ze świątyń życia zamieniono je w sterylne kabiny transportu sumień.

Wieczorem, sprzątając zabawki Poli i jej farby, usiadłam przy kominku i się rozmarzyłam. Dziecięcymi kolorkami namalowałam suknię ślubną. Gdybym miała wyjść za mąż, pójść do ślubu, do raju, byłaby właśnie taka: jaskrawa i hałaśliwa. Mieniąca się światłem księżyca, słońca, blaskiem tropików. Haftowana w gwiazdy, drzewa i ciągnąca za sobą taftę fal. Szeleściłaby śmiechem. Na głowie nie cnotliwy wianuszek, ale wieniec ze zbóż, pióra, olśniewające kamienie i gniazda ptaków, wokół przedramienia miedziany wąż. W ręku ociekające sokiem owoce. Przy boku zwierzęta lęgnące się ze swymi szponami, futrem i kłami w klatkach mych zalet i wad. W takim stroju nie byłoby wątpliwości, kto stanie na ślubnym kobiercu. Oddajemy przecież siebie z całą menażerią pragnień. Bywa, że daremnie, komuś, kto nie wart jest tego splendoru.

Nie wezmę na razie ślubu, nie wystąpię z pawim ogonem wymyślonej sukni, symbolizującej moje nadzieje i uczucia. Nie dlatego, że nie kocham. Z miłości umówiliśmy się na uroczystą randkę naszego życia, gdy nie będziemy już mieli sił na rozwód. Wtedy powiemy starczym głosem: Tak. Temu, co wspólnie przeżyliśmy, narzeczeństwu codziennego życia.

– Czy to będzie na zawsze? – zapytają buddyści wierzący w reinkarnację. Ich romanse, jak te z książek

Alexandry David-Néel, trwają stulecia. Nie wierzę w wielość wcieleń. Jestem przekonana o jednorazowości duszy. Ale wierzę w reinkarnację miłości w trakcie jednego związku. Od zakochania po sprzeczki i nowy rozkwit. Jestem buddystką uczuć w chrześcijańskim obrządku miłości.

30 I

Dlaczego Polska najlepiej wychodzi opisana groteską? Ten ironiczny błysk w oku musi być wrodzony mieszkającym nad Wisłą. Potrafią go nawet wyeksportować, jak Gombrowicz. Zgryźliwy humor Mrożka jest najlepszym streszczeniem absurdu dziejącego się tutaj za komuny. Kondensacją tamtej atmosfery, dlatego, czytając go, śmiejemy się powietrzem lat 60.–70. Podobnie *Rejs* to groteskowy skrót długiej podróży przez Peerel. Albo *Dzień świra*, najdokładniejszy opis współczesnego inteligenta nie w chwale, ale właśnie w grotesce.

Co jest? Naprawdę w Polsce grotecha jest wrodzona? Co różni nas od Ruskich, Czechów i Niemców? Rosjanom zazdrości się wielkiej powieści, psychologicznych dramatów. Czesi mają balladowe powieści Hrabala, elegancko skrojone na miarę Europy książki Kundery. Niemieckojęzyczna literatura poza poezją to dla mnie filozofia od Kanta po Husserla, ale się nie znam. Zostanę więc przy Polsce. Groteska jest nabijaniem się z nieprzystawalności formy do treści. Wielkości do małości. To jedyny kraj w okolicy rozdęty do

granic Morza Czarnego i Bałtyku w czasach jagielloń-
skiej świetności i skurczony do rozmiarów kundla narodowego parę wieków później. Mocarstwo bez granic, bo zniknęło po rozbiorach z mapy. Przez dwieście
lat noszone w pamięci każdego Polaka. Wielkie i nie-
istniejące. Czy stąd ten groteskowy kiks, wrodzony
z historią, geografią i językiem? Nie zdrowy, rubaszny
śmiech, ale groteskowy prześmiech z nieprzystawalności do sytuacji?

Gral objechał Polskę i wrócił po nasze złote
autko. Sprzedane. Teraz namysł, co kupić w zamian.
Każdy jest lekarzem i mechanikiem samochodowym,
każdy ma motoryzacyjne przesądy. „Nie kupuj samochodu na F: fiata, Francuza, forda". „Każdy ford gówno
wort". „Peżocik gruchocik". Chodzimy po garażach
i spisuję te konkurencyjne rewelacje.

31 I

Otwieram szufladę bieliźniarki i natychmiast
ją zatrzaskuję. Otwieram jeszcze raz, sprawdzam, czy
mi się nie przywidziało. Między ręcznikami, upranymi
ściereczkami i bielizną zobaczyłam nakrochmalony
członek Piotra z zaprasowanym w kancik napletkiem.
Zaglądam do biurka, tam między papierami na wspólne ubezpieczenie pulsują przypięte spinaczem biuro-
wym jego jądra. Z książek w bibliotece wystają zakład-
ki z jego włosów łonowych. Po jednym na zaczytany
tom.

Po dziesięciu latach, niedługo nasza rocznica, mam chyba poczucie winy, że go przywłaszczyłam. Pewnie miewa ochotę na inne kobiety, przemykają mu przez wyobraźnię w kompletnym negliżu. Jest wierny nie z ciała, ale z obietnicy, że warto. Wbrew swojej naturze, wbrew sobie?

LUTY

Jest niedziela, Pola domaga się Jezuska. Idę z nią na mszę dla dzieci do zaleskiego kościoła. Niech poogląda żłóbek i wracamy. Wieczorem pojadę do dominikanów pomodlić się podczas normalnej, niedziecinnej mszy i w trochę innym, klasztornym obrządku. Stoję pod kolumną, Polcia przestawia figurki w sianku, naprzeciw przy drugiej kolumnie uśmiecha się do mnie Robert Tekieli. Ile jest w Polsce kościołów? Kilkadziesiąt tysięcy? Jakim cudem się spotykamy? Czy my jesteśmy z jakiejś przypowieści: on o nawróconym, ja o jawnogrzesznicy? Ostatni raz widzieliśmy się kilkanaście lat temu. Nie należał jeszcze do pampersów, należał do siebie: newage'owy facet, który założył „bruLion". Pasjonat z wizją.

Pracowaliśmy razem w krakowskim akademiku przy pierwszych podziemnych brulionowych numerach. Tych awangardowych i anarchistycznych. Za ich kolportowanie ścigała bezpieka. Trochę romansowaliśmy, trochę filozofowaliśmy, jak to dwudziestolatkowie pochłonięci wyjątkową misją polegającą na byciu bezkompromisowo młodym. Opowiadałam mu o Ojcu Pio, on uśmiechał się z wyrozumiałością agnostyka. Patrzyłam na niego pobłażliwie, kiedy on za najgorszej komuny mówił, że w wolnej Polsce zostanie ministrem kultury.

Byliśmy sobą zafascynowani, ale nie było nam po drodze. Przy ostatnim chyba spotkaniu Robert przekornie powiedział: Zobaczysz, znowu się nam kiedyś zejdzie, za ileś lat.

Teraz? Kiedy stoimy naprzeciwko, obydwoje dzieciaci, po dwóch stronach barykady ołtarza? Nie odzywamy się do siebie. Rozdzieleni czasem i tym, co się przez ten czas z nami stało. Zadziwiające, ile różnych figur i poglądów może pomieścić ten Kościół.

Tekieli w swoich audycjach Radia Józef tępi wszystko poza katolicyzmem. Jego katolicyzm jest anachroniczny, co wykazał mu podczas radiowej dyskusji znawca teologii, udowadniając, że rola Kościoła po drugim soborze watykańskim została jasno określona: koniec z nawracaniem, Kościół ma przyciągać świętością i przykładem. Nie zależy mu na ilości pozornie wiernych. Żadnych krucjat duchowych. Robert bronił się w tej rozmowie niczym ostatni rycerz wyprawy krzyżowej, któremu odbierają ziemię obiecaną propagandy. Tekieli mówi niekiedy bardzo mądrze, uświadamiając katolikom, jakie skarby zawiera ich wiara. Nie odsyła do paciorka, poleca ojców Kościoła i ćwiczenia duchowe Loyoli. Niestety, jego kaznodziejski zapał zamienia go w nowoczesnego inkwizytora. Zapędza się w duchowe rasizmy, udowadniając, że wiara Europejczyków w osobowego Boga jest najlepsza. To co, Tybetańczycy mają gorzej, wierząc w nieosobowe? I w ogóle mają przerąbane, bo nie są Europejczykami? Robert w swojej radiowej „Encyklopedii New Age'u dla chrześcijan" mógłby pewnie skorzystać ze słów Wilbera: „Moim zdaniem, epidemia New Age, która – no cóż! – wywyższa magię i mit do poziomu nadpsychicznego i subtelnego, myli *ego* z *self*, preracjonalne wysławia jako transracjonalne, prekonwencjonalne spełnianie życzeń myli z postkonwencjonalną mądrością, chwyta swoje *self* i nazywa je Bogiem. Życzę im dobrze, ale... Oby ich życzenia szybko się spełniły, żeby mogli odkryć, jak bardzo są w istocie niezadowalające". Tyle że Robert nie odróżnia poziomu magicznego i regresji od stanów je przekraczających – transcendentalnych. Wszystko, co niekatolickie, wrzuca do worka „Szkodliwe". Ze swojego radia robi parafialno--sekciarski kołchoźnik. Po co upraszczać resztę świata do guseł i diabła? Mylić bezosobowego ducha z jakimiś energiami czyhającymi, żeby nas skopać niby prąd z gniazdka.

Dzisiaj oboje podpieramy kolumny po obu stronach ołtarza. Patrzymy na siebie i nie widzimy. Może już skamienieliśmy w ornamenty, takie z romańskich kościołów: on wdrapał się na kapitel i jest apostołem z radiem, ja oplotłam kolumnę wężowym ciałem ladacznicy. Przynajmniej takie są pozory. W każdym momencie możemy zmienić figurę, przeistoczyć się w świętych, potępionych – jest jeszcze tyle wolnego miejsca na innych kolumnach. I tyle czasu, co będzie z nami za kolejne dziesięć lat?

2 II

Dzienniki, autobiografie są wypolerowaną dupą. Nie, najczęściej tylko półdupkiem.

Zadziwiająca konsekwencja, z jaką dealerzy wozów nie kupują aut, które sprzedają. W Citroënie jeżdżą peugeotami, w Peugeocie japońskimi, w Toyocie volkswagenem. Czy bierze się to z chęci wywyższenia nad kupującymi? Czy z kompletnej wiedzy o sprzedawanych autach, ich zaletach, a zwłaszcza wadach. Strach kupować... Najlepiej kupić wóz tam, gdzie dealer jeździ swoją marką (w granicach finansowego rozsądku).

3 II

Oglądam *Ostatniego samuraja* i zamiast prześlicznego Cruise'a w japońskiej zbroi widzę roślinę. Moje malutkie bonzai, kiedyś z nim rozmawiałam. Zasypałam dzielącą nas różnicę poziomów kryształkami LSD. Zamroziły one w moim umyśle rozkrzyczane zwierzę i cofnęły do czasów, gdy pień mózgowy i pień drzewa miały wspólnych roślinno-zwierzęcych przodków. Bonzai powiedziało mi wtedy (nie ustami, ale wprost w duszę), że jest bardzo wdzięczne za codzienne podlewanie. Odpowiedziałam: Spełniam obowiązek.

Drzewko uznało jednak moją troskę za gest bezinteresowny i chciało wyrazić wdzięczność. Co powiedziałby właściciel paprotki czy fikusa w takiej sytuacji? To samo, co ja: – Ależ nie trzeba.

Bonzai nalegało, w podzięce postanowiło zapachnieć. Te drzewka normalnie nie pachną, podobnie jak łabędzie nie śpiewają. Nasza rozmowa przybierała zły obrót. Wręcz fatalny, gdy poczułam obiecany zapach. To był smród. Następnego dnia już przy zdrowych zmysłach jako *Homo sapiens* bez roślinnych domieszek zobaczyłam w doniczce suchy kikucik. Starannie podlewane drzewka nie usychają tak szybko i w dodatku bez żadnych wcześniejszych oznak...

Ono musiało razem z zapachem wyzionąć ducha. Pełna poczucia winy poszłam do kwiaciarni po drugie. I to już nie była halucynacja: identyczne drzewko miało metkę po łacinie: „Stincus" – „Śmierdziel". Nie znałam się na fachowych nazwach. Wiedziałam o bonzai tyle, że hodowcy, przycinając im gałęzie, pomniejszają ciało. Nie potrafili jednak zmniejszyć duszy. Mają nadal wielką duszę japońskich drzew, z których powstały. Wielką i odważną, o czym się niestety przekonałam. Przecież bonzai, pachnąc dla mnie, popełniło roślinne harakiri, rytuał przysługujący w Japonii wyłącznie ludziom honoru. Nie chcę się zagłębiać w meandry dalekowschodnich kodeksów wdzięczności wymagających z naszego punktu widzenia czynów absurdalnych. (Na ekranie Cruise po bitwie japońskich rycerzy z armatami pomaga swemu rannemu samurajskiemu przyjacielowi dorżnąć się mieczem. Obaj są szczęśliwi, wrogowie płaczą ze wzruszenia i klękają.) Faktem jest, że bonzai w podzięce za troskę o jego życie wybrało śmierć. Wbrew łatwiźnie wegetacji, dla której wystarczy być, dopełniło sztuki bycia rośliną doskonałą, więc i pachnącą. Osiągnęło szczyty mistrzostwa. Nauczyło się tego od ludzi: doskonalących latami ceremonię picia herbaty, machania kijem, układania ikebany czy właśnie tworzenia bonzai. Żeby je wyhodować, trzeba być artystą. Uprawiać cierpliwie, ale w natchnieniu. Codziennie podlewać, wyczuwając, czy dodać światła, czy cienia. Sztuka ogrodnicza wymagająca mistrzowskiego światłocienia Rembrandta. Precyzji malarskich miniatur – całe drzewo rośnie w maleńkiej doniczce. A wyrasta z niego roślinny heros. Nie kupiłam następnego bonzai. Nie zastępuje się jednego bohatera drugim. To był mój ostatni japoński samuraj. Poczułam się Cruise'em z tego filmu: pomogłam przyjacielowi umrzeć.

4 II

Ciągle szukamy po salonach samochodowych najlepszego dla nas wozu. Piotr wybrał limuzynę – bezpieczną, wygodną. Wsiadam i mam ochotę przylepić na końcu jej maski lizaka, żeby wiedzieć, gdzie się kończy.

– Popatrz na mnie – proszę.
– Nie podoba ci się?

– Nie jestem przyzwyczajona, nie mam biustu. Przeszkadzałoby mi coś, co zasłania widok. Znowu przyładuję niechcący przodem w płot... Dlaczego ty wolisz trójkę zamiast zerówki? – dla mnie wybór wozu jest zależny od wielkości stanika.

Piotr przygląda się, namyśla. Nie ma kompleksu penisa, więc decydujemy się na najkrótszego nissana micrę. Kształtem i kolorem trochę przypomina sprzedanego Picassa. Znajomym będziemy mówili, że się skurczył w myjni.

Niektórzy żyją otuleni watą, niestety szklaną. Nie sposób do nich dotrzeć, dotknąć, przytulić się, nie kalecząc.

5 II

„80 dni do wejścia do Europy" – przypominają (ostrzegają?) z radia, gazet.

– Osiemdziesiąt lat, nie dni – wkurza się Piotr ciągłym brakiem telefonu.

W Paryżu, na podsztokholmskiej wsi zakłada się go w dwa dni. U nas trzeba doczekać roztopów, żeby wkopali kabel. Może nasze podanie do TP SA złożone pół roku temu o tymczasowy radiotelefon instalowany od razu też musi się odmrozić.

Czuję się ubezwłasnowolniona zimą. Te buciory, kożuchy, swetry – kaftany bezpieczeństwa otulające przed mrozem.

6 II

W „Świecie Nauki" najnowsze odkrycie: czas i przestrzeń są być może atomami. Mają to potwierdzić eksperymenty. Dzięki postępowi nauki będzie można schować ulubiony kawałek czasu do słoika? Rewelację o nieciągłości czasoprzestrzeni ogłaszają na okładce. Ludzie przechodzą obok tytułu, a przecież znaczy to, że ludzka scena okazała się posztukowaną dekoracją. Że każdym krokiem zapadamy się w ruchome kulisy. A oni idą dalej, z wózkami, siatkami i hot-dogami, nie zważając na pęknięcia.

Za kilka dni Piotr ma pięćdziesiąte urodziny. Nie stać mnie na nic oprócz okolicznościowego dyplomu. Może w prezencie będę milsza.

Otwieram listy: pity i rachunki. Chyba źle policzyłam zera. Sprawdzam... dostaliśmy majątek. Na koniec roku podatkowego ZAIKS zawiadamia, że ze scenariuszowych tantiem zarobiliśmy tyle, co z felietonów przez rok. Swoim narzekaniem wcisnęłam łapę w pękniętą czasoprzestrzeń i dostałam zadatek wiecznej szczęśliwości? Powinniśmy kupić ogrodzenie nad strumień, meble, mieć oszczędności. Jednak te pieniądze spadły z nieba, nie będziemy ich tracić na rzeczy przyziemne, w ogóle na rzeczy. Przepuścimy je na podróże. Połączymy pięćdziesiąte urodziny Piotra z dziesiątą rocznicą bycia razem. Powtórzymy w maju naszą pierwszą wspólną podróż, rajd: Warszawa–Prowansja.

7 II

Zdejmuję z ganku girlandy świątecznych lampek. Koniec kolorowej bajki ze światełek, śniegu i drewnianych dworków. W XVI wieku nuncjusz papieski Malaspina, goszcząc w szlacheckim dworze, zachwycił się nim: „Nigdy nie widziałem tak pięknie ułożonego stosu paliwa" – tak sobie rozmyślałam, odpinając lampkę po lampce, gdy Pola otworzyła furtkę i zupełnie serio powiedziała:

– Mamusiu, ja wychodzę. Na zawsze – podniosła paluszek, zaznaczając powagę sytuacji.

Nie zatrzymałam jej. Śledziłam, chowając się za drzewa. Przebiegła wieś i weszła do lasu. Nie zajmowały ją kałuże, patyki. Szła prosto do swoich dwóch autorytetów: dinozaura i papieża.

Dinozaur, sądząc po zębach potężniejszych od łap, to tyranozaur ściągnięty z planu filmowego. Jest wielkości chałupy. Pola, wsadzając do niego głowę przez płot, powiedziała: – Smoku, też będę taka duża, nie martw się.

Potem poszła pod dom zakonny sióstr orionistek, gdzie na fasadzie jest mozaika ułożona w pozdrawiającego tłumy papieża. Tutaj Pola zazwyczaj chwali się, co „grzecznego zrobiła", i oczekuje wskazówek moralnych mających zagwarantować przyjazd Mikołaja z prezentami.

Może ona zachowuje się dziwnie, rozmawiając z dinozaurem i papieżem. Ale ja jestem jeszcze dziwaczniejsza. Zamiast cieszyć się jej samodzielnością i tym, jaka jest duża, odczuwam masochistyczną ulgę, że ma już powyżej metra. Niższe dzieci w Oświęcimiu odbierano matkom i natychmiast wysyłano do gazu. Jestem chyba ostatnim pokoleniem pamiętającym o takich koszmarach. Dla Polci metr jej dziecka będzie zwykłym metrem bez wykrzywiającego ciężaru historii.

8 II

Znajoma z Norwegii przyjechała na łagodną zimę do Polski. Zaprosiła mnie do swojego rodzinnego domu w przedwojennych segmentach Żoliborza. Od podłogi do sufitu obrazy. Jej ojciec, szycha w rządzie Bieruta, ukrywał się podczas wojny w antykwariacie. Wyniósł stamtąd miłość do dzieł sztuki. Nowe rządy ułatwiły mu zaspokojenie pasji kolekcjonera – jeździł po Polsce, doglądając nacjonalizacji majątków. Jego sąsiadem na Żoliborzu był wysiudany z posiadłości Sapieha. Panowie zaprzyjaźnili się, grywając w brydża. Nie traktowali osobiście tego, co wyrabiała z nimi historia: arystokrata – mając klasę, komunista – wierząc w nieosobistą konieczność walki klas. W wolnej Polsce, na początku lat dziewięćdziesiątych biednego arystokratę napadli rabusie. Gdy bandzior, poklepując go po przypalanym żelazkiem ramieniu, zachęcił: No Zygmuś, powiedz, gdzie masz pieniądze, dorobiłeś się na komunie – okazało się, że storturowany arystokrata znowu cierpi przez sąsiada, którego oszczędziła bandycka historia i pomyłkowo bandyci.

10 II

Jedziemy się zameldować. Rzędy wierzb nad kałużami. Wreszcie wiem, czemu są symbolem Mazowsza. Tutaj wieczne błoto i one rosną nad tymi niezmeliorowanymi bagniskami. Urząd gminy w dworku przeinaczonym (nawet nie bardzo zrujnowanym) na ważną instytucję. Urzędnicy serdeczni jak pozytywniacy z telenoweli. Sielska atmosfera w gabinetach. Oczywiście nie mamy połowy potrzebnych papierów, dawnych wymeldowań, Piotr książeczki wojskowej odebranej mu dwadzieścia lat temu, gdy zdradził ludową ojczyznę i wyjechał do Szwecji.

– Musi pan mieć książeczkę, od osiemnastego do pięćdziesiątego roku życia, obowiązek.

– Do jutra! Jutro kończę pięćdziesiąt! – Piotr nie może uwierzyć w swoje biurokratyczne szczęście.

Wydało się: nasz dom nie ma adresu. Co z tego, że sąsiedzi po bokach mają przydzielone numery ulicy, nasz numer jest nielegalny, bo niezatwierdzony. Na te wszystkie feudalne udręki przypisania do gruntu i armii patrzą z plakatu Kargul z Pawlakiem podpisani: „Unia Europejska – sami swoi". Dałabym temu prounij-

nemu plakatowi hasło: „Podejdź no, Kargul, do Unii"
i się przekonaj, że w krajach europejskich (Szwecja)
nie trzeba chodzić do cyrkułu się meldować. Tam po
prostu zmieniasz adres, a zameldowaniem w central-
nym komputerze jest twój niezmienny numer osobo-
wy (pesel).

11 II

Od rana prezenty dla pięćdziesięcioletniego
Piotra. Najpierw telefon z wydawnictwa Santorskiego.
Akurat dzisiaj zdecydowali się wznowić jego książkę
Stróż obłąkanych. Niedawno przeczytał ją Eichelberger,
spodobała się mu, więc wydadzą ją w serii „Wojciech
Eichelberger poleca" w maju. Pierwszy raz ukazała się
kilka lat temu wydrukowana przez jakąś fundację ma-
jącą kolportaż do kilku księgarń. Lubię *Stróża*, zapis
szwedzkiego szaleństwa i melancholii. Ekspresja opi-
sywanego wariactwa jest sama w sobie tak intensyw-
na, że dla równowagi Piotr opowiedział je w powścią-
gliwy sposób. Rezultat jest sugestywny i poetycki, ale
bez ckliwości i psychiatrycznego epatowania szaleń-
stwem. W pamięci zostają flesze-obrazy. Mimo kiep-
skiej dystrybucji książka dotarła wtedy do tych, którzy
jej chyba potrzebowali. Dostał listy od czytelników
odnajdujących swoje osobiste i wyjątkowe problemy
w archetypach zwanych przez lekarzy przypadkiem
takim i takim. Każda choroba ma swój numer w lekar-
skim katalogu, ludzie potrafią ponumerować nawet
cierpienie.

Podobno w każde urodziny, nie wiadomo dlaczego, spada nam o 10 Hz słyszalność wysokich dźwięków. Tak jak drzewom przybywa co roku słoi. Porównanie „głuchy jak pień" gdzieś intuicyjnie wiąże te dwa zjawiska przyrostu i straty. Szepczę kontrolnie życzenia i wyznania, Piotr słyszy, czego dowodem jest jego odpowiedź: „Idziemy to uczcić!" Dzwonimy po Misiaka, niech się wyrwie z roboty na obiad.

Pola w dybach krzesełka dziecięcego bierze restauracyjne menu i zamawia u wyfraczonego kelnera surówkę. Czekając na nią swoje wieki, czyli pięć minut, rozrabia i próbuje się wydostać na wolność. Unieruchomiona staje się z przymusu *stand up comedian*. Drzewa, rosnąc, szumią, dzieci hałasują, my głuchniemy, albo dla wygody udajemy, że nie słyszymy.

12 II

Miałam być matką chrzestną książki wydawanej przez krytyka literackiego. Odmówiłam i wyszłam na przemądrzałą świnię. O napisanie paru słów poprosił mnie przed Bożym Narodzeniem, kiedy nie wiedziałam już, jak się nazywam. Pisząc dwa felietony miesięcznie, książkę, prowadząc dom, zajmując się Polą, nie jestem nawet w stanie przeczytać w tydzień cienkiej książeczki, przemyśleć jej, a co dopiero pisać recenzję na okładkę. Mając aktywne dzieciątko, trzeba opanować całą logistykę, żeby pójść chociażby samotnie do kibla. Taaa, wychowanie jest długim procesem, każde słowo będzie kiedyś wykorzystane przeciwko tobie. Na razie każde niedopatrzenie: otwarta tubka pasty, niedomknięta torebka.

Książka jest już w księgarniach, a ja się czuję winna odmowy, odmowy całemu światu brania w nim udziału.

Dyskusje, czy pochować w Polsce zmarłego w Stanach pułkownika Kuklińskiego. Pewnie przywiozą uroczyście trumnę, przecież Polacy są specjalistami w sprowadzaniu ważnych zwłok. Większość zasłużonych dla tego kraju ludzi umiera jak najdalej od niego.

13 II

Dziennik telewizyjny. Wojny, katastrofy i z okazji piątku trzynastego sondaż na temat przesądów. Wywiadowany oczywiście Muniek: „Nie witam się w drzwiach, bo zawsze ludzie mówili: Nie witaj się w drzwiach, Zygmunt, nie w drzwiach. Ale czarne koty – pełen luz – mogą sobie biegać..."

14 II

Piotr jedzie dziś nocą do Berlina na ślub córki. Zanim wyjedzie, musimy pojechać do Łodzi po „posiłki", czyli moją siostrę do pomocy. Dwugodzinna trasa przez Rawę Mazowiecką – Rafę Mazowiecką – tutaj na zjeździe z trasy katowickiej rozbiło się już kilkadziesiąt wozów, zginęło iluś ludzi, o czym zawiadamia tablica „Czarny punkt". Kto to stawia? Grabarze? Gdyby służby drogowe, chyba zamiast tego nekrologu ustawiliby światła, bo ludzie nadal giną. Brzeziny – podłódzka wioska ciągnąca się kilometrami. Po drodze średniowieczne baszty, barokowe kościoły, pożydowskie domy i przedwojenne drewniaki. Jak wydostawali się z równinnej nostalgii ludzie mieszkający tu kilkaset, kilkadziesiąt lat temu? Wierząc w Boga, wszystkich świętych pochylających się nad ich dniem codziennym. Przydrożne i kościelne krzyże są pamiątkowymi znakami drogowymi tej podróży w górę. Później, gdy pojawiły się wątpliwości religijne i zwątpienie w nadprzyrodzony sens życia, ucieczką były chyba książki; romanse, dzieła naukowe sprowadzane dyliżansową pocztą dla miejscowych intelektualistów. Teraz zbawieniem jest telewizja. Żyjemy w epoce neooświecenia przez ekran telewizyjny.

Dostałam rosyjskie tłumaczenie *Polki*. Napisali na okładce „roman" – powieść. Wydawało się mi, że napisałam dziennik. Większy od tytułu podtytuł, reklama: „Strasznoje intimno", i obrazek pastelą: laska w kapeluszu i białej sukni, w stylu lat siedemdziesiątych. Ładny papier, porządna okładka. Rosyjska Polka, dziwne wrażenie. Sylabizuję swoje imię i nazwisko zapisane cyrylicą: Manueła Gretkowskaja. Czemu Manueła? Czemu Gretkowskaja, skoro na tłumaczeniu *Kabaretu* napisali Gretkowska? Bez wodki nie rozbieriosz, zwłaszcza dla mnie, szkolnego jołopa z rosyjskiego.

15 II

Siostra chodzi po okolicy z Polą i straszy. Podchodzą do niej sąsiadki, zagadują. Ona się tłumaczy: Panie mnie mylą, nie jestem Manuelą! Mam jej ubranie (okutana po wsiowemu), ale jestem jej siostrą. Chwila niedowierzania. Wygląda jak ja, mówi jak ja i tak samo się rusza. Znajome-nieznajome odchodzą zafrasowane, czy się z nich nie żartuje. Sobowtór spacerujący po ugorach, w czapce, gumiakach i kurcie nasuwa niewesołe myśli o powtarzalności, klonowaniu i problemach etyczno-towarzyskich: traktować toto jako swoje czy obce?

Okładki czasopism przypominają okna wystawowe holenderskich burdeli. Pozują w nich kobiety przebrane za wampy, gospodynie domowe i uczennice. Zachęcają klienta, żeby zajrzał do środka i zostawił trochę kasy. Okładkowe twarze nie tylko przemawiają, kuszą (wystarczy sobie wyobrazić namiętne szepty i jęki wydawane przez te wszystkie usta na półkach w kioskach), one też mówią bardzo dużo o nas. Na przykład zwycięzcy w plebiscycie „Vivy" na najpiękniejszą parę są dowodem na to, że nie wygrała prezenterka – Torbicka – ani serialowy lekarz – Żmijewski, ale telewizor. Obydwoje są z niego. Nie z kina czy rockowej sceny. Nie z buntu i marzeń. Wygrała stabilizacja, wieczory przed telewizorem od jednego odcinka do następnego, od pierwszego do pierwszego, gdy skapuje wypłata. Widzowie, spłacając kredyty, oszczędzają na wyobraźni i namiętnościach.

Dlaczego tych dwoje uznano za najdoskonalszych, skoro konkurencja była młodsza i ładniejsza? Śliczna Torbicka w każdym swoim programie cierpliwie tłumaczy widzom, na czym polega kultura. Złośliwi mówią o niej „lalka Torbi" – zawsze wystrojona i sztywna. Dla mnie jest wymarzoną nauczycielką, panią od tego, co być powinno. Przystojny Żmijewski to wcielenie idealnego lekarza z nierealnego szpitala w *Na dobre i na złe*. Po upadku autorytetu armii została jeszcze wiara w doktora Judyma, zdolnego uratować chorego i chory kraj. Takie patriotyczno-hipochondryczne marzenie. Czytelnicy kolorowego pisma wybrali wychowawczynię i pana doktora. Kochają być pouczani i mieć dobrą lewatywę. Wymarzona, najpiękniejsza para: Torbicka – Żmijewski są zastępczymi rodzicami, a nie symbolami seksu czy ideałem urody. Mamusiuuu, ratunku! To głosowali dorośli ludzie!

Piotr w Berlinie, a ja dostaję zaproszenie do Niemiec na dwa dni. Nieodżałowana (po zniknięciu z polskiej kablówki) najambitniejsza w Europie stacja Arte chce mnie zwywiadować razem z francuskim i niemieckim historykiem. Pytam, dlaczego ja, w Polsce historyków zabrakło? Arte głosem niemiecko-angielskim uprzejmie odpowiada, że wybór padł na mnie po lekturze *Polki* przysłanej im przez berlińskie wydawnictwo. Co prawda książka będzie dopiero jesienią (pierwsza moja rzecz po niemiecku), ale spodobało się im inne spojrzenie na Europę, jej zjednoczenie. Nie wiem, od czyjego inne. Najgorsze, że to moje sprzed roku różni się od tego dzisiaj, a co będzie za miesiąc? Czy oni na pewno wiedzą, kogo zapraszają i kto pojedzie?

17 II

Postanawiam nie słuchać więcej wiadomości, omijać je w gazetach, przynajmniej na jakiś czas. Być może nasłuchałam się zbyt dużo radia w wozie. Koszmary kryminalne i polityczne przekroczyły prędkość dźwięku, przebijając mi błonę świadomości, basta. AIDS gwałciciela-pedofila prowadzącego dziecięcy chór w Poznaniu. Premier uważający, że do zadań jego partii należy walka z przestępczością wewnątrz tej partii. Tortury i morderstwa na zwykłych ludziach napadniętych w ich własnych domach. Odpadam na samo słowo „newsy" – są ropą sączącą się z ran. Pozbawiając się cogodzinnych, codziennych wiadomości, odetnę sobie informacyjną echolokację. Coś za coś. Chyba już wolę nie orientować się, gdzie żyję. Natychmiastowe skutki: jadę z Warszawy do domu. Przy tablicy z napisem „Sandomierz" powinnam wrzucić kierunkowskaz do mojej wioski. A ja zastanawiam się, ile jest kilometrów do Sandomierza, czy tam ładnie. W ogóle nie skojarzyłam znanego mi od pół roku napisu ze skrętem do domu.

Jeszcze przez chwilę Piotr jest stamtąd, w przeciągu między zagranicą i Polską. Na warszawskim dworcu, ale w twarzy, oczach ma nietutejsze światło – bardziej błyszczące, świąteczne. Opowiadając, jak tam było, o Berlinie, łapie coraz więcej brudnego, dworcowego powietrza i szarzeje. Kurczy się, pochyla, żeby zmieścić w mundurze: kto ty jesteś – Polak mały.

18 II

Nie wiem, czy brakuje mi jakiegoś minerału czy witaminy. Źle się czuję z braku kolorów, błękitnej zieleni oddychającej pianą morską. Jeśli człowiek ma wokół siebie barwną aurę, to mojej wyblakły wszystkie odcienie przezroczystej lekkości. Opatula mnie olejna farba, łuszczę się płatami szarości.

Zima boli, wychodzenie na ten skuty obłędem mróz, a z dzieckiem trzeba pospacerować, godzinę, dwie robić z siebie bałwana.

Sny też takie przez zaspy, męczące. Śniłam kartkę zapisaną drukiem i musiałam zrobić na niej miejsce. Pchałam, pchałam linijkę tekstu, jakbym przesuwała nie akapit, ale szafę gdańską.

Nadal bojkotuję wiadomości. Omijam Piotra oglądającego dziennik.

– Po co na to patrzysz? – bardziej się dziwię, niż oskarżam.

– Żeby wiedzieć o tym, czego się nie chce wiedzieć.

Doczytałam pamiętniki Leni Riefenstahl do 1939 roku. Wiedziała o Kryształowej Nocy, ale dopiero po wojnie dowiedziała się o obozach koncentracyjnych. Palenie synagog, wywożenie (gdzieś) Żydów przeszkadzało sprzedać do Ameryki jej nagradzany w Europie film o berlińskiej olimpiadzie, nowatorski dokument *Olimpia* zaczynający się przemową Hitlera. Konkurujący na festiwalu w Wenecji z *Królewną Śnieżką* Disneya. Właściwie konkurowały dwie śpiące królewny, nie za bardzo orientujące się, na jakim świecie żyją. Królewna Leni była we wrześniu 39 w Polsce kręcić kronikę filmową. Widziała mordowanie polskich cywilów, ale Hitler obiecał jej, że znajdzie winnych, a Warszawy nie zbombarduje, póki nie ewakuują się z niej kobiety i dzieci. Opisując tournée Hitlera po Europie w latach 1939–1944, nie zastanawiała się, kto jest napastnikiem, kto ofiarą. Wojna się toczy, więc kibicujemy swoim. Po prostu niemiecka blondynka. Niemożliwe, żeby przy całej swej inteligencji (kadrowanie obrazu wydobywające podteksty nie jest bezinteresownym malowaniem abstrakcji) do końca życia nie zrozumiała, o co ma się do niej pretensje. Nie była ograniczoną babą, jej *Kinder Küche Kirche* mieściło się w studiu filmowym. Skoro nie wyszła z niego, nie wyjechała z Niemiec, firmowała sobą, swoją międzynarodową sławą faszystowskie, totalitarne państwo. Gdyby nie klęska, kręciłaby dalej filmy na tle Rzeszy. Adolf obiecał jej cudowną taśmę filmową z metalu (tak jak Niemcom cudowną broń) i współpracę przy scenariuszu dzieł o Kościele, Napoleonie. Czego jej Adolf nie naopowiadał w chwilach słabości: o wigiliach spędzanych samotnie w rozpędzonym wozie na autostradach. Kazał się wozić tak długo, aż się zmęczył i szedł spać.

Patrzę na koniec jej dzienników, na zdjęcia z Andy Warholem ocierającym się o nią jak pies zwabiony zapachem. Zapachem sławy Riefenstahl i ludzi, których znała. W końcu Hitler postrzegany w kategoriach nie wojen światowych, ale światowych znajomości był *celebrity*. Nadawał się na kolejny portret powielany seryjnie przez Warhola. Hitler musiał mu imponować, o kilka dziesięcioleci wcześniej wpadł na pomysł swych popartowych autoportretów z wąsikiem wiszących nie tylko u kolekcjonerów i w muzeach, ale też w zwykłych domach. Był prekursorem nowej epoki w sztuce i w historii. Przegrał z aliantami, z Ruskimi, przegrał z Warholem. Jedyny jego długotrwały sukces to bycie *celebrity*, przynajmniej póki się to ceni bez względu na powód. Miało być tylko o Leni Riefenstahl, a skończyło się na bezguściu moralnym w ogóle.

19 II

Kilkaset metrów przed domem migają światła: policja, laweta i karetka. Zwalniam, samochód sam gaśnie, jakby chciał uczcić chwilą ciszy śmierć na poboczu. Spod białej płachty wystają adidasy, wełniana czapka. Tak samo ubrany był człowiek, którego kilka dni temu zwymyślałam za jeżdżenie rowerem bez świateł: – Ile chcesz jeszcze pożyć, co?! – krzyczałam.

– Odpierdol się – zabełkotał na tyle godnie, na ile pozwalała mu dykcja z powybijanymi zębami.

Po co się ich tyłu teraz najeżdżało radiowozami, jaśniej niż w dzień. Wcześniej trzeba było oświetlić pobocze i jezdnię. Płynie po niej struga tak daleko od martwego ciała, że wygląda na wyciekającą z rozkrwawionego asfaltu. Rzeczywiście, ta droga jest podmokła krwią, wystarczy uderzenie, żeby z niej wypłynęła, tyłu ludzi tu zginęło. Nie przez nieuwagę kierowców. Nie da się wyminąć ciemności, zlewających się z nią sylwetek.

Jestem kierowcą na polskich drogach, nie chcę (zabijać), ale muszę?

20 II

Z ksiąg patriarchatu i męczeństwa kobiecego: przychodzi ksiądz po kolędzie. Niespodziewanie, w środek rozgardiaszu, między telefoniczne narady rodzinne, co zrobić z narzeczonym siostry i gdzie jest ten cholerny papier z zameldowaniem?! Ksiądz stoi w progu, niewiele się różniąc od tła: biała komża na sutannie jest tym samym, co śnieg zasypujący czarne od zmierzchu domy. Nie mamy niepokalanie czystego obrusu. Mamy za to olbrzymią gipsową figurę Matki Boskiej z Lourdes, zwaną przez nas „Matką Boską od czystych naczyń". Stoi nad zawsze pełnym brudów zlewem i wznosi błagalnie oczy: kto to wreszcie pozmywa... Przestawiamy świętą figurę na stół, modlimy się. Pola odstawia religijny aerobik przyklęków, składania dłoni i buddyjskich pokłonów, waląc główką w podłogę. Na szczęście ksiądz nie zwraca uwagi na to, co pod stołem. Zerkając po ścianach i naszych twarzach wnikliwiej od rachmistrzów spisu powszechnego zapisuje nas w rejestrze parafialnych duszyczek.

– Czym się zajmujecie, dzieci?

– Jestem psychoterapeutą.

– Aha.

– Ja pisarką.

To go zastanowiło, może nawet zasmuciło...

– A co dobrego pani... mężowi gotuje? – zafrasował się ksiądz.

Tak mnie przytkało, że nie odpowiedziałam: „Proszę księdza, najczęściej on mi gotuje".

21 II

Przyjechali ze Szwecji fratelli Antoś i Felek. Są cudownymi, kontaktowymi nastolatkami, ale coś kosztem czegoś. Mają problemy z tabliczką mnożenia. „Trzy razy cztery" jest dla nich zagadką matematyczną. Śpią do pierwszej, drugiej po południu i nie wygląda to na odsypianie, tylko rytm dobowy. Pytam, czy dają radę wstać na ósmą do szkoły. Absolutnie nie. Chodzą na lekcje zaczynające się o jedenastej, te o ósmej przepadają. Co tam, szkoła szwedzka jest tolerancyjna, a oni są dobrymi uczniami.

Niemal pewna, że nie wrócimy do Skandynawii, mogę już bez urazu słuchać szwedzkiego w rozmowach fratelli. Akcent kołysze słowa na języku.

Rozhuśtane wypadają z ust i ciągną za sobą następne, bez pośpiechu, bez wyróżniania intonacją sylab, po protestancku sprawiedliwie.

23 II

Przyjechałam za wcześnie do biblioteki Instytutu Francuskiego. Wpadam tu rzadko, nie znam godzin otwarcia. Siedzę w kawiarni, skąd widzę drzwi wejściowe i zasłaniającą je pluszową kotarę umaczaną w błocie. Za tą zaporą zaczyna się francuskość. Nie wiadomo, czy ludzie przy stolikach gadają do siebie, czy do nieznajomych. Z lewej mam dwumetrowego Murzyna, z prawej staruszka w typie Philipa Noireta. Flirtujemy, przerzucamy się przez stoliki bon motami. Gramy we francuski, wpasowujemy się w jego rajcujący *charme*.

Przyjemność czekania, spoglądania na obiecane łakocie godzin za witryną ściennych zegarów. Kładę na stoliku miniaturowy telefon. Jest moją różdżką magiczną, wyczarowującą głosy ludzi i namiary wszechświata: dowiaduję się z niego, który dzień, która godzina. Zegarków nie noszę, uważam je za biżuterię. Nie, biżuteria bywa misternie piękna. Zegarki na rękę są wulgarne. Jednorękie kajdanki, prywatny czas wyrżnięty na przegubie szkiełkiem.

Prawda. Pra, pra, prawda jest tak stara, że może być prababką kłamstwa.

Anioły dzieci działają na zasadzie puchowej poduszki powietrznej, po to mają pióra. Amortyzują upadki. Kiedy podopieczny rośnie, mleczny anioł przestaje być nadprzyrodzonym air bagiem. Wypada ze swej roli, nie nadąża. Wtedy wyrzyna się z nieba anioł na stałe, razem z drugimi zębami. To chyba musi być tak urządzone, logicznie.

Wieczorem w TVN-ie zobaczyłam znowu Muńka. Dzwonię do Misiaka:
– Widzisz, odczekał i zaatakował.
– Przesadzasz, za dużo oglądasz telewizji...
– Ja? Dwa filmy na tydzień, jakieś dokumenty, dobranocki z Polą. Czy znasz daty urodzin nieznanych ci ludzi? A ja Muńka znam, powiedział dzisiaj: urodziłem się piątego listopada. Nie mam obsesji. Gazet prawie już nie czytam, ale tytuły z Muńkiem same wchodzą w oczy, palę w kominku makulaturą od ciebie, otwiera mi się jakieś pismo na stronie show biznes i podają, ile Muniek w tamtym roku sprzedał płyt, dwanaście tysięcy. Nawet w porównaniu z książkami to mało. Może ludzie go nie kupują, bo ciągle leci

w radiu albo kupują pirackie. Nie, nie martwię się o jego karierę. Dziwi mnie, jak facet sprzedający się w śladowych ilościach może tak skutecznie zapełniać sobą media.

Nic do Muńka nie mam, to na pewno pracowity, porządny człowiek, tyle że skondensował się w mojego prześladowcę, w jakiś dowód na polskość. Słuchasz mnie? Nie, no pewnie, że nie, wolisz słuchać Muńka...

26 II

Między słowami Sofii Coppoli dziejące się w tokijskim hotelu, oryginalny tytuł *Zagubione w przekładzie*. Wygląda na to, że zagubiła się Japonia przełożona na Zachód. Jej kultura jest w tym filmie skarłowaciałym reliktem, czymś w rodzaju bonzai. Zminiaturyzowana przeszłość i kopiująca powłokę Zachodu teraźniejszość. W takich dekoracjach dwoje bohaterów: młodziutka *housewife* po skończonej na Yale filozofii i amerykański gwiazdor w smudze cienia stają się egzystencjalnymi mędrcami. Przedstawicielami wyrafinowanej kultury półsłówek, niedopowiedzeń. Ich zbliżanie się do siebie, na wpół świadome, na wpół wymuszone sytuacją, jest jedynym ludzkim odruchem na tle japońskich kosmitów i głupawych rodaków przemieszkujących w hotelu. Każdy się utożsami z tą pogubioną dziewczyną albo pozbawionym złudzeń aktorem, kto z nas nie jest chociaż trochę nieszczęśliwy?

Młodzi Japończycy bawiący się w trendowych pubach są typowymi *fashion victims*. Wystylizowani do tego stopnia, że nie wiadomo, kim naprawdę są: blond kuzynami Gaultiera, metką od Vivienne Westwood? Zachodnia moda zgarnęła tam więcej ofiar niż amerykańska bomba w Hiroszimie.

Oglądam film, a cały czas coś mi szura po głowie. Nie mogę się skupić, w fotelu obok Misiak jęczy z rozczarowania. Za miesiąc wybiera się do Tokio na koszt uwielbianego przez nią projektanta Yamamoto. Cel misji: wywiad o jego najnowszych perfumach. Przeliczam koszty jej wyjazdu, wyjazdu dziesiątek zaproszonych na promocję dziennikarzy z całego świata i wychodzi mi astronomiczno-walutowa suma: o jeny! Im dłużej trwa film, tym Misiak bardziej rozczarowany Japonią. Pocieszam ją, że leci do największego na świecie zagłębia sushi, przynajmniej taka korzyść, i to na koszt jakiegoś Yamanamotanego sprzedającego litr perfum drożej od litra ludzkiej krwi.

Już wiem! *Déjà vu*: na *Między słowami* nakłada się *Czas Apokalipsy*. Sofia Coppola za wszelką cenę chce odgonić od siebie widmo słynnego tatusia Coppoli. Udowodnić, że to nie dzięki niemu robi filmy i karierę. Jej produkcje są kameralne, nie mają nic wspólnego z epickim rozmachem *Ojca chrzestnego* czy *Apokalipsy*. Jednak tak jak ojciec wybiera się z kamerą na Daleki Wschód, co prawda nie do Wietnamu, ale do Japonii. Nie w dżunglę, lecz do sterylnego hotelu. Tam też w izolacji trwa wojna o duszę jej pokolenia. Nie tak spektakularnie krwawa, bez najazdów helikopterem i muzyki Wagnera. Te wszystkie efekty zastępują najazdy kamery na twarze aktorów odgrywających niuanse psychologiczne, zamiast Walpurgii karaoke. Bohater *Między słowami* jest pięćdziesięcioczteroletnim aktorem. W 1968 miał osiemnaście lat, ale nie wiadomo, czy wymigał się wtedy od pójścia na wojnę, spalił książeczkę wojskową, czy nie zdążył na pokoleniową rzeź. Coppola ściągnęła go z pola codziennej bitwy do tokijskiego hotelu, żeby zagrał życiowego weterana. Mądrego pułkownika Kurtza w cywilu, nie deprawującego dusz młodych żołnierzy zamkniętych w klimatyzowanej dżungli. *Między słowami* jest o ludzkiej samotności, o złych wyborach prowadzących do pustki lub dobrych nagrodzonych uczuciem. Pozornie ten film to zaprzeczenie krwawej *Apokalipsy*. Tam wybory prowadziły do piekła dżungli, śmierci lub ocalenia. W czasach pokoju prywatna apokalipsa dzieje się w hotelowych pokojach, w zawieszeniu, z dala od domu, zwyczajnej codzienności. Tu też chodzi o życie, rany zadane sumieniu (zostawić dzieci dla romansu?) i pokojowe zbrodnie przeciw innym.

Sofia Coppola w *Między słowami* stworzyła układ: córka – ojciec, z którego jej samej jest tak trudno się wyzwolić. Skonfrontowała ich (siebie) w przypowieściach o tęsknocie za miłością, zrozumieniem. Dziewczyna, zagubione dziecko, szuka schronienia u faceta w wieku jej ojca. Facet pragnie dziewczyny, ale przy pewnej mądrości i doświadczeniu życiowym wątłe zasady zamieniają się w tabu, których nie powinno się naruszać: przyzwoitość, oczywistość konsekwencji. Ich pseudoromans, gra na granicy psychicznego kazirodztwa, freudowsko-edypalny układ z ojcem.

Wszystko kończy się między nimi dobrze: na przyjaźni i ojcowskim pocałunku zapłakanej dziewczynki. Związek mimo obopólnych chęci nie został skonsumowany. A gdyby?... Gdyby byli bardziej zdesperowani, czuli między sobą mniej pokrewieństwa, a więcej pożądania? Byłby kolejny „trywialno-edypalny romans" z fatalnym końcem. Wypalony pięćdziesięciolatek próbujący przywrócić się do życia przez transfuzję z ciała dwudziestoparoletniej dziewczyny. Dwoje ludzi, obojętne, czy w tokijskim hotelu, czy jak w *Scenach z życia pozamałżeńskiego* w buddyjskim klasztorze, znajduje pozorną bliskość, łudząc się, że to drugie jest mu podobne, bo tak samo zagubione na egzotycznej ziemi niczyjej. Stąd nagła zażyłość, poczucie identyczności. Z czasem muszą odkryć różnice: wieku, doświadczeń, i przede wszystkim odkryć obcość. Połączył ich przypadek i pozorne podobieństwo. Każde z nich zagubiło się w swoim świecie przeżyć, a hotel czy klasztor nie jest tranzytem do wspólnego świata. Jakkolwiek by to patetycznie brzmiało, mężczyźni z takich układów pokazywanych współcześnie w książkach, filmach są mentalnymi zgliszczami, symbolem wypalonego, kończącego się patriarchatu. Młode, inteligentne kobiety na gruzach ich panowania budują własne imperium, nie tyle zmysłów, co czułej szczerości. Tego, co kobiece, a może autentycznie ludzkie?

Z czego powstają bajeczki dla dzieci? Nie z roztkliwienia, magicznej wyobraźni. Z wkurwienia tym, co jest w księgarniach. Rodzice muszą sami opowiadać historyjki, jeśli chcą, żeby dzieci nie nauczyły się nowomowy albo w ogóle zrozumiały, o czym mowa. Kto pisze te bajki, postkomunistyczni dziennikarze? Pięknie ilustrowana książeczka o bałwanku: „Oblicze bałwanka rozjaśnił promienny uśmiech". Albo tłumaczenie francuskiej opowiastki o dziewczynce z wyglądu i potrzeb (siusianie w majtki) trzyletniej: „Kamilka poszła do szkoły". Owszem, po francusku przedszkole to *école* – szkoła, ale *école maternelle*. Czemu nie przełożyć tego na „szkoła rodzenia"? Dziewczynka chodziłaby do zawodowego przedszkola dla położnych i pomagałaby przyjść na świat swoim kolegom i koleżankom.

MARZEC

1 III

Chrzestny Poli, prosto po studiach na prowincji, zaczepił się rok temu w warszawskiej firmie reklamowej. Najpierw szczęśliwy, że znalazł pracę, później zharowany, na koniec ją zmienił. W nowej firmie na dzień dobry dostał dwa razy tyle i stały kontrakt. W starej postanowili go odzyskać, proponując podwyżkę o dziesięć złotych i też umowę o pracę, dotąd miał umowę-zlecenie. Oczywiście nie wrócił, traktując te dziesięć złotych jak obelgę i dodatkowy kop w ambicję. Na jego miejsce zatrudniono dwie nowe osoby, one też ledwo wyrabiają i trzeba będzie kogoś trzeciego do pomocy. Nie jest to tylko przypowieść o cudnym zdolnym młodzieńcu wykorzystywanym przez pazernych kapitalistów i szukającym szczęścia w nowej paszczy odpicowanego designersko lwa. To jest także refleksja, do której doszliśmy z chrzestnym, porównując status pracownika w firmie i partnera w związku:

trzeba zmienić firmę albo małżeństwo, żeby dostać miłosny lub zawodowy awans.

Nie zwariowałam, są tacy, co też uważają *Władcę Pierścieni* za zboczenie. Jiři Menzel, czeski reżyser (ten od Oscara za *Pociągi pod specjalnym nadzorem*), wyszedł z obrzydzeniem w trakcie drugiej części sfilmowanego Tolkiena. Opowiedział to w amerykańskim wywiadzie o współczesnym kinie. Może mamy podobną wschodnioeuropejską mentalność wyczuloną na tortury. A może to kwestia metafizycznego smaku, który ma więcej wspólnego z położeniem duchowym w hierarchii bytów niż z położeniem geopolitycznym.

2 III

Szczęk metalu, moje nerwowe sadowienie się w fotelu i słyszę: „Już, proszę otworzyć usta!" Wywiad można porównać do wizyty u dentysty. Podobne komendy, podobne metaliczne odgłosy szczypiec, uruchamianego magnetofonu, a potem już rwanie wyznań.

Przynajmniej tym razem wyszłam zadowolona. Dowiedziałam się czegoś interesującego o dziennikarzu: że czyta Wilbera, chodzi od czterech lat na psychoterapię. W trakcie rozmowy odłożyliśmy dentystyczne narzędzia ataku i samoobrony. Przypadkowe, chociaż umówione, spotkanie dwojga ludzi w jednakowej próchnicy rzeczywistości.

Siedzę u fryzjera, przeglądając branżowe gazety. Zebrałam ich kilka, żeby pokazać strzydze (strzy-
gącej), czego absolutnie nie chcę na głowie. Są katalo-
giem niechcianych, tych wszystkich modnych fryzur
pasujących do uśmiechniętych zębów. Przede mną
przyszło dwóch świetnych młodych facetów. Każdy
miał już zamówioną telefonicznie panią Iwonkę czy
Kasię. Pozamykali z rozkoszy oczy i przeżywali w niemej ekstazie masowanie głowy podczas mycia włosów.
Ich rozanielone miny nadawały się do soft porno.
Czy fryzjer to agencja towarzyska dla nieśmiałych?

Przestałam pisać felietony. Grzecznie podzię-
kowałam, odcinając jeszcze jeden kontakt ze światem.
Na do widzenia usłyszałam, że to moja kolejna klęska,
skoro odchodzę. (???) Gdybym nadal pisała, zaczęliby
mi wsadzać implanty poprawek w tekst. Zostałby
mutant: felietonista – pudel przystrzyżony do rubryki.
O ile mi lżej, zakładam swoje traperki i idę przez
miasto z najwyżej podniesioną głową, mogę sobie
na to pozwolić. Nie potrzebuję żadnego patronatu
mentalnego.

Dzieci są objawem nas samych. Nie objawie-
niem, ale syndromem naszych talentów, wad i oczeki-
wań wpajanych przez lata. Widzę to w Polusi. Jej przemowy do misiów, Papieża czy dinozaura są niczym

innym jak Piotra i moimi tekstami, z całą mimiką, teatrem gestów. Widzę to po mnie, po znajomych. Dostaliśmy od rodziców skórę, nerwy, trochę pieszczot albo kopów w spadku i odgrywamy domowe scenki, rozwodząc się, schodząc, pijąc albo pożerając nawzajem. Co z tego udziecinnienia wyrywa? Religia? Może świętych. Psychoterapia? W Polsce uważa się ją nadal za zniewieściałą zachodnią nowinkę. Niemęskie uciekanie od cierpienia. Ktoś w telewizji się dziwi, że kilka milionów Francuzów chodzi do psychoterapeuty. W Rosji do ginekologa chodzi co setna kobieta i mamy dowód na co? Że w Polsce same przeglądarskie kurwy?

Połowa dorosłych u nas to Dorosłe Dzieci Alkoholików (DDA) – zaburzenie wymagające często terapeutycznej pomocy. Druga połowa też wychowana w terrorze psychicznym szkoły, popapranych dorosłych. Stąd ulubiony model społecznego współżycia: autorytaryzm, przemoc, pouczanie, znęcanie się nad innymi dla ich dobra.

4 III

Pokazuję Piotrowi moje rewiowe stroje na występy w Europie. Łapie się za głowę i wyrzuca do sklepu: „No coś ty, pomarańczowe? W tym kolorze dobrze jest tylko Dalajlamie. Ty powinnaś mieć jakiegoś stylistę psychiatrę. Dżinsy i katana, ile można chodzić w tym samym? Zamiast obżerać się sushi, poszłybyście z Misiakiem na zakupy, ona jest zawodowcem od ciuchów, nie?"

Moja droga przez mękę przymierzalni. Odsłona kotary, zasłona, żałosne kostiumy. Nie sprzedają fajnych ubrań z flaneli, aksamitu. Żal mi pieniędzy na te przebieranki. Nie zafunduję sobie kiecki od Versacego, w której i szkielet wygląda na erotyczną szynkę. Ostatnia rzecz, jaką kupiłam zachwycona kolorem, wygodą, to był kożuch, rok temu. Amarantowy, ze skórzaną koronką i piórami przy kołnierzu. Wygląda na wronę (piórka) puszczającą się z Francuzem (żaboty). Pasuje do siwizny, a oczy stają się dodatkową parą granatowych guzików, skórzanymi soczewkami kontaktowymi. Czuję do tego ciucha to samo co John Cage w *Dzikości serca* do swojej obrzydliwie ekstrawaganckiej marynarki z wężowej skóry. Gładząc ją czule jak własne, ucieleśnione zwierzę, mówił z dumą: „Ona jest symbolem mojej wolności, najlepiej wyraża moją osobowość". Chrum, chrum.

5 III

Zaczytałam się w kuchni i nagle słyszę nad głową głosik z łazienki: Mamusiu, już!

Przestraszyłam się. Zapomniałam na te dziesięć minut kupkowania, że jestem matką. Byłam zupełnie w swoim świecie. Natychmiast wracam, bardziej do dziecka niż do siebie. Podcieram, ćwierkam z zachwytu – mamuśka totalna.

Wieczorem maszeruję korytarzami lotniska we Frankfurcie. Kilometry jednakowych ludzi, zjednoczona ze sobą masa europejska. Wzrok przesuwa się po aerodynamicznym tłumie, gładko wylizanym modą.

Na stoisku bestsellerów i pocketbooków wspaniale wydany polski autor. Żeby jedna jego książka, aż trzy! *Hrabina Cosel*, *Brühl* i coś jeszcze Kraszewskiego z wątkiem niemieckim.

W Lipsku wychodzę z samolotu przez miękki tunel, przesuwam się dalej lotniskowymi jajowodami wprost w oczekujące ramiona producentki. Wiezie do hotelu mnie, cenne jajeczko, z którego jutro w cieple jupiterów wykluje się gadzinowata intelektualistka.

Za oknem limuzyny opustoszałe, wytłumione miasto po historycznej lobotomii. Co sprawniejsi uciekli na Zachód, nie wierząc w trwałość zjednoczenia Niemiec. Za pięćdziesiąt lat może tak będzie wyglądać Łódź. Identyczne kamienice, te same szerokie ulice z tramwajami.

Drogie hotele są kapsułami mającymi złagodzić szok wylądowania w innym świecie. Bezszelestne drzwi rozsuwają się przed wchodzącymi do tej śluzy kosmicznego statku zawieszonego w próżności luksusu. Na korytarzach muzyczka nie tyle grająca, co wygłuszająca zewnętrzne wibracje. Upuszczona szklanka nie lewituje, ale jej upadek na gruby dywan ma miękkość nieważkości. Gdyby ktoś zwariował, jego szaleństwo zamortyzują wykładziny, krzyki utkną między wywatowanymi ścianami.

Rano przypominam sobie, gdzie jestem. Ale nadal nie wiem, po co. Dlaczego mam brać udział w programie z dwoma zacnymi historykami zainteresowanymi tylko trupami i ich działalnością. Może chcą ode mnie pralinek? W końcu to tutejszy poeta, Heine, w XIX wieku pisał z zachwytem o Polkach: „Czym są brzdąkania Mozarta wobec słów będących nadziewanymi pralinkami dla duszy, płynących z różanych ust tych słodkich stworzeń! Czym są calderońskie gwiazdy nad Ziemią i kwiaty niebos wobec tych uroczych postaci, które (...) nazywam ziemskimi aniołami, gdyż i same anioły nazywam Polkami nieba".

Jedziemy do Erfurtu na nagranie studyjne. Dwadzieścia lat temu jako wielbicielka NRD (Weimar, czekolada bez kartek) jeździłam tą trasą z plecaczkiem. Od piątej rano do czternastej pracowałam, oglądając butelki w lipskim browarze Rotte Sterne. Po arbajcie miałam marki i stawałam się turystką w kraju rozciągającym się na pięć godzin jazdy pociągiem. Zawsze więc zdążyłam wrócić i zająć swoje poranne miejsce przy produkcyjnej taśmie. Teraz też będę przodownicą pracy, odpowiem na czterdzieści pytań z historii Europy: od jej pierwszego mieszkańca neandertalczyka aż po Monikę Bellucci. Profesor z Berlina mówi cztery godziny, zostawią z tego trzy minuty. Ze mną będzie to samo. W przerwach między naszymi poglądami przechadzać się będzie aktorka przebrana za princessę Europę. Taki przerywnik estetyczno-historyczny w strojach z epok. Na koniec dokleją półgodzinny film dokumentalny.

Profesor chwali się, że drugiego maja będzie w Warszawie. Gratuluję mu okazji, zobaczy Polskę wchodzącą pierwszy raz do Europy, a nie odwrotnie.

– Oo, ale będę niemieckim delegatem – uśmiecha się porozumiewawczo.

Maglują mnie przed kamerą o stosunki niemiecko-polskie, czy zawsze były problematyczne. Odpowiadam, że były sadomasochistyczne, tak to bywa między silniejszym i słabszym. Można je uznać za rodzaj usprawiedliwionego okolicznościami perwersyjnego flirtu. Polska poważne problemy z Niemcami zaczęła mieć wtedy, gdy zaczęła je mieć też cała Europa. Po zjednoczeniu przez Bismarcka. Wtedy skończył się flirt i zaczęło hard porno. Przerywamy nagranie, idziemy poprawić makijaż.

Patrzę w garderobie na swoją ostro oświetloną twarz, poziomice zmarszczek wyznaczają nową mapę starości. Tu jeszcze wczoraj albo tydzień temu byłam młoda – naciągam skórę pod okiem.

Wracam do studia, kamera na szczęście filmuje tył mojej głowy, siedlisko myśli? Jesteśmy przecież w Arte, najbardziej intelektualnej telewizji Europy.

Prowadzący czepia się mnie o Francuzów, skąd u Polaków ten zachwyt Francją, zwłaszcza w czasie zaborów.

– To znaczy polskich powstań? Francuzi opanowali wtedy do perfekcji sztukę życia, my sztukę umierania. Fascynacja przeciwieństwem.

– Czy Chopin był polskim Francuzem, czy francuskim Polakiem?

– Ani Polakiem, ani Francuzem. On był przede wszystkim artystą i gruźlikiem. Sądzę, że jego główną zgryzotą była choroba, nie narodowość w kosmopolitycznym, artystycznym środowisku, gdzie żył.

– Co Polska dała Europie, jaki miała udział w jej historii? – pyta trzydziestoletni dziennikarz schowany za czarnymi dekoracjami. Kogo oprócz garstki nawiedzonych intelektualistów interesuje, co dała Polska? O czym my w ogóle rozmawiamy? W NRD oboje nosilibyśmy na rękawie czarno-żółte opaski, ze znaczkiem podobnym do radioaktywnego wiatraczka. Tak kiedyś w tym kraju znakowano upośledzonych na umyśle. Oczywiście dla ich dobra, żeby się nimi opiekować. W studiu jesteśmy zdani na siebie, na ich troskliwe pytania i moje uspokajające odpowiedzi:

– Mieliśmy udział biologiczny, na zasadzie mikroskopijnych fagocytów, wyspecjalizowanych w niszczeniu wrogów organizmu. Ci, którzy byli sercem, mózgiem Europy, a nawet jej żołądkiem, mają się czym chwalić, ale doceniać armię peryferyjnych białych ciałek? Byliśmy barierą ochronną, przedmurzem chrześcijaństwa. Podział na być i mieć w przypadku Polska–Europa trzeba zamienić na żyć i być. Polacy musieli być Europejczykami bardziej od Europejczyków, żeby Europejczycy mogli sobie po europejsku żyć: filozofować, malować, pisać wiersze. Polski indywidualizm, umiłowanie wolności i żywotność są nadprodukcją cech typowo europejskich. Ale bez nich nie byłoby obrony Wiednia, cudu nad Wisłą. Nam się strasznie chciało być Europejczykami, skoro przez tyle wieków nie staliśmy się hordą, czerwonymi. Zostaliśmy białymi ciałkami budującymi mur zachodniej cywilizacji. Kto podziwia obronny mur? Chyba że przy okazji wychwalania polskiej waleczności. Ten mur służył do przypinania wspaniałych obrazów, zasłaniania go żelazną kurtyną, gdy zbrzydł. Ale doceniać zwykłą ścianę zamiast gustownego salonu literackiego, izby handlowej i muzeum?

Ostatnie pytanie, o bajkę. Czy mit porwania księżniczki Europy przez Zeusa zamienionego w byka może mieć dla nas współcześnie jakąś wartość?

– Przeznaczeniem księżniczki Europy (zgodnie ze znaczeniem jej imienia „Ta o szerokiej twarzy") było stać się krową. Zeus dla wygody zamienił ją w partnerkę byka. Czy dzisiaj stara krowa Europa dałaby się porwać, czymś skusić? Taką uwodzicielską ideą była dla niej Unia. Młodą jałówką jest teraz Europa Wschodnia, zachwycona swym zachodnioeuropejskim uwodzicielem. Obopólną korzyścią będzie umiejętne wydojenie tej jałówki. Ale jałówkę, żeby dała mleko, trzeba najpierw pokryć, najlepiej jej długi.

Producentka z reżyserem zastanawiają się, czy nie dać programowi podtytułu „Wydoić krowę". Jestem tak zmęczona, że nie odróżniam już żartów od seriolu.

Przed północą odwożą mnie do hotelu. Na nocnym stoliku torebka z rozpuszczalną kawą. Towarzystwa przy jej samotnym piciu dotrzymuje Stanisław Jerzy Lec, jego aforyzm wydrukowano na opakowaniu po niemiecku: „By dojść do źródła, trzeba płynąć pod prąd".

Nie jestem sama, telefon mruga porozumiewawczo – zostawiona wiadomość. Dzwonił Pierre, jedyny znajomy z Lipska, będzie czekał do drugiej w okolicach pomnika Bacha. Przyjaźń ze studiów jest jak z wojska, jadę. Pierre po skończeniu paryskiej uczelni współpracuje z najlepszym laboratorium antropologicznym Europy – słynnym lipskim Instytutem Maxa Plancka. Nie spał od kilku dni, bardziej z nerwów niż z radości, świętując najnowsze odkrycie. Wyniki analiz DNA w instytucie zmieniły historię ludzkości. Udowodniono, że ludzie przybyli do Europy czterdzieści tysięcy lat temu nie wymieszali się z zamieszkałymi tu wcześniej neandertalczykami. Ich zagadkowe wyginięcie nie było mezaliansem, zaślubinami z ludzką cywilizacją. Zostali wymordowani, eksterminacja i genetyczne czystki – Pierre opowiadał rozkładając bezradnie ręce, jakby zostały na nich prócz linii papilarnych inne ślady przeszłości. Po jego smutnych oczach widziałam, że to nie tylko wstyd za przedawnione bratobójstwo. On się kochał w neandertalczykach, tych bardziej owłosionych, niższych od nas, ale mających większe mózgi. – Zwyciężyli z lodowcem, ale nie z ludźmi. Jesteśmy mutantem z małpy i diabła – wyciera spocone dłonie w sztruksowe futerko swojej kurtki. – „Trzeba być nowoczesnym" – napisał Rimbaud, cholernie nowoczesnym w zagryzaniu bliźnich.

Jeżeli nie dostaliśmy po neandertalczykach żadnej genetycznej biżuterii, żadnego łańcuszka DNA – zastanawiam się – to może chociaż zostały po nich w ludzkim języku pradawne słowa. Pierre wątpi, czy mówili, zgadza się, że umieli gwizdać. Po miesiącach euforycznej pracy słania się ze zmęczenia. Za nim na pomniku odpasiony Bach. Razem komponują mi się w całość, brakuje tylko muzycznego podkładu: muzyka miejsc, *ambient music* – wygwizdanych tu kiedyś symfonii w jaskiniach. Pierwsze szczątki neandertalczyka wykopano w niemieckiej strefie językowej. Stąd też pochodzą najgenialniejsi kompozytorzy: Bach, Beethoven, Mozart... Przypadek? Zmęczonemu i rozżalonemu Pierre'owi mogłabym teraz wmówić wszystko, a rano byłoby mu wstyd. Zamawiamy w piwnicznej knajpie kurczaka z rożna. Jemy go rękoma i plujemy ścięgnami. Pierre mruczy znad swojej porcji, a ja rozmyślam: Czy wejście w tym roku do Unii europejskich niedobitków ma związek z wykryciem zbrodni na pierwszych neandertalskich Europejczykach? Rok 2004 rewanżem za Jałtę sprzed 20 tysięcy lat? Nie ma przypadków, są konsekwencje.

7 III

Rano przesiadka w Monachium, jeszcze lunatykuję, spałam trzy godziny. Lotniskowi celnicy przeglądają mój paszport. Znajdują stronę z bykiem w aureoli gwiazd – szwedzkie prawo pobytu, tatuaż na moim dokumentalnym życiu. Pytają, czy tam mieszkam. Co ich to obchodzi? Paszport jest OK, oni między sobą sprzeczają się, który ma rację: jak wygląda Polka ze

342

Szwecji, z pomnika dobrobytu na bazaltowym postumencie (tam wszędzie skały), a jak z bidnej Polski.

– Szwecja? Gdzie to jest? – strzelam z najgłupszej amunicji i zabieram paszport.

– Po co jedziemy na lotnisko? – Pola zapytała Piotra starającego się ją doczyścić na mój powrót.

– Po mamę.

– Po jaką mamę?

Ten skrót wiadomości uspokoił mnie, dziecku było dobrze, nie tęskniło. Natychmiast zabrałam ją na spacer. Lubię tę facetkę. Nie wyłącznie dlatego, że jest moją córką. Od urodzenia miała swoją osobowość. Unosiła się wokół niej jak zapach mleka. Nie pogadamy sobie jeszcze o Wilberze, tragedii neandertalczyka czy mizoginizmie *Seksu w wielkim mieście*, ale czy znam kogokolwiek, kogo by interesowały te wszystkie tematy razem?

8 III

Przywieźli nam z leśniczówki drewno na przyszły rok, do jesieni wyschnie i nie będzie dymić. Zarzucili nim podwórko po tej pechowej stronie. Urosły drewniane góry, z których fengszujowaty „przyczajony tygrys" skoczył natychmiast na nowe auto i rozwalił mu silnik. Czegoś takiego nie widzieli w warsztacie, żeby wóz prosto z fabryki miał wrodzone usterki.

Niech fachowcy reperują swoje, my uprzątniemy drewno i wszystko wróci do normy.

Zamówiliśmy ze wsi robotników. Przyszła brygada im. Korsakowa (alkoholowy zespół odmóżdżenia). Mają ruchy pełne tej samej niezrównoważonej gracji, co w wersji elitarnej tatuśko Osbourne. Wypili przyniesione ze sobą wino, proszą Piotra o mocną kawę. Zaniósł im filiżanki i cukier w kostkach.

– Niech pan sypnie cukier w kieszeń – prosi dama w waciaku – Ręce mam upierdolone, przepraszam, że tak mówię, ale jak mam powiedzieć?

Patrząc przez okno na wiochmenów krzątających się po naszym podwórku, na rozwalające się chałupy i sąsiedztwo po horyzont, widać całe Mazowsze wtaczające się do Unii.

Urządzamy przyjęcie. Raz na kilka lat udaje się nam zebrać w sobie, zagłuszyć niepewność: co podać, czym nie urazić, zabawić biegając między garami i stołem. Chcemy dokarmić ginący gatunek porządnych ludzi. Odwdzięczyć się sąsiadom pomagającym nam osiąść w tutejszym błocie, użyczającym komputerów po kradzieży. Będą przystawki, sałatki, danie główne – kurczak w kokosie – i finał, puenta całego wieczoru: ciasto czekoladowe z francuskiej cukierni. Na jego cukrowych podnietkach i wypustkach ma być marcepanowe serduszko z napisem. Zamówiłam imiona sąsiadów w białej i czarnej polewie.

Trwa kolacja, goście najedzeni, wzruszeni serduszkiem, my zachwyceni sobą. Jednak bycie z ludźmi nie jest tak przewidywalnie proste. Ich synek, w wieku Poli, zażądał dla siebie całego serduszka, wyczuwając w nim epicentrum przyjęcia.

Pola upierała się przy swojej połówce, ale widząc determinację konkurencji, zrezygnowała. Chłopiec już się jednak rozkręcił w swoich pretensjach i zaczęło się pandemonium. Wrzaski, płacze, bijatyka. Koniec imprezy.

9 III

– Płakałeś?
– Nie, pacjentka przez pół sesji szlochała. To był dla niej przełom.

Piotr zaczął przynosić swoją pracę do domu. Nie w teczce, nie na dyskietce. Na twarzy. Ma zamęczone, cudze oczy.

10 III

Skończyło się znieczulenie mrozem. Dziąsła ziemi już rozpulchnione, niedługo wyrżną się pierwsze krokusy i trawy. Nie jestem pewna, czy nadaję się na nowy rok, odrętwiała i rosochata. Jeżeli tak czują drzewa, wolałabym uschnąć.

11 III

Gapiłam się na oczy Polki zapatrzonej w bajkę. Chciało mi się płakać od tego. Pytam Piotra, czy zbzikowałam. Nie, on ma czasem to samo – powstrzymuje się, żeby nie wybuchnąć szlochem, gdy ją usypia i czuje przy sobie ufne ciałko. Za dużo wiemy, za dużo czujemy i nie potrafimy, nie możemy jej tego powiedzieć. Oczy małego dziecka są właśnie wyklutą nieskończonością, jeszcze wilgotną.

Dzisiaj w Hiszpanii islamiści zabili dwieście osób, zginęła też kilkumiesięczna dziewczynka, Polka.

12 III

Po zamachu w Madrycie zamiast wściekłości tchórzliwa kapitulacja. Europa to antykwariat strachu.

16 III

Wychodzę z domu i odruchowo się cofam. Nad głową przepaść nieba, dziura kosmosu nieprzysłonięta żadnym obłoczkiem. Tak nie można żyć, całkiem na wierzchu.

Dzwoni telefon: Wydawczyni i dziennikarz robiący ze mną wcześniej wywiad przeczytali *Europejkę*. Ich wrażenia z lektury: ty jedna szlachetna z rodziną i przyjaciółką, a reszta świata straszna.

Wiem, nie będę picować się na rozumiejącą humanistkę, rzeźbić w gównie. Stare arabskie przypowieści mają z reguły za bohatera epileptyka, mój pamiętnik mnie. Tego się nie da zmienić, konwencja. Mogę jeszcze dorzucić konwencjonalnych recenzji z *Europejki*, jakie się pewnie ukażą: „Autorka się wymądrza i narcystycznie wywyższa, śmie się wtrącać we współczesność". „Niedokształcona paniusia z banałami w tle żeruje na swoich poprzednich książkach i wejściu do Europy, po co?" „Powinna się zająć porządną prozą". „Lepiej niech pisze te bzdury, bo prozą i fabułą kompletnie się kompromituje". Może zastrzegę sobie nazwisko? G®etkowska?

19 III

Mam jedną przyjaciółkę, jedno dziecko i jednego mężczyznę. Jestem egzystencjalną monogamistką, na więcej mnie nie stać?

20 III

„O mężczyźnie świadczy to, jak kończy" – dziennikarski hit powtarzany przy końcówce rządów premiera. Tyle że on nie skończy szybciej niż za miesiąc, jeżeli w ogóle, jest na viagrze polityki.

21 III

Zaplątałam się późnym wieczorem między ludzi. Nie wypada ziewać, więc usta otwieram tylko do łykania przekąsek, zapycham je śledzikiem, awokado. Nauczyłam się ziewać oczami, nawet ich nie muszę zasłaniać.

22 III

Świętujemy z ojcem (a może bratem, skoro jesteśmy w tym samym wieku?) Wojciechem rocznicę chrztu Poli. Pijemy piętnastoletnie czerwone wino. Wspominamy, co robiliśmy piętnaście lat temu: dominikanin – nowicjat, ja – bruki Paryża, Piotr – norweskie fiordy. Wino Poli, śpiącej ze smoczkiem na pięterku, dopiero dojrzewa.

Gdyby zakonnik pobłogosławił dom nie tylko słowami... woda święcona, sycząc, wyparowałaby z kątów i podłogi. To byłby spektakl gaszenia grzechu. Niby naszymi patronami są Adam i Ewa – rodzice bez ślubu, ale konkubinat to nic w porównaniu z grzeszną wyobraźnią.

Wymiana usług: ojciec ochrzcił nam dziecko, Piotr radzi mu psychoterapeutycznie. Do konfesjonału przychodzą coraz częściej ludzie z problemami, nie tylko grzechami. O ile grzechy nie biorą się z problemów... Watykan psychoterapii przyszłością Kościoła?

Mieszkając w paryskiej międzynarodówce, za-
uważyłam wpływ ojczyzny na urodę. Gdy ktoś wyjeż-
dżał na parę dni do siebie: do Włoch, Hiszpanii czy
Stanów, wracał ładniejszy. Wyluzowanie łagodziło ry-
sy, w organizmie zaczynały krążyć toksyny szczęścia.
Misiak wrócił po czterech dniach z Tokio odmieniony,
wyśliczniony. Sama przyznaje, że mogłaby tam mieszkać. Przynajmniej z dwóch powodów: wreszcie ktoś
docenił jej uprzejmość. W Europie grzeczność jest
wadą słabszych, nawet we Francji, gdzie szorstkość bycia oszlifowano manierami. Drugi powód przyspieszo-
nej japonizacji Misiaka to adaptacja kolorem: tam
większość też chodzi na czarno, nawet drzewa oliw-
kowe przed hotelem zawinięto na zimę w czarne
pokrowce. (Czy Misiak chce w tej swojej czerni przetrwać chłody emocjonalne?)

Dziennikarzy z Europy natychmiast po przyjeździe przeszkolono kulturowo: czego nie należy robić,
żeby nie okazać się kompletnym barbarzyńcą. Na
przykład trzeba wyznawać kult wizytówek. Podawać
je z szacunkiem dwoma rękoma. W trakcie rozmowy
czy kolacji nic na nich nie pisać, układać przed sobą
według hierarchii, chować do kieszeni dopiero, gdy
spotkanie się skończy.

Menedżer hotelu prowadzący ten kurs nie wy-
tłumaczył oczywistości istnienia „on". Poczytać o nim
można w *Chryzantemie i mieczu*, książce pisanej dla
Amerykanów po japońskiej kapitulacji. „On" jest ro-

dzajem poczucia obowiązku panującym w tym kraju od zawsze. Japończyk czuje dług wdzięczności nie do spłacenia w stosunku do ojczyzny, rodziny, norm. Nałożenie mu dodatkowego ciężaru powoduje takie męki, że zaczyna się zachowywać wbrew konwencjom, świruje. Misiak odczuła działanie „on" w sklepowej przymierzalni, gdy dopinała spodnie. Zajrzała wtedy do niej asystentka Yamamoto. Japonka natychmiast wycofała się, gnąc w ukłonach. Dla Misiaka jej reakcja była mocno przesadzona – pół życia stylistki polega na oglądaniu nieubranych ludzi. Ale dziewczyna w swoim mniemaniu popełniła niewyobrażalną gafę, naruszając cudzą intymność niedopiętych spodni. Po tej kompromitacji musiała się zrewanżować, zmyć plamę na honorze, przywrócić „on". Porzucając zwyczajowy dystans, dreptała przy Misiaku w roli gejszy-służącej resztę dnia. Przy pożegnaniu zaprosiła ją do swojego malutkiego mieszkanka: „Obiecaj, że gdy przyjedziesz znowu, będziesz u mnie mieszkać". Misiak upewnił się na podstawie objawów, że to „on", nie lesbijstwo.

Najlepszym prezentem przywiezionym z Tokio była dla mnie wiadomość o jedzeniu sushi rękoma. Wyjaśniło to pełne uznania spojrzenia rzucane mi w restauracjach przez kucharzy Japończyków. Wszyscy dystyngowanie dziabią pałeczkami, a ja chamsko łapą. Pałeczki są drewnianą protezą dzioba, po co mi to? Równie dobrze mogłabym posolić sobie ubranie.

Między słowami okazał się tendencyjny, Tokio tak nie wygląda, ludzie się tak nie zachowują – uważa Misiak rezydujący w tym samym filmowym hotelu.

Zrozumiała japońską obsesję na punkcie markowych rzeczy. Kiedyś w Paryżu, przed sklepem Vuittona, dopadły ją Japonki, dały pieniądze, błagając o kupienie torebek. Im nie chciano sprzedać. Misiakowi też, gdy sprzedawcy zobaczyli przyciśnięte do szyby płaskie buźki. „Jest limit towarów na Japonię i nie możemy dewaluować marki" – powiedzieli, oddając starannie wyliczone euro. Limity w raju konsumpcji, zdrada marzeń o rekordowej sprzedaży? Czyżby luksus przez swoją wyjątkowość wypinał się kosztownie na ideały równości, wolności, na całą demokrację? Mieszczańsko porządne torby od Vuittona pokazały nagle drugie dno: popierdolenia natury ludzkiej Wschodu i Zachodu.

Japończykom imponuje mistrzostwo wykonania markowych towarów. Ich kultura polega na perfekcyjno-obsesyjnym wykonywaniu chociażby najprosstszych czynności, zamienianiu ich w ceremonię. A tradycyjne poszanowanie hierarchii przekłada się podczas zakupów na pogoń za najlepszym. Nie można tego porównać do zachodniego kupowania prestiżu i gustu za pomocą firmowych napisów. Jest w tym niuans różnicy, dystans pozwalający ludziom Zachodu odróżniać prestiż marki od kupienia sobie w niej miejsca. Wkroczenia w imaginacyjną hierarchię, do której przyzwyczajeni są Japończycy. U nas nikt poza fiksatami nie zrobi sobie z domu muzeum ciuchów i gadżetów ulubionego projektanta. Niektórym Japończykom to się zdarza i nikt nie odsyła ich do psychiatryka, chociaż już dawno przekroczyli granicę *fashion victim* i stali się *fashion zombie* żyjącymi pod hipnozą nazwiska:

Gaultier, Galliano. By nie wyrwać się ze swego stanu fascynacji, wyrzucają z domu wszystko, co nie jest firmowane przez uwielbianego projektanta. Jeśli jedzą, to na talerzach z jego logo, jeśli patrzą na zegarek, to też od niego.

Perfekcjonistyczną kulturę Japonii można by zdiagnozować jako obsesyjno-kompulsywną. Pół biedy, gdy obsesja dotyczy duchowości. Kiedy z braku metafizycznych celów przerzuca się na materię i jej kompulsywne zakupy... W japońskiej sztuce i filozofii zen żmudne ćwiczenia powtarzane w nieskończoność doprowadzają do mistrzostwa: podmiot i przedmiot stają się jednością. Łucznik utożsamia się ze strzałą, kupujący z kupowanym, klient Prady z Pradą: zwykły Japończyk w dziupli tokijskiego mieszkania obwieszonego ciuchami Prady, w trampkach od Prady, majtkach, spodniach Prady, zajadający pradowy ryż.

Handlowy raj Zachodu jest ciągle na Wschodzie. Nie trzeba do niego wracać, wystarczy podbić.

KWIECIEŃ

3 IV

Kobiety lepiej niż faceci nadają się na alegorie? W Komisji Śledczej były dwie. Jedna – sentymentalna kretynka – idealny symbol lepperowców. Druga, która zniszczyła roczną pracę Komisji, jest zawodową psychopatką – na obraz i podobieństwo swojej partii.

4 IV

Na skrzyżowaniu przy Marszałkowskiej mignął mi chasyd w meloniku, z pobożnie zakręconymi pejsami. Zobaczyłam w nich boski szyfr dwóch helis DNA obijających się o rozmodloną twarz. Zmieniły się światła i musiałam ruszyć. Na tyle szybko, że z przechodzącej chodnikiem kobiety rozmazanej prędkością zostało tylko jej pijacko podpuchnięte spojrzenie. Pod oczami nie miała worów, zwisały jej flaki trawiące to co widziała.

5 IV

Wychowując Polę, wychowuję razem z nią siebie sprzed lat – dziewczynkę, o którą troszczyli się moi rodzice. Powtarzam ich słowa, karcące miny. Opiekuję się też dziewczynką, która nigdy nie dorosła. Temu niedorozwojowi nikt nie dogodzi. Siedzi we mnie i tupie z radości, albo rzuca się na mnie w rozpaczy. Wszystkim trzem podsypuję cukierków. Nie wychowuję więc jedynaczki.

6 IV

Co dzień nowa afera: sprzedawanie dysków z MSZ na bazarze jest symbolicznym obrazkiem rozpadu państwa – równie dobrze te dokumenty mogłyby się walać po ulicach jak w czasie wojny domowej czy inwazji. Szef rządu zlecający aresztowanie menadżera przeszkadzającego mu w interesach – typowo mafijna zagrywka. Po ogłoszeniu tych rewelacji premier skarży się, że przez niego przezywają mu w szkole wnuczkę. Bidak, powinien obejrzeć *Rodzinę Soprano* – instruktaż dla mafiosów radzenia sobie z życiem rodzinnym i zawodowym. Dzieci głównego bohatera też prześladowano w szkole z powodu gangsterskiej rodziny.

Trzy lata temu premier zaczynał karierę rządową plakatem wyborczym okraszonym dziewczynką dźwigającą tornister. Propagandowo-pedofilsko naobiecywał jej cudów, jeśli z nim pójdzie. Teraz odchodzi skompromitowany i znowu zasłania się dziewczynką, skrzywdzoną wnuczką. Nie wierzę w napadanie na nią za politykę dziadka. Przynajmniej nie w tej amerykańskiej szkole, do której podobno chodzi. Zwiedzałam ją, to inny świat, ogrodzony i strzeżony przed polską zwyklizną. Premier przerzucił wnuczkę za mur tej szkoły, uratował z wybudowanego przez siebie getta. Uratował z Polski, którą rządzi?

Okrągły stół po piętnastu latach okazał się okrągłym stolcem nasranym na ten kraj.

7 IV

Tchórzyłam przed kinową kasą. Zamiast na *Pasję* chciałam kupić bilet na cokolwiek innego. „Zawsze możesz wyjść z tego makabrycznego kiczu" – przekonał mnie zły anioł stróż. Wielka Środa, pół sali struchlałej przed krwawo migającym ekranem. Nikt nie wychodzi. W końcu wiedzą, na co przyszli. Drogi Krzyżowej też nie opuszcza się z niesmakiem.

Zastanawiałam się, w czym ten film ma być antysemicki. Jeżeli już anty, to antyludzki. Okrucieństwo jest ogólnoludzkie, nie etniczne. Mówienie o antsemityzmie w kontekście tej historii jest antychrześcijańskie – zaprzecza dobrowolności ofiary Chrystusa i sensowi zbawienia. On sam wydał się na mękę, o czym jest modlitwa w Getsemani pokazana też na początku filmu.

W ewangeliach jest wystarczająco dużo, żeby ich nie udziwniać, co niestety zrobił Scorsese w *Ostatnim kuszeniu*: włoską operę o niezbyt udanym libretcie. Dlatego tak ważna jest tam muzyka Petera Gabriela. Prologiem do filmu Gibsona może być *Ewangelia według św. Mateusza* Passoliniego. Uboga, w bieli i czerni, udająca dokument sprzed dwóch tysięcy lat o życiu tego samego Jezusa, który w *Pasji* umiera.

Straszenie kiczem, krwią (nieuzasadnionym, sadystycznym okrucieństwem, jakby kiedykolwiek okrucieństwo miało sens poza tą właśnie historią odkupienia) jest pomyleniem wrażliwości religijnej z medialną. Okiem kamery, nie wyobraźni widziałam to samo, co na każdej Drodze Krzyżowej. Łatwiej ją odprawiać dlatego, że Chrystus wydaje się bardziej boski niż ludzki, więc i cierpienie przyjmował mniej cieleśnie. *Pasja* pokazuje człowieczeństwo Chrystusa, wykrwawia je, obnaża do kości wyszarpanych biczowaniem. Boska natura zostaje w Jego słowach, pokorze. No i na koniec w wyjściu z grobu, dla mnie jedynym zgrzycie filmu. Nie żebym zgadzała się z Simone Weil – jej do uwierzenia wystarczyła śmierć Jezusa bez zmartwychwstania. W *Pasji* zmartwychwstały Chrystus jest długowłosym, półnagim rockmanem ruszającym zza kulis na koncert. Nie ta muzyka, nie ta konwencja. Chyba wystarczyłby sam opadający całun – już wyglądał nieziemsko. I oślepiające światło (wiary i zmartwychwstania) kończące, przepalające film.

Dróg Krzyżowych i Mąk Pańskich jest tyle, za ilu grzeszników cierpiał Chrystus. Ta według Gibsona powstała na podstawie pism Kathariny Emmerich – dziewiętnastowiecznej mistyczki. Po spisaniu swej wizji uznała, że żaden drukowany tekst nie dorówna jej przeżyciom. Zmieniłaby zdanie, widząc film?

11 IV

Eliot o kwietniu: „Najokrutniejszy miesiąc". Łysa ziemia. Czaszki na dawnych obrazach symbolizujące marną doczesność, przewiercone robalem. Myśli są robactwem obłażącym głowę.

12 IV

Pojechaliśmy na wielkanocne przyjęcie. Dzieci rozbiegły się do ogródka i piaskownicy. Grzebały w ziemi, jak my dorośli widelcami w talerzykach. Upozowani na luz i przyjemność bycia razem. Gospodarze to obfotografowali i włożą do albumu. Albumowy był chyba też powód zaproszenia gości. Wystawa fotograficzna życiorysu: ci z wakacji pod palmami, tamci ze szkoły. Stałam koło basenu i połykałam własne uśmiechy. Nie zdążyły się odkleić i już podchodzili nowi ludzie. Ocierali się wzajemnie w tłumie z równą obojętnością, co postacie na posklejanych zdjęciach.

12 IV

Pola ma swój cień, stare alter ego mówiące nienawistnie na sam jej widok: „Niegrzeczna dziewczynka, niegrzeczna". Staruszka przesiaduje u dominikanów i klekocze litanie przerywane sykiem. Bosko, bosko i nagle diabelski wtręt: ssss. Polcia na razie nie bierze do siebie pogadywania wiedźmy. To najnowsza generacja dzieci: wytrzymalszych psychicznie i szybszych. Biega po kościele, głaszcze węże u stóp krzyża – tegoroczna dekoracja na Wielkanoc. Crème de la crème grzechu podpisany: „Wąż skusił kobietę". Jakby w całej Biblii nie było innego paszkwilu. Więc najstarsza i najmłodsza kobieta w kościele krążą koło siebie w dziecinnej beztrosce i starczej zawiści.

Też miałam taka demoniczną babcię prześladującą mnie u jezuitów w Krakowie. Między zajęciami chodziłam poczytać i odrobić lekcje do sąsiadującego z instytutem kościoła św. Piotra i Pawła. Wśród barokowych kaplic krążyła nawiedzona sprzątaczka, poczerniała od dymu świec i kurzu. Czytałam w ławce Wittgensteina, a tu cap, nietoperz starczej dłoni wczepiał mi się we włosy i wilgotny szept skapywał do mojego ucha: „Pycha szatana".

Babina chyba spała w tym kościele. Nieruchomiała pod grobowcami z piszczeli i przytulona do marmuru zastygała przedśmiertnie do rana. Każdy ma taką nienawistną istotkę, bardziej pokrzywdzonego siebie. Szorującą na kolanach sufit piekła – sąsiadujący z posadzką kościoła.

Wychodzę rano na ganek, przełamuję sobą taflę zimna i widzę... nasz dom płacze. Zwisają mu od tego sople po mroźnej nocy. Podchodzę do ściany płaczu, wkładam rękę w szparę. No cud, trysnęło źródło? Dzwonimy do ekipy remontowej. Też się dziwią, powinno chlusnąć na mieszkanie – to musi przeciekać bojler. Zakręcamy wodę, jadę do Józefosławia umyć głowę u dawnych sąsiadów.

Pochylam się nad wanną, gdy zagląda ich półtoraroczna córeczka. Znam ją od urodzenia, ale spłukując włosy, widzę do góry nogami. Dostrzegam niezauważone wcześniej podobieństwo tej pucołowatej blondyneczki do z pozoru zupełnie się różniącej szczupłej, ciemnowłosej mamy. Czy na dzieci, żeby dostrzec ich prawdziwą buzię ukrytą pod dzieciństwem, trzeba patrzeć jak studenci malarstwa na obrazy? Do góry nogami albo w lustrze, co pomaga świeżym okiem ocenić kompozycję.

Lubię na trasie mijać billboardy z ciemnowłosą Mają Ostaszewską reklamującą magazyn o sklepach z ciuchami. Nie jest modelką, jej twarz jest sceną. Przedstawia smutek i przekorę. A tu czytam, że się kompromituje tą reklamą. Niby co, artyści nie robią zakupów? Zjawiskowa dziewczyna wyuczona aktorstwa, czyli sprzedawania się na pokaz w jednym z najbardziej upokarzających zawodów, kim ma być? Tajemnicą państwową nie do fotografowania?

Ostaszewska nie zawdzięcza swej twarzy wysokiej sztuce. Z taką się urodziła, miała ją pewnie już przed urodzeniem i poczęciem. Jest przecież buddystką z porządnego, medytującego domu. Nosi też imię po matce Buddy – Maja (sanskryckie: złuda), co jeszcze dodaje pikanterii reklamie, gdy do zakupów zachęca Złuda Ostaszewska. Dlatego może na billboardach jest przekorna i trochę smutna, nie mając złudzeń, jaki wyrok wydadzą na nią gazetowi strażnicy cnót. Uwielbiam te moralne poszturchiwania podpisane pseudonimem. Na szczęście prawdziwa cnota reklamy się nie boi.

14 IV

Poli uciekł ze sznurka urodzinowy kucyk i zatrzymał się na czubku starego dębu za domem. Nie pomogły prośby: Konik, wróć! Balon, napełniony czymś lżejszym od powietrza, wierzgnął między gałęzie. Poleci stamtąd do nieba albo pęknie i zostanie z niego gumowe ścierwo.

Piotr definiuje fenomen „córeczki tatusia". Jest to spełnione marzenie o kobiecie idealnej: zrodzona z miłości do wybranej i z niego samego.

Przypominam sobie jej narodziny z krwawej piany. Mnożymy się płciowo, ale napęczniały „materiałem genetycznym" brzuch upodabnia rodzącą do bakterii tuż przed rozmnożeniem się przez podział. Z jednego ciała odrywa się drugie. Kiedy poczułam napierającą w moim kroku główkę i ciepło cieknące po udach, przypomniały mi się między jednym parciem a drugim zdjęcia kosmosu, gdzie z lejów ciśnienia i ukropu wypychane są spłaszczone główki galaktyk. Supernowe otoczone strzępami krwistoczerwonej materii. Krzyk rodzących się gwiazd, który dochodzi do nas przez monotonny szum kołysanki albo mądrości usuwającej się miliardy lat skromnie w tło.

Też urodziłam wszechświat, już trzyletni.

15 IV

Dzwoni Smarzewski od *Wesela*. Skończył montaż i przeprasza, ale wyciął fragmenty życzeń od Mleczki, mnie itd. nagrywanych latem. Chyba lepiej, nie będzie wtrętu z innego, niefilmowego świata. Dziwi tylko uprzejmość: zawiadamianie o takim drobiazgu. Z reguły, gdy jest się potrzebnym rozkładają dywany, kadzidłami oświetlają drogę. Kiedy się zrobi swoje, nikt nie powie chociażby dziękuję. Wczoraj miała do mnie pretensje studentka sztuk pięknych z Niemiec. Nie znam dziewczyny, mój telefon wydostała od jakiejś redakcji. Miesiąc temu poprosiła o dwa zdania na temat swojej pracy magisterskiej. Z porywu serca zgodziłam się, chociaż niby czemu, i napisałam. Efekt? „Nie o to chodziło!". Sądzę, że ona ma już dyplom z tupetu.

16 IV

Leżę na tarasie, nade mną niebo wpasowało się puzzlem między pochyły dach i komin. To krematorium zimy nie musi już dymić. Skończyła się nasza najpiękniejsza zima domowa. Kiedy zatkano dziury w ścianach i ujarzmiliśmy kominek, w chatce zrobiło się przytulnie. Nie marznąc, mogliśmy oglądać przez okno bajki śniegowe. Takiej oswojonej wiosny też nie mieliśmy. Wiejskiej – od kiełków i pączków. Miejska zaczyna się podgrzanym kurzem. Pola wczoraj jeździła na koniu sąsiadów orzącym pod naszymi oknami. Drewniane dworki rosną sobie ze swoimi krzywymi płotami, oddychają, skrzypią, dodając otuchy: I my znamy mękę dźwigania własnego świata z belek, co to ich nie widać we własnym oku, a u bliźniego...

Nie żałuję przeprowadzki, chociaż dla Misiaka się „zwiochnęłam". Zauważyła, że ubieram się cieplej od miastowych i zaczęłam głośniej mówić. A jak się dogadać z kimś na drugim końcu obejścia? Przyzwyczaiłam się.

17 IV

Robi się ciepło i ludzie chcą czytać wesołe kawałki do grilla. Zaczął się sezon na ankiety, taki quiz dla osób publicznych. Najzabawniejsze pytanie, bo wypowiedziane jednym tchem: „Proszę podać dwie osoby, kobietę i mężczyznę z historii, najciekawszych, pani zdaniem, i współczesnych, wie pani, aktorzy, piosenkarze – najbardziej sexy mężczyźni. I uzasadnić kilkoma zdaniami". Chyba sobie zamontuję nagranie w telefonie, jak dziwki wyliczające, czego nie robią: nie całują w usta, bez gumy drożej itp. Nie mam ochoty odpowiadać na ankiety, nawet zabawne. Co kogo obchodzi, że moją ulubioną postacią historyczną jest...? Kopię grządki i pytanie nie daje mi spokoju: kto? To są właśnie skutki uboczne ankiet. Przeszkadzają myśleć. Natrętnie wraca zagadka: no kto? Nie masz nikogo?

Zastanawiam się i chyba mam, ale nie od razu. Święty Augustyn. Intelekt u niego to nie wszystko. Było kilku o podobnym IQ. Ale on napisał takie kawałki, że po tysiąc pięciuset latach zostały w nich zapachy, dźwięki, dotyk. Najbardziej zmysłowy facet kilku epok. Zanim się nawrócił na chrześcijaństwo, miał fantastyczną kochankę, od której się dużo nauczył. To widać. Cytaty z jego *Wyznań* nie kojarzą się z epitafium wyrytym na starożytnym grobowcu, jak bywa u zwietrzałych klasyków.

Kobieta z historii, którą chciałabym znać? Eleonora Akwitańska. Grana raz przez Katharine Hepburn i później przez Glenn Close. Wcielały się w piękne jędze. A ona była królową panującą nad swoim przeznaczeniem. Zbyt długowieczna, zbyt tragiczna, by chciało się mieć podobne życie, od jednej symbolicznej śmierci do następnej: przegrane wojny, niewola, krwiożercze potomstwo. Ale wytrwała dzięki mądrości, mogłaby jej uczyć. Tego być może sama chciała, dzielić się wiedzą o mężczyznach, królestwach, poezji.

Siedząc przy jej marmurowym grobowcu i patrząc na pogrążoną w lekturze i śmierci można posłuchać czytanej przez nią z książki kamiennej ciszy. Wiedza jest nie w słowach, w umieraniu?

Zabawne, z całej historii wybrałam dwa średniowieczne typy. Chociaż miałam wrażenie, że mój dyplom z antropologii średniowiecza był rodzajem roztargnienia intelektualnego, a nie przemyślaną decyzją.

Wolę teraźniejszość, w niej (odpowiadając dalej na ankietę) dwóch najbardziej interesujących Polaków: Andrzeja Poniedzielskiego i Maćka Stuhra. Poniedzielski jest na scenie wychudłym Nosferatu w za dużej marynarce i peruce afro. Mówi ze skromnie spuszczonymi oczami jak pensjonarka. Tyle że mówi rzeczy piękne i straszne: poezję pomieszaną ze złośliwościami mędrca. Dla mnie pan Andrzej jest kuriozum, nie znam wielu wrażliwców w jego wieku. Potopili się w wódzie, rozsypali w depresji.

Maciek Stuhr ma dyskretny urok inteligencji. Jego tłumaczenie banalnych słów szansonisty Garou dziękującego polskiej publiczności za aplauz na jakimś występie: „Idę Nowym Światem i widzę bałwanka". W tym jest wszystko: kpina z nadętych uroczystości. Przewidywalnych tekstów gwiazd mówiących słowami piosenek i scenariuszy. Typowo stuhrowata piosenka z refrenem „Nie ma syfilisa, ale ma benefis" – pasująca do upierdliwych obchodów, różnych pięcioleci beztalenci.

Maciek gra w komediach chłopców z porządnych domów. Nie ma wyjścia, jest uroczy, dobrze

wychowany, przystojny i chyba dlatego zabawny. Bo
coś takiego w Polsce już nie występuje, chyba że w ka-
barecie.

Czytam, czytam i to, co napisałam, jest najlepszym przykładem, dlaczego nie należy odpowiadać na
ankiety.

18 IV

Przysypiamy po obiedzie w ogrodzie. Zakutani
w koce, zaplątani w siebie. Pola z nóżkami na głowie
Piotra. Miesiące ciąży też była tak zwinięta w kłębek
i rosła. Żywa katedra z kosteczek.

Mieszkańcy starożytnej Mezopotamii wierzyli,
że ptaki są święte, ponieważ ich nóżki pozostawiały
ma wilgotnej glinie ślady podobne do pisma klino-
wego. Wyobrażali sobie, że, jeśli uda się odcyfrować
tajemnicze znaki, dowiedzą się, co myślą bogowie.
(Alberto Manguel, *Moja historia czytania*).

19 IV

Pierwsze w Polsce zagrożenie terrorystyczne:
bomby podłożone w centrum Warszawy. Ktoś zrobił
wygłup – fałszywy alarm. Ale reakcja gapiów jak najbardziej autentyczna. W przeciwieństwie do innych
narodów (z większą być może wyobraźnią i mniejszym

bohaterstwem) Polacy, zamiast uciekać z zagrożonych miejsc, pchali się popatrzeć na akcję. Jeżeli nie będzie żadnego zamachu terrorystycznego, to tylko dlatego, że w tym kraju nic się do końca nie udaje.

20 IV

Rozmawiam z dziennikarzem, który przeczytał *Europejkę* i chciałby mnie zwywiadować. Ma miejsca w gazecie na trzy pytania. Jedno z nich dotyczy... Muńka. Czemu się na niego uwzięłam? Zaraz, zaraz, czy nie wpadłam we własną pułapkę? Śledząc objawienia Muńka w prasie i telewizji mam natrafić na wywiad, gdzie sama o nim wspominam? Nie chcę mnożyć Muńków ponad potrzebę. Sytuacja się zapętliła w gnostyckiego węża Uroborosa kręcącego się za własnym ogonem. Być może istnienie Muńka, jego istota jest heretycka.

22 IV

Nowy wóz prowadzi się lekko, skrzynia biegów nie zgrzyta żelastwem. Drążek nie ma w sobie nic z wajchy do poganiania mechanicznych koni. Zmieniając nim biegi mam wrażenie, że trzymam kogoś za delikatny przegub dłoni i słyszę chrzęst przeskakujących kości. Problem mam z radiem, nie mogę przełączyć go z CD. Stukam beznadziejnie po przyciskach i nagle słyszę zgrozę w głosie redaktora Tekielego z Radia Józef: „Joga odzwyczaja nas od grzechu". Ecce Polak katolik.

30 IV

Noc sepleniących Walpurgii – Piotr budzi się i narzeka na nasze nocne Polek rozmowy. Ma rację, dzisiaj jest ta pogańska noc, a my mamy sobie z Polcią wiele do powiedzenia. Dlaczego motylki za szybko latają? Czy kupka rozpuści się w siusiu?

1 V

Przypadek czy gombrowiczowska ironia – rok Gombrowicza (stulecie urodzin) jest rokiem wejścia Polski do Europy (poprawnie: Unii, bo w Europie już tkwimy). Najlepszy z możliwych ojców chrzestnych: prawdziwy Sarmata, arcypolski i arcykosmopolityczny. Z Mickiewiczem wstępowaliśmy do Nieba, żeby się przebóstwić w Mesjasza narodów. Mało to nowoczesne. Nie wieszczowie, nie Kościuszko, ale Gombrowicz jest głównym bohaterem polskim. Przewidział, przepowiedział: Bądźcie swobodni, bądźcie naturalni, bądźcie sobą! Chociaż w życiu nie ma nic naturalnego, jest tylko forma.

I w nią dzisiaj wchodzimy.

Redakcja: Dominika Cieśla
Korekta: Maria Fuksiewicz, Maciej Korbasiński
Redakcja techniczna: Urszula Ziętek

Projekt graficzny: **mama**studio
Fotografia na I stronie okładki: © Jacek Poremba/Viva!

Wydawnictwo W.A.B.
02-502 Warszawa, Łowicka 31
tel./fax (22) 646 01 74, 646 01 75, 646 05 10, 646 05 11
wab@wab.com.pl
www.wab.com.pl

Skład i łamanie: Komputerowe Usługi Poligraficzne
Piaseczno, Żółkiewskiego 7
Druk i oprawa: Drukarnia Wydawnicza
im. W.L. Anczyca S.A., Kraków

ISBN 83-89291-92-4